1st 상 바이블 쿠킹미팅

1st **바이블** 쿠킹미팅(상)

2013년 10월 26일 초판 1쇄
2015년 12월 30일 개정판 1쇄
2018년 9월 5일 개정판 2쇄
2024년 2월 14일 개정2판 1쇄

지은이 조다윗

도서출판 비전출판사
주소 서울특별시 서대문구 가재울로2안길 33(남가좌동)
전화 02-6414-7864
이메일 visionpd2@hanamail.net
홈페이지 www.wmuv.net
등록번호 제 312-2013-000011호

ISBN 979-11-87120-12-4 (04230)

1st 상 바이블 쿠킹미팅

조다윗 선교사

차례
CONTENTS

상

차례
CONTENTS
하

1권 개정증보판 머리말
INTRODUCTION

So, here is the revised supplemented edition.

For anyone who encounters it, it is the living Word through which lives are saved and weaknesses are covered, as it is the Spirit of God that lives and continues to work among us!

How touching and inspirational are his Words! He had given us such abundant analogies and allegories about the kingdom of heaven so that minute beings such as us may be able to understand his vast intentions so easily.

Although His Word prophesies within the frame of time and space, it transcends them all, forever recorded as the eternal Word of God!

I do hope that this book may become flash points for people to have intimate relationships with the Word of God within the evangelical doctrine and interpretations.

I have received enthusiastic words of encouragements from mission-

개정증보판을 낸다.

살아 역사하시는 위대한 신격이 살아있는 인격들을 조우하여 그들의 연약함을 감싸고 생명을 구한 역동적인 말씀!

광대하신 그분의 의도가 작디작은 인간에게 차마 다 이해되기 어려울까 하여 천국을 수많은 비유와 은유, 알레고리로 쉽고도 절묘하게 울리는 감동적 표현과 수사!

시공간에 제약을 받는 상황에서 예언했지만 시간과 공간을 초월해 영원한 말씀이 된 기록들!

이 책이 복음적인 교리와 해석 안에서, 말씀과 더 친밀하고자하는 열망이 곳곳에서 일어나는 작은 인화점이 되었으면 한다.

1, 2, 3권을 내며 선교 사역자들과 목회자, 선교훈련생, 신학생 등에게 말씀에 대한 열망어린 격려를 받았다. 특히 1권 대한 개정증보판이 필요하다고 느낀 까닭은 내용의 밀도에 비해 작은 글자 크기와 교재로 쓸 만큼 튼튼한 제본 형태 등등 독자들의 관심어린 개선 요청이 많았기 때문이다. 이제 1권에 새로

aries, ministers, pastors, mission trainees, and theology students while publishing the three volumes of the Bible Cooking Meeting. The reason that I felt the need to publish a revised edition of the first volume was because many were interested to see changes in the font size, and a more durable construction strong enough to be used as text books. I wish that I have made the readers feel more comfortable, now, in reading this new version of volume 1, which was made by dividing the original edition into half and adding supplements to it.

I pray that some of you who read this may gain accurate understanding and overwhelming desire for the Word that won't be wasted on the ground, but be continued on to become lives into all nations.

Dec. 28. 2015. At dawn, on the eve of dispatch service.

Missionary David Cho

운 묵상을 더 첨부해 보기 쉽게 상하권 두 권으로 분책하여 독자들에게 편리하게 볼 수 있는 책이 되었으면 한다.

독자여, 당신 누군가에게 말씀에 대한 올바른 열망과 이해와 압도함이 헛되이 땅에 떨어지지 않고 역사 되어 열방에 생명으로 이어지길 기도해본다.

2015. 12.28 파송예배를 앞둔 날 새벽녘

조다윗 선교사

1권 머리말
INTRODUCTION

I am writing this in the KTX from Dae Jeon to Seoul. We live in the age of speed battle. SNS make us to approach minimized world through access of fast and wide communications. As the words of the prophet, the God controls whole world and nations like as one small water drop. I believe the Christians are the people who has faith that the word of God overwhelm the dark age and world to be lightened.

If I did not lived as a missionary activist, I would be writing articles in the countryside. But the Lord has called my graceless life. I had pioneered mission community in the time of collective intelligence has overwhelmed the world. It became indeed small communities and we interacted to each other by collective spirituality with obey word of God. This book is the result of that, actually it is not the result, it is at the time of turning point.

Almost 10 years, I and family of community tried to study the word of God as cooking and eating meals. Those intense time became a foundation, I wrote this book easily in four months. We tried to deal with the word of God with whole heart and life. Therefore most of people who

고속철을 타고 대전에서 서울로 올라가는 길에 쓴다. 속도전의 시대다. SNS가 빠르고 광범위한 의사소통의 접속으로 가히 세계를 작게 축소하여 접근하게 한다. 하나님은 선지자의 말대로 모든 세계와 열방을 통 안의 한 방울, 물방울처럼 다루시는 분이시다. 그분의 말씀이 어두운 시대와 세계를 압도하여 밝히리라는 믿음을 가진 사람들이 곧 그리스도인이다.

선교 운동가의 삶을 살지 않았다면, 시골에서 글이나 쓰면서 살았을 볼품없는 인생을 주님은 부르셨다. 집단 지성이 곧 세계를 압도하는 시대에 선교 공동체를 개척하였고 그야말로 작은 공동체 단위를 이루어 집단 영성으로 상호 작용하며 말씀에 순종한 작은 결과물, 아니 전환점 즈음에 놓인 작은 책이다.

10년 가까이 말씀을 공동체 식구들과 같이 요리하여 먹다시피 했다. 그 치열한 시간이 바탕이 되어 쓰기는 넉 달 만에 쉽게 썼다. 말씀을 대함에 온 마음과 삶을 다했기에 이 묵상을 함께 먹고 나눈 자들이 대부분 열방을 꿈꾸었고 선교지에 갔거나 곧 가게되는 여정에 있다. 고육지책으로 열방까지 흩어진 식구들과 가족들을 위해 매주 서너 번 SNS에 새로운 묵상들을 올리고 있다.

책은 쉽게 읽혀지길 원하지만 그분의 말씀은 결코 가볍지 않다. 귀납적 설

eat and shared these meditated word dreamed the nations, went to the nations and at the journey to nations. As a desperate measure, I write three to four new meditated word every week through the SNS for the family who has spread to the nations. I hope this book is easy for everyone but His word is never light. It is very constricted but tried to write to help from the basic of meditation to preaching word when you follow the design of induction. Lack expression and insufficient constriction are purely attributed to me as an author.

Thanks for all advanced of faith who was being inspiration of nourishment and also I thank you all staff Minjeong Kang, Hyeji Park, and who helped proofreading and editing, and staff Mina Kook, and Hajung Jang who did graceful design, and missionary Abigail, staff Jihoon On, Siwon Park who did translation, and staff Yuan Hong, volunteer Daniel Kim, Shinyoung Bae, Hyunsook Hwang who did supervision, and about 200 mission staffs who works together in Vision Mission community.

My family a wife and Eunbit and Sihoo are my treasures who never reject the community lifestyle to live with the word of God. Of course the Lord will pick up the torch of His word to light dark age beside us, but that is why I am really appreciate His word is with us.

2013. 9. Missionary David Cho

계를 꼼꼼히 따라가다 보면 묵상 기초부터, 다른 이들에게 나누는 말씀까지 압축적이나 도움이 되도록 쓰려했다. 부족한 표현과 압축의 미흡함은 순전히 저자인 내 탓이다.

책이 나오기까지 많은 영감에 자양분이 되어 준 믿음의 선진들과 더불어, 교정과 편집 작업을 도와준 강민정 간사, 박혜지 간사, 고상한 북디자인을 해준 국미나 간사, 장하정 간사, 영문 번역을 맡아준 성아비가일 선교사, 온지훈 간사, 박시원 간사, 영문 감수해 준 홍유안 간사, 김대환 형제, 배신영 자매, 황현숙 자매, 비전 선교공동체와 함께하는 200여명의 선교 사역자들 모두 감사하다.

말씀과 함께 살기 위해 공동체의 삶을 마다않고 더불어 함께 하는 아내와 은빛, 시후를 비롯한 가족들은 내 보석들이다. 우리가 아니더라도 누군가를 통해 주님이 어두운 시대를 밝힐 말씀의 횃불을 드실 것이나 말씀이 우리와 함께 하심에, 그래서 감사하다.

2013. 9. **조다윗 선교사**

2권 머리말
INTRODUCTION

I am reminded of a scene in the Scripture where Apostle John is told by an angel that the Word will be 'sweet as honey in your mouth, but it will turn sour in your stomach'

On one hand, I wish that all saints of the church and the next generations who are eager for the Word, including missionaries, ministers and workers of the Lord that they might receive the Word with happiness and joy. On the other, I truly hope that they live a life that is serious and meaningful, immerged in the Word, carry their crosses while living here on earth, but realizing the eternal heaven above.

I wish to continue writing until the one chapter may be meditated through 365 days, once every week for more than 7 years. I hope to put up the writings on SNS for Christians of all nations to be able to interact with each other.

I realize that messages and contents posted on SNS spread in short time at the rate of hundreds of thousands. It is a verifying moment that God's passion for the unreached people may be able to show effectively

사도 요한이 보았던 바 '그 말씀이 입에서는 꿀같이 다나 배에서는 쓰게 되었더라'라는 말씀이 생각난다.

이 말씀과 같이 한편 현장에 들어가는 선교 사역자와 국내외 사역자들, 말씀을 사모하는 모든 성도와 다음 세대 모두 기쁨과 즐거움으로 말씀을 대할 수 있기를 원한다. 그러나 또 한편 그들이 살게 될 생애는 말씀으로 압도되어 이 땅에서 십자가 지고 하늘에 천국이 영원히 새겨져 퍼져나가는 심각하고 깊이 있는 삶이 되길 간절히 소망한다.

최소 한 해 매일 365일 묵상할 수 있고 7년 이상 한 주에 한 번 말씀을 나눌 수 있는 분량이 될 때까지 책을 쓰고자 한다. 계속 열방의 크리스천들이 접할 수 있도록 SNS 상에 올려 상호 작용할 생각이다.

말씀 묵상을 비롯한 선교 콘텐츠가 SNS 상에서 짧은 시간 동안에 수십만 건씩 퍼져나간다는 것을 알게 되었다. 미전도 종족과 현장을 향한 하나님의 선교 열정이 드러나는 일에 SNS가 효과적으로 활용될 수 있음을 확인했다.

더불어 1권에 실렸던 바이블 쿠킹미팅 묵상 내용에 대해서도 격려가 되는 피드백을 많이 받았다. 과분할 정도로 많은 여러 목회자분들, 선교사님들, 선

on SNS's.

Also, I have received encouraging feedbacks on the first volume of the Bible Cooking Meeting. I have received undeserved amounts of commendations from ministers, missionaries, mission groups and their staff member, and younger generations that they were helped in spreading the Word through this book. I thank God for it.

Despite our dependence on the spreading power of the Word on SNS's, I still wish to have them printed in hard copies so that instantaneous consumption of the Word may be prevented. It is true that through internet platforms interactions were made easier and the message more spreadable. However, the Word isn't something that should be consumed, but rather it is something that must be meditated and be set on hearts, so that it overcome lives and all the nations. I wish to see a generation that would love Jesus, who is the Word, so much so that it will give its all for Jesus with joy.

September 2014. In our Community, after a Mission Camp. Missionary David Cho

교단체 간사님들, 성도님들, 청년 세대들로부터 책 내용을 통해 말씀을 읽거나 전하는 데 도움을 얻었다는 피드백을 들었다. 감사한 일이었다.

SNS상 누구나 읽을 수 있게 저변 확산력에 기대면서도 그럼에도 불구하고 오프라인상에 책으로 내는 일을 멈추지 않는 이유는 말씀의 인스턴트성 소비를 경계하기 때문이다. SNS가 세계 확산력이 좋고 상호 작용과 피드백에 능할 수 있는 플랫폼이 맞지만, 말씀은 읽고 소비되는 게 아니라 묵상 되고 새겨져 삶과 열방을 압도해야 하기 때문이다.

살아계신 말씀이신 예수님을 사랑하여 기쁨으로 자신의 모든 것을 예수님께 내던질 수 있는, 말씀으로 압도된 세대를 보길 원한다.

2014. 9. 선교캠프를 마치고 공동체에서 어느 날, **조다윗 선교사**

3권 머리말
INTRODUCTION

Tomorrow I will be flying to China. Although, I do not know if there might be minor disagreements in the precise timing of it, but it is a widely accepted idea in the Christian world that mission movements will upshift to its next gear starting out from the region of Asia, centered about China.

We started as a small community, sharing and obeying the Word. We have since been pioneering mission movements throughout the Korean peninsula.

As the gospels weren't written by a single person, but rather compilations of collected witnesses of many, we, as a small community did the same and shared the Word through interaction among the members of the body. We dared proclaim those Words would one day become spiritual food for all nations.

Now, missionaries are going into the 4th world where the gospel has not been reached yet. We are witnessing now the wave of missions in front of us through the rise of next generation mission movements of

중국으로 출국하기 전날이다. 시기적인 타이밍과 세밀한 부분에서는 이견이 있을지 모르겠지만 이제 선교 운동이 중국을 비롯해 아시아권에서 본격화되리라는 것은 교계의 일반적 견해가 되어 가고 있다.

우리는 작은 공동체로부터 시작해 함께 말씀을 먹고 나누며 그 말씀들에 순종하여 한반도 전역으로 선교 운동을 개척해 왔다.

그리고 복음서가 한 개인을 통해서만 쓰인 것이 아니라 여러 사람에 걸쳐 나눈 증거를 모아서 누가가 확정하여 썼으므로 온 인류를 위한 양식이 된 것처럼, 우리는 작은 공동체일지라도 여러 사람이 함께 공동체적으로 상호작용하여 나눈 묵상의 양식이 열방을 먹이기 위해 사용될 수 있다고 감히 믿어, 선포해왔다.

이제 복음이 가장 전해지지 않은 제4세계에 선교사들이 나아가고 있으며, 한반도의 다음 세대를 통한 선교 운동과 서구의 여러 운동, 중국으로부터 서쪽으로 일어날 아시아 선교의 물결들을 우리는 감히 목전에서 조우하며 함께 사역할 기회를 얻고 있다. 우리는 여전히 무명을 지향하지만, SNS를 통해 공동체 묵상을 내보낼 때 거의 실시간으로 열방 곳곳에서 반응이 오고 있다!

시대는 변하여도 말씀은 영원하다. 말씀은 양식이 되어 온 세계를 먹이고도

Korea, along with numerous western mission movements, and those that are happening in China moving towards the west. We are given the opportunity to be involved in the wave of rising ministries. We still insist on our nameless identity, however, we continue to receive real-time responses from all over the world when we share our message across the SNS.

The times change, but the Word is forever. The spiritual food are abundant enough for the whole world and more. Are hope is to eat and drink of the Word forever with our members and all-nations! And with Jesus of feast who fed His disciples bread!

I dare to look upon the whole world and eternity.

May 2015. On a Pentecost Sunday

Missionary David Cho

남음이 있다. 우리의 작은 갈망은 위대한 말씀과 함께 영원히 더불어 먹고 마시길 원할 뿐이다. 작은 공동체와 열방과 함께! 제자들에게 떡을 먹이셨던 그 만찬의 예수님과 함께!

감히, 온 세계와 영원을 본다.

2015. 5. 성령강림주일을 보내고

조다윗 선교사

바이블
쿠킹미팅

1. 듣는 자의 권세

1. THE POWER OF THE ONE WHO HEARS

MARK 9:14-29

14 And when he came to his disciples,
he saw a great multitude about them,
and the scribes questioning with them.
15 And straightway all the people, when
they beheld him, were greatly amazed,
and running to him saluted him. 16 And
he asked the scribes, What question ye
with them? 17 And one of the multi-
tude answered and said, Master, I have
brought unto thee my son, which hath a
dumb spirit; 18 And wheresoever he ta-
keth him, he teareth him: and he foameth,
and gnasheth with his teeth, and pineth
away: and I spake to thy disciples that they
should cast him out; and they could not.
19 He answereth him, and saith, O faith-
less generation, how long shall I be with
you? how long shall I suffer you? bring
him unto me. 20 And they brought him
unto him: and when he saw him, straight-
way the spirit tare him; and he fell on the

마가복음 9:14-29

14 저희가 이에 제자들에게 와서 보니 큰 무
리가 둘렀고 서기관들이 더불어 변론하더니
15 온 무리가 곧 예수를 보고 심히 놀라며 달
려와 문안하거늘 16 예수께서 물으시되 너희
가 무엇을 저희와 변론하느냐 17 무리 중에
하나가 대답하되 선생님 벙어리 귀신 들린 내
아들을 선생님께 데려 왔나이다 18 귀신이 어
디서든지 저를 잡으면 거꾸러져 거품을 흘리
며 이를 갈며 그리고 파리하여 가는지라 내
가 선생의 제자들에게 내어쫓아 달라 하였으
나 저희가 능히 하지 못하더이다 19 대답하
여 가라사대 믿음이 없는 세대여 내가 얼마나
너희와 함께 있으며 얼마나 너희를 참으리요
그를 내게로 데려오라 하시매 20 이에 데리
고 오니 귀신이 예수를 보고 곧 그 아이로 심
히 경련을 일으키게 하는지라 저가 땅에 엎드
러져 굴며 거품을 흘리더라 21 예수께서 그
아비에게 물으시되 언제부터 이렇게 되었느
냐 하시니 가로되 어릴 때부터니이다 22 귀
신이 저를 죽이려고 불과 물에 자주 던졌나이
다 그러나 무엇을 하실 수 있거든 우리를 불

ground, and wallowed foaming. 21 And
he asked his father, How long is it ago
since this came unto him? And he said,
Of a child. 22 And ofttimes it hath cast
him into the fire, and into the waters, to
destroy him: but if thou canst do any
thing, have compassion on us, and help
us. 23 Jesus said unto him, If thou canst
believe, all things are possible to him that
believeth. 24 And straightway the father
of the child cried out, and said with tears,
Lord, I believe; help thou mine unbelief.
25 When Jesus saw that the people came
running together, he rebuked the foul
spirit, saying unto him, Thou dumb and
deaf spirit, I charge thee, come out of him,
and enter no more into him. 26 And the
spirit cried, and rent him sore, and came
out of him: and he was as one dead; inso-
much that many said, He is dead. 27But
Jesus took him by the hand, and lifted him

쌍히 여기사 도와 주옵소서 23 예수께서 이
르시되 할 수 있거든이 무슨 말이냐 믿는 자
에게는 능치 못할 일이 없느니라 하시니 24
곧 그 아이의 아비가 소리를 질러 가로되 내
가 믿나이다 나의 믿음 없는 것을 도와 주소
서 하더라 25 예수께서 무리의 달려 모이는
것을 보시고 그 더러운 귀신을 꾸짖어 가라사
대 벙어리 되고 귀먹은 귀신아 내가 네게 명
하노니 그 아이에게서 나오고 다시 들어가지
말라 하시매 26 귀신이 소리지르며 아이로
심히 경련을 일으키게 하고 나가니 그 아이가
죽은것 같이 되어 많은 사람이 말하기를 죽었
다 하나 27 예수께서 그 손을 잡아 일으키시
니 이에 일어서니라 28 집에 들어가시매 제
자들이 종용히 묻자오되 우리는 어찌하여 능
히 그 귀신을 쫓아 내지 못하였나이까 29 이
르시되 기도 외에 다른 것으로는 이런 유가
나갈 수 없느니라 하시니라

up; and he arose. 28 And when he was
come into the house, his disciples asked
him privately, Why could not we cast
him out? 29 And he said unto them, This
kind can come forth by nothing, but by
prayer and fasting.

A deaf and dumb spirit took over the body of the boy and often threw him into the fire and water. It was unfortunate that the boy became a vessel of the unclean spirit. But, why did the spirit try to throw the boy, being a vessel, into the fire and water? Did he want to find another vessel after killing the boy by throwing him into the fire and water? First of all, was it possible that the spirit wanted to show-off its power to make him dumb by making the boy mute and oppressed? The child wasn't able to speak even in the pain of being burned in fire because he was seized by the spirit. A burning sensation is the strongest stimulus among the senses of pain that a human can experience, just like the extreme pain in hell. The pain of being drowned makes one die, as the water fills the lungs while the person tries to open its mouth to breathe. The boy was unable to speak even in such extreme situation where the water was coming into his mouth and lungs, all because he was controlled by the power of the dumb spirit. He may not have even been able to shout.

What better way is there for the evil spirit to show off and prove its power to control a person's speech. For the evil spirit, this was the most effective and cruel way to show off its power, throwing the boy into fire and water, and at the same time controlling the boy not to scream even a single shout during the whole process. Just imagine the cruelty of pain being thrown into the fire and the water without even having the chance to scream. Wouldn't this be terrible? Yes. The enemy played the child like a lab rat, a child who is a descendant of Adam the figure of our worthy God. The spirit used the boy as a way to show off his authority to make a person mute and deaf. This is like a trainer in a circus who trains animals to jump pass the fire ring using his whip. Surprisingly, there is a thread of connection in some parts between the enemy and the disciples. The disciples were trying to use the boy as a way to prove their power they received from Jesus, quarrelling with the scribes, leaving the boy all by himself. However, unlike the disciples and the scribes, the boy's father had compassion on the boy and tried with all his strength to protect his son. He saved his boy many times from fatal situations where he almost drowned or burned to death helplessly without even having the chance to scream. The father was able to save him from water and fire out of compassion for his son, but sadly, he didn't have the power to fundamentally free the boy from the evil spirit, casting it out.

Meanwhile, when Jesus was facing the boy he discovered something that a human being can't sense. Even the father of the boy thought he had a mute spirit as he couldn't speak. But, Jesus was able to distinguish that the boy was not just possessed by the mute spirit, but also the spirit of deaf. Jesus

말 못하고 못 듣는 귀신은 아이의 몸을 점령한 채 자주 그를 불과 못 속에 던졌다. 불행하게도 아이는 더러운 영을 담는 집이 되어버렸다. 그런데 왜 귀신은 자신이 점령한 아이, 곧 자신의 집처럼 된 아이를 불과 못에 넣으려 했을까? 아이를 불태우거나 물에 빠뜨려 죽인 후에 자신이 점령할 다른 영혼을 찾으려 했을까? 일차적으로 귀신은 소리조차 내지 못하고 억눌린 채 고통 받는 아이의 모습을 통해 자신이 말하지 못하도록 통제하는 권능을 가짐을 자랑하려 한 게 아닐까? 불에 타는 고통을 주어도 아이는 귀신에 사로잡혀 말을 할 수 없다. 불에 타는 아픔은 지옥에서 맛보는 극심한 고통으로 인생이 경험할 수 있는 통각 중에 가장 강도가 높은 자극이다. 익사하는 고통은 어떻게든 숨을 쉬느라 입을 벌리다가 입속으로 물이 들어가 폐에 물이 차서 죽음에 이르게 한다. 입과 폐로 물이 들어가는 가장 극심한 고통 속에서도 아이는 말 못하는 귀신의 능력에 통제를 받아 말을 할 수 없다. 소리조차 낼 수 없었을지 모른다.

귀신의 입장에서 이만큼 자신의 말하지 못하도록 통제하는 능력을 증명할 방법이 어디 있겠는가. 불에 데고, 폐에 물이 넘쳐도 대적의 말하지 못하게 하는 권능에 눌려 외마디 소리조차 지르지 못하는 아이의 모습은 대적 입장에서 자신의 능력을 자랑하기에 가장 잔혹하면서도 효과적인 방법이었다. 외마디 비명조차 지르지 못하게 한 채 불과 물에 던져지게 하는 고통의 잔혹함을 생각해보라. 끔찍하지 않은가. 대적은 존귀한 하나님의 형상, 아담의 후손인 아이를 실험실의 생쥐처럼 가지고 놀았다. 귀신은 귀먹고

wasn't someone who only saw and heard through humanly senses. It is through the same way he knew mankind was separated further from God, becoming spiritually deaf not being able to hear the voice of the Holy Spirit. As Jesus said, without prayers and fasting, this was not possible. Fasting lets us get closer to the Holy Spirit instead of the flesh. Prayer is a conversation that we have after listening the will of the Holy Spirit, not the words of human. The power of God's kingdom is not in the words and the tongue of human, but it comes when we listen and proclaim God's words. First, let him hear what the Holy Spirit says according to the bible. Those who listen will become victorious.

말하지 못하게 하는 자신의 권능을 자랑케 하는 통로로 아이를 이용했다. 마치 서커스에서 채찍질로 짐승을 불구덩이에 통과시켜 훈련하는 조련사처럼. 놀랍게도 어떤 면에서 대적과 제자들은 일맥상통하는 면모를 보인다. 그들은 자신들에게서 능력이 나타나지 않자 불쌍한 아이를 놓아둔 채 자신들의 능력을 증명하기 위해 서기관들과 논증하기 바빴다. 왜냐하면 제자들도 예수님께로 받은 권능을 증명할 수단으로 아이를 이용하고 있기 때문이다. 그러나 이와는 달리, 아이의 아버지는 아이를 보호하기 위해 안간힘을 다했다. 아이가 불과 물에 빠져 외마디 비명도 지르지 못하는 벙어리가 되었는데도 아버지는 아이가 불과 물에 빠져 소리 없이 죽어갈 때 여러 번 아이를 죽음 근처에서 꺼내왔다. 아이를 불쌍히 여겨 늘 살피고 노심초사했기에 그 아이를 불과 물에서 건져낼 수는 있었지만 안타깝게도 아이에게서 대적을 내어 쫓아 근본적으로 자유하게 할 능력이 없었다.

한편 예수님은 이 아이를 대할 때 인간의 지각으로 알 수 없는 사실을 밝혀낸다. 아이의 아버지조차 아이가 벙어리로 지내니 말 못하는 귀신에 들린 줄 알았다. 그러나 예수님은 아이가 그냥 '말 못하게' 하는 귀신에 들린 것이 아니라 귀 먹어 '듣지 못하게' 하고 말하지 못하게 하는 귀신이 들렸다는 점을 분별하셨다. 예수님은 인간의 지각만으로 보거나 듣는 분이 아니었다. 성령이 말씀하시는 것을 듣기에 아이가 귀먹게 하는 귀신이 들렸다는 영적 정보를 파악하셨다. 마치 인류가 하나님으로부터 멀어짐으로 성령의 음성을 듣지 못하는 영적 귀머거리가 된 것을 아시는 것처럼 말이다. 예수님의 말씀처럼 기도와 금식 외에는 이런 역사가 있을 수 없다. 금식은 육체가 아닌 성령을 가깝게 한다. 기도는 인간의 말을 듣고 말하는 것이 아니라 성령의 뜻을 먼저 듣고 말하는 대화이다. 하나님 나라의 능력은 사람의 말과 혀에 있는 것이 아니라 하나님의 말씀을 듣고 선포하는데 있다. 성경 말씀대로 먼저 성령의 음성에 귀 기울일지어다. 성령의 말씀을 듣는 자는 곧 이기는 자가 될 것이다.

2. 이중 금고 속에 가증한 탈취, 죄

2. THE DETESTABLE RAVEN IN A DOUBLE SAFE, SIN

JOSHUA 7:16-23

16 So Joshua rose up early in the morn-
ing, and brought Israel by their tribes; and
the tribe of Judah was taken: 17 And he
brought the family of Judah; and he took
the family of the Zarhites: and he brought
the family of the Zarhites man by man;
and Zabdi was taken: 18 And he brought
his household man by man; and Achan,
the son of Carmi, the son of Zabdi, the
son of Zerah, of the tribe of Judah, was
taken. 19 And Joshua said unto Achan,
My son, give, I pray thee, glory to the
LORD God of Israel, and make confes-
sion unto him; and tell me now what thou
hast done; hide it not from me. 20 And
Achan answered Joshua, and said, Indeed
I have sinned against the LORD God of
Israel, and thus and thus have I done: 21
When I saw among the spoils a goodly
Babylonish garment, and two hundred
shekels of silver, and a wedge of gold of

여호수아 7:16-23

16 이에 여호수아가 아침 일찌기 일어나서 이
스라엘을 그 지파대로 가까이 나아오게 하였
더니 유다 지파가 뽑혔고 17 유다 족속을 가
까이 나아오게 하였더니 세라 족속이 뽑혔고
세라 족속의 각 남자를 가까이 나아오게 하였
더니 삽디가 뽑혔고 18 삽디의 가족 각 남자
를 가까이 나아오게 하였더니 유다 지파 세
라의 증손이요 삽디의 손자요 갈미의 아들인
아간이 뽑혔더라 19 여호수아가 아간에게 이
르되 내 아들아 청하노라 이스라엘의 하나님
여호와께 영광을 돌려 그 앞에 자복하고 네
행한 일을 내게 고하라 그 일을 내게 숨기지
말라 20 아간이 여호수아에게 대답하여 가
로되 참으로 나는 이스라엘 하나님 여호와께
범죄하여 여차 여차히 행하였나이다 21 내
가 노략한 물건 중에 시날산의 아름다운 외
투 한벌과 은 이백 세겔과 오십 세겔중의 금
덩이 하나를 보고 탐내어 취하였나이다 보소
서 이제 그 물건들을 내 장막 가운데 땅속에
감추었는데 은은 그 밑에 있나이다 22 이에
여호수아가 사자를 보내매 그의 장막에 달려

fifty shekels weight, then I coveted them,
and took them; and, behold, they are hid
in the earth in the midst of my tent, and
the silver under it. 22 So Joshua sent mes-
sengers, and they ran unto the tent; and,
behold, it was hid in his tent, and the sil-
ver under it. 23 And they took them out
of the midst of the tent, and brought them
unto Joshua, and unto all the children
of Israel, and laid them out before the
LORD.

가 본즉 물건이 그의 장막 안에 감취었는데
은은 그 밑에 있는지라 23 그들이 그것을 장
막 가운데서 취하여 여호수아와 이스라엘 모
든 자손에게로 가져오매 그들이 그것을 여호
와 앞에 놓으니라

A wedge of gold, silver and a Babylonish garment were what Achan had stolen. However, looking at the incident more closely, we can find out that the bible describes these stolen goods as being hidden in two different places. He hid the gold and the garment in the earth in the midst of his tent, and the silver under it separately. Surprisingly, Achan had hidden the spoils of war in two separate places! He prepared something what's called a 'double safety latch' by putting the gold and the garment under the tent and the silver under it by digging the earth once more, so that when the first portion of the spoils were to be found, the other may remain still.

They would have had to lift up the tent first, dig into the earth, get the gold and the garment out, then dig the earth a second time in order to find the hidden silver, revealing Achan's detestable. How crafty is his ability to hide his sin like a snake! Generally, if a person had to choose and hide only one among the three spoils, he would probably choose the most expensive gold to hide in the deepest part of the earth. Achan, however, chooses to hide the silver at the lowest, under the gold and the garment. This was done so that the people may be led to think there would be no more spoils underneath after discovering the most precious spoil, gold. As we can see, Achan has even calculated the Maginot line of concealment, a line which people would not have imaged to cross as the most precious spoils had been found already. Therefore, he could have kept at least the silver in case gold had been discovered. Certainly, gold used to worth four times more than silver in those days, however, judging by the fact that there were four times as much silver than gold, Achan could have kept the spoils as much as gold's worth. As a result, even the heavens became angry by Achan's detestable action of trying to hide the spoils so slyly.

Are any of us, as christians, only confessing sins and repenting only as much as that are look presentable outwardly, while still keeping more sins inside? Our Lord who knows everything of the heaven and the earth is capable of opening the skies and watching through the earth. Let's throw out our sins, even those that were locked up inside hidden beneath the second layer. We have the forgiveness of his precious blood. Achan might have been forgiven, not cursed, if he had only come out straight ahead, without having to have situation close in on him while God was still giving him the chance. Before we have to stand in front of the book of life and actions, let us face our sins first and confess them to him, standing in front of the one who will always be there for us. Let us enjoy the freedom of forgiveness, by taking off the heavy garment of sin.

아간이 훔친 물건은 금덩이, 은, 시날산 외투였다. 그런데 자세히 관찰하면 성경은 아간이 훔친 물건을 두 개의 카테고리로 나누어 숨긴 것으로 묘사한다. 아간은 금과 외투는 장막 안 땅에 감추었고 금, 외투와는 별도로 그 밑을 더 파서 은을 따로 숨겼다. 놀랍게도 아간은 전장에서 훔쳐온 가증한 물건을 이중으로 나눠서 숨겼다! 이를테면 이중 금고처럼 금과 외투를 장막 밑에 넣고 혹 그것이 들통 나더라도 은을 끝까지 숨길 수 있도록 땅을 한 번 더 파서 그 밑에 둠으로써 이중 감춤 장치를 마련했던 것이다.

아간의 가증한 물건을 낱낱이 찾아내려 한다면 먼저 장막을 들춰 땅을 파서 금과 외투를 꺼내고 다시 땅을 파서 은을 꺼내야 했다. 아간의 죄를 숨기는 능력이 뱀처럼 얼마나 간교한가! 일반적으로 세 탈취물 중 한 가지만 끝까지 감춰야 한다면 가장 귀중한 금속으로 여겨지던 금괴를 가장 밑에 감추려 할 것이다. 그렇지만 아간은 금이 아닌 은을 이중 시건장치로 가장 밑에 숨겼다. 왜냐하면 혹여 누군가가 장막을 걷다가 우연히 탈취물을 발견한다 하더라도 금괴가 먼저 발견되면 가장 값어치 높은 보물이 나왔기 때문에 더 숨겨둔 탈취물이 없으리라 생각할 것이기 때문이다. 아간은 금처럼 가장 값어치 높은 물건이 나오면 다른 노획물이 남아 있을 거라고 짐작하기 어렵게 된다는 점, 즉 은닉의 마지노선까지 계산했다. 따라서 만에 하나 금괴가 들통 나도 이렇게 이중 잠금장치를 마련해두면 은만은 보존할 수 있게 될 것이다. 금이 더 고귀한 금속임에는 틀림없지만 그 밑에 네 배 더 많은 양의 은을 숨겨 놓았던 것과, 당시 금이 은보다 네 배의 가치가 있었다는 점을 미루어 볼 때 아간은 범죄가 드러나 금을 빼앗겨도 훔친 금과 같은 값어치의 은만은 끝까지 취할 수 있게 되는 셈이다. 결국 만에 하나까지 계산하여 이중 금고처럼 범죄물을 숨긴 아간의 가증함은 하늘마저 진노하게 했다.

그리스도인으로 살아가면서 마음속에 청산하지 않은 은밀한 죄가 있으면서도, 표면적으로 드러내도 좋을 만큼의 회개의 고백만을 하고 있는가? 모든 것을 아시는 주님은 하늘을 펼쳐보시고 땅속까지 꿰뚫어보신다. 보혈의 용서 앞에 이중 잠금장치 되어 있는 은밀한 죄마저 청산하자. 심판이 임하기 전, 지파대로, 부족대로, 집안대로 여러 번에 걸쳐 감춰진 죄를 찾으셨을 때, 아간이 감추지 않고 회개하며 나왔다면 기다림의 시간을 주셨던 만큼 저주가 아닌 용서를 받았을 것이다. 천국에서 생명책과 행위책 앞에 서기 전에 먼저 죄를 직면하고 주 앞에 고백하고 떨쳐냄으로 항상 우리와 함께 계시는 그분 앞에 서자. 용서의 자유를 누리자. 죄의 무거운 외투를 벗어버리고.

3. 교회, 약하나 강한 소망

3. CHURCH, WEAK BUT THE STRONG HOPE

2 CORINTHIANS 11:28-33

28 Beside those things that are without,
that which cometh upon me daily, the
care of all the churches. 29 Who is weak,
and I am not weak? who is offended, and
I burn not? 30 If I must needs glory, I will
glory of the things which concern mine
infirmities. 31 The God and Father of our
Lord Jesus Christ, which is blessed for
evermore, knoweth that I lie not. 32 In
Damascus the governor under Aretas the
king kept the city of the Damascenes with
a garrison, desirous to apprehend me: 33
And through a window in a basket was
I let down by the wall, and escaped his
hands.

고린도후서 11:28-33

28 이 외의 일은 고사하고 오히려 날마다 내
속에 눌리는 일이 있으니 곧 모든 교회를 위
하여 염려하는 것이라 29 누가 약하면 내가 약
하지 아니하며 누가 실족하게 되면 내가 애타
하지 않더냐 30 내가 부득불 자랑할찐대 나
의 약한 것을 자랑하리라 31 주 예수의 아버
지 영원히 찬송할 하나님이 나의 거짓말 아니
하는 줄을 아시느니라 32 다메섹에서 아레다
왕의 방백이 나를 잡으려고 다메섹 성을 지킬
쌔 33 내가 광주리를 타고 들창문으로 성벽
을 내려가 그 손에서 벗어났노라

It was a mere basket that dramatically saved the converted Saul from the city of Damascus. Was any big authority or strength even required to save Saul from being chased by men in power and Jewish extremists who bear a grudge against an apostate of the Jewish religion? The great Lord thought only a scrubby basket in the house of a christian was enough to save Saul hiding on the wall standing at the edge of the cliff. Try to imagine the scene where Saul is being carried down in a small basket that would barely pass through a window on the high wall of the Damascus at night.

He was taken into the hands of the weak christians who he had been priorly persecuting, and relied his body and his whole life upon the light basket. He might have imagined that his life would end if the basket had not been able to bear his weight and its bottom fall out. One can only imagine the fear and shock Saul had to experience as he had to take the shock of being bumped into the wall as he was being put down in the basket. Also, he could have been suspended in mid air like a prey stuck in a spider web had the rope been too short to reach the ground. There was also a chance that the disciples might have lost grip of the rope, letting Saul fall to the ground. Despite all those possibilities, the very scrubby and weak basket managed to deliver Saul safely from the city walls, away from the hands of his persecutors. What would have become

극적으로 회심한 사울을 다메섹 성에서 구원한 도구는 약하디 약한 바구니였다. 유대교 변절자에 대한 원한을 가지고 사울을 쫓는 종교 극렬분자 유대인들과 권력자들로부터 사울을 구출하려면 어떠한 대항권력이나 힘이 필요했을까? 위대하신 주님은 낭떠러지에 선 것처럼 성벽 끝에 숨어있던 사울을 구원하기 위해 그리스도인 집의 볼품없는 바구니 하나면 충분하다고 생각하셨다. 한밤중 다메섹 도성의 높다란 성벽에 창문 하나를 겨우 통과할 만큼 작은 바구니에 실려 내려오는 사울의 모습을 상상해보라.

사울은 본인이 핍박했던 연약한 그리스도인 손에 맡겨져 그들이 가져온 가벼운 바구니에 자신의 온몸과 생명을 위탁한다. 얼기설기 엮은 바구니가 무게를 이기지 못하고 밑이라도 빠진다면 사울 본인의 목숨은 끝장일 것이라 상상했을지 모른다. 칠흑같이 어두운 밤에 바구니가 단단한 성벽에 닿으며 부딪히는 충격은 사울에게 공포감을 주었을 것이다. 한편 바구니를 내릴 끈이 엄청난 높이의 성벽에 비해 턱 없이 짧다면 사울은 거미줄에 매달린 먹이처럼 한밤을 공중에서 보내다 사로잡혔을지 모른다. 만에 하나 연약한 제자들이 무게를 못 이겨 줄을 놓친다면 사울은 그야말로 산채로 박살이 나는 것이다. 그러나 결국, 매우 볼품없고 약한 바구니는 사울을 안전하게 다메섹 도성과 핍박자들의 손에서 구출했다. 만약 성벽에 부딪혀 깨지거나 밑이 빠질까 염려해 강한 철창과 같은 것으로 사울을 내렸다면 어떻게 되었을까? 어두운 밤 다메섹 도성의 성벽과 부딪혀 깨질 것 같은 큰소리를 내며 추격자들에게 곧 발각되었을 것이다.

of Saul had he been lowered in a rigid metal cage, out of fear that the bottom will fall off or bump into the wall in the weak basket? He probably would have been caught by the pursuers, alarmed by the clanging noise made when bumped into the wall of Damascus. This is the miracle of the weak but strong church destined by God. The church seemed very weak, like the basket, while Saul was still persecuting the church and the disciples. Is it then fair to say the basket was weak, even when it embraced the 'prosecutor' Saul? This is the basket that even embraced Saul and gave salvation to him who volunteered to play the role of the enemy of God, blinded by his own self-righteousness.

When the world comes crashing down on you, the basket does not confront with the problem rigidly, but absorbs the shock with self sacrifice. It protects and multiplies the descendants of the Lord's disciples and apostles, those who follow the sacrifice of the cross. This is a basket weaved out of fragile fibers and wood. Fibers and tree barks are weak by itself, but they can take everything when they are weaved together by relying and binding on each other. Numerous fibers woven together are combined to change the murderers, traitors and sinners into the figure of Jesus, making procession of miniature crosses. So decide for yourselves. Is this basket weak or strong? Is the church really the hope of the world, is it not?

이것이 하나님이 정하신 연약함으로 강한 교회의 신비이다. 핍박자였던 사울이 제자들과 교회를 잔해할 때 교회는 바구니처럼 한없이 약해보였다. 그러나 그 핍박자 원수 사울마저 몸 속에 품은 채 구출하고 있는 바구니는 과연 약하기만 한 것인가. 자기 신념으로 부러질 것처럼 강직해 하나님의 원수를 자처했던 핍박자 사울조차 유연한 몸체에 품고 구원해내었다.

세상이 부딪쳐 오면 맞서지 않고 희생으로 감내하며 충격을 흡수해낸다. 그리고 십자가를 따르는 많은 제자들과 사도의 후예들을 품고 보호하여 세웠다. 자, 여기 약한 섬유질과 나무로 엮여 볼품없는 바구니가 있다. 날줄과 씨줄로 엮인 섬유질과 나무껍질은 홑겹이면 약하지만 서로를 의지하여 엮으면 무엇이든 담을 수 있다. 나무껍질의 무수히 많은 교차점들이 작은 십자가들의 행렬을 이룬 채, 행악자도, 역도도, 살인자도, 괴수도 예수님의 형상으로 바꾸어 내어놓는다. 자 이것은 약한가, 강한가? 과연 교회는 세상의 소망인가? 그렇지 않은가?

4. 네 이름이 무엇이냐?

4. *WHAT IS YOUR NAME?*

MARK 5:9

9 And he asked him, What is thy name? And he answered, saying, My name is Legion: for we are many.

마가복음 5:9

9 이에 물으시되 네 이름이 무엇이냐 가로되 내 이름은 군대니 우리가 많음이니이다 하고

Seldom, you will find people cite the fact that Jesus drove out the unclean spirit in Gerasense, in order to justify asking the name of a spirit to reveal its identity. Is it really necessary that Jesus, an almighty God, extract out the fallen angels' names to cast them out of the human bodies? Does he have such a limited ability? Of course, not. Also, it would be very ironic to seek information worth any truth from the army of satan, with its full lying capabilities.

Then, why did Jesus ask the name of the insane Gerasense possessed by an impure spirit? The answer is this. Jesus did not want any information from the lying satan, but wanted to know the name of the person who was possessed by the evil spirit who had become an outcast by his own people. Jesus wanted to know and call out the man's name to recover his senses from being controlled by the unclean spirit. Jesus had compassion and loving heart towards the man, and wanted to free him from the spirit. Imagine there is a child who is very sick and is almost out of his mind from the pain. Would not the parents shout out the name of this child? There are people who focus too much on exposing names and identities of evil spirits, just to show-off their ability to reveal the darkness and identity of the evil spirits. Jesus already knew that the spirits were impure(8). Would it have been easier to drive out the dark spirits if he had shown the spiritual cognitive ability that can expose the identity of satan to the people? Jesus drives them out with the power of his blood not with the spiritual cognitive ability. Only those people such as psychics act like they are capable of identifying and controlling the evil spirit by uniting themselves with the darkness. But while they focus too much on the work of the dark, they end up being used up and become delusional by the spirit.

Recently, some christians have been spreading rumors of conspiracy theories, ideological conflicts, culture code discretion and etc. on social networks, most of which possess very weak evidence. Even if they had undeniable evidences and all were turned out to be true, the power of darkness will not be effective in front of God's love that is mighty to save with the light of the gospel. The church may become misunderstood to the world that it is some sort of a horrific cult organization disseminating exaggerated rumors and provocative news that does not have any proof. Do you want to show off the spiritual ability of exposing the darkness? Those dark things will lose power and be gone naturally if the church becomes humble and loves the lost and focuses on the original vision that saves the world with the light of the gospel.

간혹 귀신의 정체를 드러내기 위해, 귀신의 이름을 묻는 행위를 정당화하기 위해 거라사 광인의 축사 사건을 언급하는 사람들이 있다. 과연 예수님은 전지전능하신 하나님으로서 타락한 천사들에게 정보를 얻어내야만 그들의 정체를 파악하여 쫓아내실 수 있는 것인가? 그분은 그렇게 제한적인 능력을 가지신 분인가? 물론 아니다. 또한 거짓에 능한 사단의 군단에게 정보를 캐는 것이 진리를 나타내는데 유익하다고 할 수 없을 것이다.

그렇다면 예수님은 귀신들린 거라사 광인 앞에서 왜 이름을 물으셨을까? 이것은 거짓된 사단의 정보를 얻고자 함이 아니라 있는 그대로, 귀신들려 마을에서조차 버림받은 거라사 광인의 이름을 묻는 것이다. 한 불쌍한 영혼에게 긍휼의 관심과 사랑을 품으시고, 귀신에게 제어 당하고 있는 상황으로부터 그를 자유롭게 하고자, 정신을 차리라고 그의 이름을 묻고 부르고 계셨다. 아이가 고열로 정신을 잃을 만큼 아프다고 치자. 부모라면 이름을 부르며 정신 차리라고 외치지 않겠는가? 귀신과 어둠을 드러내고자, 그들의 정체를 드러낼 수 있는 능력을 보여주고자 사단의 정체와 이름 폭로에 혈안이 된 사람들이 있다. 예수님은 그들이 부정한 존재(8)라는 것을 이미 아신다. 사단을 폭로할 수 있는 인지 능력을 갖추어야 어둠을 더 잘 내어쫓을 수 있는 것인가? 사람들이 가진 영적 인지 능력으로 귀신이 내쫓기는 것이 아니다. 예수님의 보혈의 권세로 직접 그들을 내어쫓는 것이다. 무당 같은 사람들이나 어둠의 존재와 접하며 자신들이 직접 그들의 정체를 제어할 수 있는 것처럼 말한다. 그러나 도리어 그들은 어둠의 일에 집중한 나머지 어둠에 이용되고 미혹 당한다.

근래 소셜 네트워크를 중심으로 일부 기독교인들이 사실 근거가 빈약한 음모론과 사상투쟁, 문화코드분별 등이 확산되고 있다. 그런 정보에 사실 근거가 있다고 하더라도, 성도에게 복음의 빛으로 구원하는 하나님의 사랑이 있다면 어둠의 일들은 힘을 쓰지 못하고 물러갈 일이다. 사실 논거가 부족한 채, 자극적 비약이나 과장논리로 어둠의 풍문만을 세상에 확산시킨다면 교회는 진실을 날조하는 자들이자 어둠의 소문을 유포하여 세상을 단죄하는 괴기스러운 집단으로 여겨질 수 있다. 어둠을 폭로할 수 있는 영적 능력을 과시하고 싶은가? 교회가 겸손히 낮아져 잃어버린 영혼을 사랑하고, 세상을 복음의 빛으로 구원하는 본질적인 비전에 집중한다면 어둠의 일들은 자연히 힘을 잃고 떠나갈 것이다.

5. 겸손의 어린양께 경배하라

5. *WORSHIP THE HUMBLE LAMB*

REVELATIONL 5:12-13

12 Saying with a loud voice, Worthy is the Lamb that was slain to receive power, and riches, and wisdom, and strength, and honour, and glory, and blessing. 13 And every creature which is in heaven, and on the earth, and under the earth, and such as are in the sea, and all that are in them, heard I saying, Blessing, and honour, and glory, and power, be unto him that sitteth upon the throne, and unto the Lamb for ever and ever.

요한계시록 5:12-13

12 큰 음성으로 가로되 죽임을 당하신 어린 양이 능력과 부와 지혜와 힘과 존귀와 영광과 찬송을 받으시기에 합당하도다 하더라 13 내가 또 들으니 하늘 위에와 땅 위에와 땅 아래와 바다 위에와 또 그 가운데 모든 만물이 가로되 보좌에 앉으신 이와 어린 양에게 찬송과 존귀와 영광과 능력을 세세토록 돌릴찌어다 하니

Do you think that the kings and people of the earth from all nations and languages worshiping the Lamb of God would be an awesome and majestic sight? Of course, yes. But it is not easy for all nations to worship the Lamb, who was slain. There were many fables which put creatures like animals on the throne with a crown on their heads and make them bow down with mocking words to make fun of a foolish king from long ago. Why does the bible praise the Lord in the same way that uses an allegory to mock a foolish ancient king?

Jesus is wise and also humble. He is not foolish but wise and noble. However, he was born in a manger and slain like an animal for the sins of his people. Won't every creature and arrogant person worship him wholeheartedly before his humility? It will be shameful for people to worship an animal in the world but the people of heaven sincerely bow down and praise Jesus Christ, the Lamb and our Lord, who became a laughingstock for the sin of his people. There is no place for haughtiness in heaven. This is Jesus' wisdom who is humble and lowered himself below creatures. We should have a humble mind and lower ourselves even more than animals before God if we don't want to be higher than him. Everything that becomes higher than God is arrogance.

마침내 완성된 하나님 나라의 예배 가운데 모든 민족과 방언에서 열국 열왕들과 백성들이 나와 어린양 예수님께 경배하는 모습이 경탄을 금치 못할 웅장한 광경이라 생각되는가? 물론 그런 측면이 있다. 그러나 죽임당한 것 같은 어린 양에게 모든 만국이 절하기란 쉽지 않은 일이다. 옛날부터 우매한 왕의 권력을 희화화하기 위해 왕좌에 짐승 같은 미물을 올려놓고 왕관을 씌우고 절하며 조롱하는 말들을 함부로 내뱉는 우화들이 있었다. 어찌 성경은 고대 우매한 왕권의 통치를 비웃는 우화의 표현과 같이 우리 주님을 경배하게 하는가?

그분은 지혜롭고도 겸손한 분이다. 그분은 우매하지 않고 지혜롭고 고결한 분이시지만, 자신의 백성들의 우매한 죄 때문에 냄새나는 마구간에서 태어나 짐승처럼 도살당하셨다. 이런 겸손 앞에 제아무리 교만한 인생과 피조물이라도 마음을 다해 그분께 경배하지 않을 수 없을 것이다. 세상에서라면 사람이 어린 짐승을 놓고 경배하는 것만큼 우스꽝스러운 일도 없겠지만, 천국의 백성들은 자신들의 죄로 말미암아 우스꽝스러워진 어린양 우리 왕 예수 그리스도께 진심으로 절하고 찬미한다. 그분보다 높아지지 않으려면 하나님 앞에 짐승보다도 자신을 낮추는 마음을 가져야 할 것이다. 하나님보다 높아진 것은 모두 교만이다. 그래서 천국에는 교만이 자리 잡을 곳이 없다. 이것이 겸손하셔서 미물보다 낮아지신 예수님의 지혜다.

6. 성령님의 생각 *I*

6. THE IDEA OF THE HOLY SPIRIT I

JOHN 3:1-16

1 There was a man of the Pharisees, named
Nicodemus, a ruler of the Jews: 2 The same
came to Jesus by night, and said unto him,
Rabbi, we know that thou art a teacher come
from God: for no man can do these miracles
that thou doest, except God be with him. 3
Jesus answered and said unto him, Verily,
verily, I say unto thee, Except a man be born
again, he cannot see the kingdom of God.
4 Nicodemus saith unto him, How can a
man be born when he is old? can he enter
the second time into his mother's womb,
and be born? 5 Jesus answered, Verily, ver-
ily, I say unto thee, Except a man be born
of water and of the Spirit, he cannot enter
into the kingdom of God. 6 That which is
born of the flesh is flesh; and that which is
born of the Spirit is spirit. 7 Marvel not that
I said unto thee, Ye must be born again. 8
The wind bloweth where it listeth, and thou
hearest the sound thereof, but canst not tell

요한복음 3:1-16

1 바리새인 중에 니고데모라 하는 사람이 있
으니 유대인의 관원이라 2 그가 밤에 예수께
와서 가로되 랍비여 우리가 당신은 하나님께
로서 오신 선생인줄 아나이다 하나님이 함께
하시지 아니하시면 당신의 행하시는 이 표적
을 아무라도 할 수 없음이니이다 3 예수께서
대답하여 가라사대 진실로 진실로 네게 이르
노니 사람이 거듭나지 아니하면 하나님 나라
를 볼수 없느니라 4 니고데모가 가로되 사람
이 늙으면 어떻게 날 수 있삽나이까 두번째
모태에 들어갔다가 날 수 있삽나이까 5 예수
께서 대답하시되 진실로 진실로 네게 이르노
니 사람이 물과 성령으로 나지 아니하면 하나
님 나라에 들어갈 수 없느니라 6 육으로 난
것은 육이요 성령으로 난 것은 영이니 7 내가
네게 거듭나야 하겠다 하는 말을 기이히 여기
지 말라 8 바람이 임의로 불매 네가 그 소리
를 들어도 어디서 오며 어디로 가는지 알지
못하나니 성령으로 난 사람은 다 이러하니라
9 니고데모가 대답하여 가로되 어찌 이러한
일이 있을 수 있나이까 10 예수께서 가라사

whence it cometh, and whither it goeth: so
is every one that is born of the Spirit. 9 Nic-
odemus answered and said unto him, How
can these things be? 10 Jesus answered and
said unto him, Art thou a master of Israel, and
knowest not these things? 11 Verily, verily,
I say unto thee, We speak that we do know,
and testify that we have seen; and ye receive
not our witness. 12 If I have told you earthly
things, and ye believe not, how shall ye be-
lieve, if I tell you of heavenly things? 13 And
no man hath ascended up to heaven, but he
that came down from heaven, even the Son
of man which is in heaven. 14 And as Moses
lifted up the serpent in the wilderness, even
so must the Son of man be lifted up: 15 That
whosoever believeth in him should not per-
ish, but have eternal life. 16 For God so loved
the world, that he gave his only begotten
Son, that whosoever believeth in him should
not perish, but have everlasting life.

대 너는 이스라엘의 선생으로서 이러한 일을
알지 못하느냐 11 진실로 진실로 네게 이르
노니 우리 아는 것을 말하고 본 것을 증거하
노라 그러나 너희가 우리 증거를 받지 아니하
는도다 12 내가 땅의 일을 말하여도 너희가
믿지 아니하거든 하물며 하늘 일을 말하면 어
떻게 믿겠느냐 13 하늘에서 내려온 자 곧 인
자 외에는 하늘에 올라간 자가 없느니라 14
모세가 광야에서 뱀을 든것 같이 인자도 들
려야 하리니 15 이는 저를 믿는 자마다 영생
을 얻게 하려 하심이니라 16 하나님이 세상
을 이처럼 사랑하사 독생자를 주셨으니 이는
저를 믿는 자마다 멸망치 않고 영생을 얻게
하려 하심이니라

How did Nicodemus, a ruler of the Jews, understand words of Jesus, a carpenter, which says one needs to be born again of water and the Spirit? The Pharisees in the time of Old Testament were confused to see the darkness of demons were revealed in front of Jesus, the light of the world, because they didn't experience or understand that kind of phenomena or concepts. Then, how could they understand or talk about the Holy Spirit? So maybe the words that Nicodemus could barely understand was that one can be born again of water, not of the Holy Spirit which is a huge spiritual concept by itself. Born of water? Does that mean man must be a fish? Not easy to understand the word of the carpenter Jesus by the high level intelligence of a human. Sometimes we cannot understand the word of Jesus by the intellect of man because he speaks from the wisdom of the Holy Spirit.

But through the Holy Spirit, Jesus explained it to Nicodemus in a very easy way to help him understand the concept. Simply put, the human was born from the womb, where one is surrounded by the water, amniotic fluid. Also Jesus uses simple words to the Jews who knew the story of Genesis that they've heard from their childhood even if he is not a ruler. When the ground was created, it was surrounded by the water above the firmament. Again, the young new life must be surrounded by amniotic fluid first, then break the water to be born in the

유대학자 니고데모는 사람이 물과 성령으로 거듭나야 한다는 목수 예수님의 말씀을 어떻게 이해했을까? 빛이신 예수님 앞에 어둠의 귀신의 역사가 드러나는 것조차 바리새인들은 구약에서 자주 접하던 현상이나 개념이 아니어서 당황해했다. 하물며 성령님에 대해서 쉽게 이해하거나 언급할 수 있었을까? 예수님과의 대화 속에서 니고데모가 겨우 이해해보려고 접근할 수 있는 말은 성령이라는 거대한 영적 개념보다 물로써 사람이 거듭난다는 말이었을 것이다. 물로써? 사람이 물고기가 되어야 한다는 말인가? 인간의 사고와 지성으로는 쉽게 이해할 수 없는 고차원적인 목수 예수님의 말이다. 예수님은 성령의 지혜로 말씀하시기에 사람의 지성으로도 때론 이해할 수 없다.

그러나 놀랍게도 예수님은 성령을 통해 니고데모가 이해하기 쉽게 말씀하셨다. 누구나 사람은 물 즉, 태중 양수에 둘러싸여 태어난다는 것을 상식으로 알고 있다. 또한 유대인들이면 학자가 아니어도 어릴때부터 늘 들은 창세기의 역사를 통해 쉽게 호환시켜 말씀하고 계셨다. 즉 이 땅은 궁창위에 물로 둘러져 창조되었다. 다시 말하지만, 어린 새생명은 태어나기 위해 먼저 양수로 둘러져 물이 터지고서야 세상으로 나올 수 있다. 이처럼 성령으로 거듭남은 물로 세례주는 것으로 묘사된다. 물 속과 같은 모태의 양수에서 새 생명이 잉태되는 것이야말로 성령이 오셔서 우리의 옛 자아가 죽고 거듭나는 것과 같은 이치다. 지구의 탄생과 어린아이의 탄생을 비교하여, 궁창 위의 물이 두른 모습과 아이가 양수로 둘러싸인 모습을 통해 성령의 세례로 거듭남과 새 창조를 쉽게

world. Thus, being born of the Holy Spirit is described as baptism with water. It is like the man who enters the water and comes out to be born, a new life, as Holy Spirit comes to us and our old ego dies to be born again. He easily explains the concept of being born again by baptism of the Holy Spirit through the birth of the earth that was surrounded by the water above the firmament and the birth of a baby that was surrounded by the water, amniotic fluid.

Also, he described being born of the Spirit as the blowing wind. Even if one cannot see how the wind blows, how can one understand the idea of being born of the Spirit which seems like a metaphysical concept through the description of blowing wind?

However, this concept can be a very easy concept by the light of the Word and the Spirit. Even the children of the Jews knew very well that Adam became a living being with the breath of life from the God, which is the wind. Although Nicodemus was a ruler of the Jew who teaches them with his intelligence, he could not understand the easy teaching of Jesus who was a carpenter. The comprehension of the ruler got worse than that of a child in front of a mere carpenter. What is the difference between them? Jesus only heard the will of the Father through the Holy Spirit. Nicodemus couldn't get that although he researched and taught for his whole lifetime. Do you seek the

설명하고 계시는 것이다!

또 한편으로는 바람이 부는 것으로 거듭남을 묘사하셨다. 과연 눈에 보이지 않는 바람으로 형이상학적 개념인 '성령으로 거듭남'을 설명할 수 있을까? 이 개념도 말씀과 성령의 조명을 받는다면 쉽게 이해할 수 있는 개념이다. 유대인 중 어린 아이라도 창세기의 인간 창조의 이야기를 알고 있을 것이다. 아담이 창조될 때 하나님의 숨결, 즉 바람으로 생명을 얻었다는 것은 너무나 유명한 이야기이다. 니고데모는 유대인을 가르치는 자이면서도 목수 예수님의 쉬운 가르침을 자기 지성으로도 이해하지 못했다. 지식을 연마하는 학자가 유대의 어린아이도 깨달을 수 있는, 한낱 무지한 목수의 가르침에 헤매고 있던 것이다. 이 두 사람에게 무슨 차이가 있던 것일까? 예수님은 성령을 통해 성부 하나님의 뜻만 듣고자 하셨다. 성령으로 얻어진 깨달음은 니고데모 평생의 연구와 가르침으로도 얻을 수 없었다. 성령의 지혜로 말씀 안에서 주님의 뜻을 구하는가? 아니면 자신의 지성, 의지와 감성의 내면을 동원하여 문제를 풀려 하는가? 어느 것이 우리에게 지혜롭고 쉬운 답을 줄 수 있을까? 오직 말씀을 통해 성령님의 생각을 의뢰할 일이다. 그분이 조명해 주신다.

will of God through the wisdom of the Holy Spirit in the word of God? Or are you trying to mobilize your intellect, will and inner sensitivity to solve the problem? Which way gives us easier and wise answer to solve the problem? Please request the idea of the Holy Spirit through the word of God. He will guide you.

7. 믿음의 업그레이드

7. THE UPGRADE OF FAITH

JOHN 12:1-11

1 Then Jesus six days before the passo-
ver came to Bethany, where Lazarus was,
which had been dead, whom he raised
from the dead. 2 There they made him
a supper; and Martha served: but La-
zarus was one of them that sat at the table
with him. 3 Then took Mary a pound of
ointment of spikenard, very costly, and
anointed the feet of Jesus, and wiped his
feet with her hair: and the house was filled
with the odour of the ointment. 4 Then
saith one of his disciples, Judas Iscariot,
Simon's son, which should betray him, 5
Why was not this ointment sold for three
hundred pence, and given to the poor?
6.This he said, not that he cared for the
poor; but because he was a thief, and had
the bag, and bare what was put therein. 7
Then said Jesus, Let her alone: against the
day of my burying hath she kept this. 8
For the poor always ye have with you; but

요한복음 12:1-11

1 유월절 엿새 전에 예수께서 베다니에 이르
시니 이곳은 예수께서 죽은 자 가운데서 살리
신 나사로의 있는 곳이라 2 거기서 예수를 위
하여 잔치할쌔 마르다는 일을 보고 나사로는
예수와 함께 앉은자 중에 있더라 3 마리아는
지극히 비싼 향유 곧 순전한 나드 한 근을 가
져다가 예수의 발에 붓고 자기 머리털로 그의
발을 씻으니 향유 냄새가 집에 가득하더라 4
제자 중 하나로서 예수를 잡아 줄 가룟 유다
가 말하되 5 이 향유를 어찌하여 삼백 데나리
온에 팔아 가난한 자들에게 주지 아니하였느
냐 하니 6 이렇게 말함은 가난한 자들을 생각
함이 아니요 저는 도적이라 돈 궤를 맡고 거
기 넣는 것을 훔쳐 감이러라 7 예수께서 가라
사대 저를 가만 두어 나의 장사할 날을 위하
여 이를 두게 하라 8 가난한 자들은 항상 너
희와 함께 있거니와 나는 항상 있지 아니하리
라 하시니라 9 유대인의 큰 무리가 예수께서
여기 계신줄을 알고 오니 이는 예수만 위함이
아니요 죽은 자 가운데서 살리신 나사로도 보
려 함이러라 10 대제사장들이 나사로까지 죽

me ye have not always. 9 Much people of
the Jews therefore knew that he was there:
and they came not for Jesus' sake only, but
that they might see Lazarus also, whom
he had raised from the dead. 10 But the
chief priests consulted that they might put
Lazarus also to death; 11 Because that
by reason of him many of the Jews went
away, and believed on Jesus.

이려고 모의하니 11 나사로 까닭에 많은 유
대인이 가서 예수를 믿음이러라

A huge crowd gathered at the house of Martha to see Jesus and resurrected Nazarus. People came to see them as they wondered about the resurrection of Nazarus. And, they began to testify the news in Jerusalem and ended up making a huge crowd of parade saying, "Hosanna, the one that comes as a son of David." There were so many people paying attention to Jesus and Nazarus' resurrection that the Jewish religious leaders felt uncomfortable and conspired to kill Jesus. This enthusiastic reaction of the people was created at the house of Martha. How many guests did she have to serve? She might have had to use up everything in her possession to make food to serve all the guests, as there were so many who came into her house to see Jesus and Nazarus.

In the past, Martha would surely have compared herself to her sister or complained to Jesus about this, however, she did not do so at all. After experiencing the sickness, the death and the resurrection of her brother Nazarus, her faith that was limited by human endeavors and environment was upgraded to a different level. In this feast, she was not at a position where people paid a lot of attention. Superficially, she might look like she is just a maidservant who serves a tremendous crowd of guests. However, she serves all of those who came to hear the testimony of Jesus with all her heart and joy. Metaphorically she would only be a gypsophila instead of a rose. Why was she able to do this? It was because the size of her faith had been upgraded.

As we know, Mary did not pour the ointment on Jesus's feet just to give thanks for the resurrection of her brother. She poured the oil because she knew that, just like her brother, Jesus would be put to death and resurrect. Jesus always used to teach both his death and the resurrection at the same time. Mary poured the oil out of faith that both of these will happen to Jesus. There was a tradition of the Jews to rub ointment on a dead body believing it will come back to life again. So, in advance, she was applying the oil on him with faith so that Jesus could be risen in the future event. Her faith has been upgraded remarkably compared to the past, limited by time and space, where she used to complain about the delay of Jesus' coming to save her brother, saying that her brother wouldn't have been dead if he came earlier.

Nazarus was young. He probably have experienced walking to the gates of his death after having to pass through terrible pain, as much as to wear out his whole body because of a disease, not of old age. Now, the same hatred and anger to kill Jesus on the cross were projected to Nazarus as well. Imagine how much pressure and fear that Nazarus would have felt had the top leaders and high priests were all conspiring to kill him. But, as if nothing was going on around him he sat at the table

마르다의 집에 예수님과 부활한 나사로를 보려고 엄청난 손님들이 몰려들었다. 나사로의 부활을 기이하게 여겨 예수님과 나사로를 보고 돌아간 인파가 그 소식을 예루살렘에 증거하기 시작하자 '호산나 다윗의 자손으로 오시는 이여'라고 외치는 거대한 대중 사열식이 만들어졌다. 너무 많은 사람이 나사로의 부활 사건을 통해 예수님께 몰두하고 열광한 나머지 유대 종교지도자들이 위화감을 느껴 예수님을 죽이기로 작정할 정도였다. 그리고 이런 대중들의 열광적인 반응을 잉태한 곳은 바로 마르다의 집이었다. 그녀가 치러야 할 손님의 규모는 어느 정도였을까? 너무 많은 사람이 예수님과 나사로를 보기 위해 몰려들었기에 그들에게 음식을 대접하고 그들을 섬기려면 살림이 거덜 날 정도였을지도 모른다.

예전의 마르다였다면 당연히 그 상황에 대해 불평하거나 동생과 비교하면서 예수님께 항변했을 테지만 이제는 그렇게 하지 않는다. 동생 나사로의 질병과 죽음, 그리고 부활을 경험하면서 상황과 사람에 매였던 마르다의 믿음은 확실히 업그레이드되었다. 그녀는 지금 이 잔치에서 주목받는 자리에 앉지 못했다. 겉으로 보면 그녀는 엄청난 인파와 몰려드는 손님의 저녁상을 차리는 부엌데기에 지나지 않을는지도 모른다. 꽃으로 치면 장미와 같은 메인플라워가 아니라 장식용 안개꽃에 지나지 않을지라도 그녀는 있는 힘을 다해 예수님의 증거를 듣기 위해 온 모든 사람을 기쁨으로 섬긴다. 어떻게 그럴 수 있었을까? 바로 그녀의 믿음의 사이즈가 자라 업그레이드되었기 때문이다.

예수님께서 십자가에 달리시기 바로 직전의 만찬에서 우리가

with Jesus. The fear of death that he had experienced before could not overwhelm him anymore. His faith that crossed over from the death to the resurrection has been surely upgraded.

Surprisingly, faith comes in different sizes. Think about the words of Jesus when he said, 'you have great faith!' Faith grows in size. There will always be tests and trials along the way of faith. Sometimes, people fall down because of trial and error while still walking in faith. The Lord works for the good in both good and the bad. Hence this is all for the purpose of making faith grow. The Lord will always accept with love even the negative feelings we might have such as grief and agony in the midst of tribulation, disappointment and error. But, in one thing he will be disappointed and it is when our faith would not achieve growth. If you have been saved already, the purpose of most events that happens in your life is the careful concern of the Lord to upgrade your faith.

알다시피 마리아는 그저 오라비 나사로의 죽음과 부활만을 감사하고 기념하고자 예수님의 발에 기름을 부은 것이 아니었다. 그녀는 나사로의 죽음과 부활을 통해 예수님이 원래 가르치고자 하셨던 의도, 즉 예수님의 장사지냄과 부활이 있을 줄 미리 알고 기름을 붓고 있었다. 예수님은 항상 자기 죽음과 부활을 함께 가르치셨기 때문에 마리아는 예수님의 장사뿐만 아니라 부활도 믿는 마음으로 기름을 부었다. 당시 유대인들은 장사지낼 때 죽은 자가 부활할 것이라는 믿음을 담아 장사된 육체 위에 기름을 바르는 관례가 있었다. 그녀는 이제 앞으로 있을 예수님의 부활을 미리 믿고 예수님의 발에 기름을 바르고 있다. 예수님이 질병에 걸려 죽어가던 나사로에게 좀 더 빨리 오셨더라면 그가 죽지 않았을 거라는, 그녀가 과거에 가졌던 시공간에 제한된 믿음은 확실히 업그레이드되었다.

나사로는 젊었다. 그의 죽음은 연로해서가 아니라 죽음에 이르게 하는 질병 때문이었다. 그는 젊은 육체가 다 쇠할 정도의 끔찍한 고통과 죽음의 문턱에 들어서는 극심한 공포를 느꼈을 것이다. 이제 예수님을 잡아 십자가에 못 박아 죽일 정도의 증오와 미움이 부활한 나사로에게도 투영되었다. 유대교 최고 지도자들인 대제사장들이 나사로까지 죽일 모의를 했으면 그에게 가해졌던 압력과 공포가 어떠했겠는가. 그러나 그는 아무 일 없다는 듯 예수님과 식사하며 잔치에 참여한다. 예전에 자신이 경험했던 죽음의 공포도 이제는 나사로를 지배하지 못한다. 죽음이라는 도전을 부활로 넘어선 나사로의 믿음은 확실히 업그레이드되었다.

믿음은 놀랍게도 크기가 있다. '네 믿음이 크도다.' 라는 예수님의 말씀을 상기해보라! 믿음의 사이즈는 자라간다. 믿음이 자라는 중에 시련과 시험, 도전은 항상 있을 수 있다. 때로는 믿음으로 걷다가 시행착오로 넘어질 때도 있다. 주님은 우리가 넘어져 있는 상황에도 그 모든 것을 합력하여 선을 이루신다. 그렇기에 이 모든 것은 바로 우리의 믿음을 자라게 하기 위함이다. 믿음의 시험 중에 탄식과 절규, 그리고 믿음의 시행착오에 대한 낙망 등의 부정적 감정조차 언제나 사랑으로 받아주시는 주님이지만 결국 그 모든 일 중에 우리의 믿음이 자라지 않는 것만은 안타까워하신다. 만약 당신이 이미 구원받았다면, 당신 삶에서 일어나는 사건들 대부분의 목적은 오직 당신의 믿음을 업그레이드시키기 위한 주님의 배려이다.

8. 왕비 미갈, 시기와 질투에 사로잡히다

8. QUEEN MICHAL, CONSUMED WITH JEALOUSY AND ENVY

2 SAMUEL 6:20-23

20 Then David returned to bless his
household. And Michal the daughter of
Saul came out to meet David, and said,
How glorious was the king of Israel to day,
who uncovered himself to day in the eyes
of the handmaids of his servants, as one of
the vain fellows shamelessly uncovereth
himself! 21 And David said unto Michal,
It was before the LORD, which chose me
before thy father, and before all his house,
to appoint me ruler over the people of the
LORD, over Israel: therefore will I play
before the LORD. 22 And I will yet be
more vile than thus, and will be base in
mine own sight: and of the maidservants
which thou hast spoken of, of them shall
I be had in honour. 23 Therefore Michal
the daughter of Saul had no child unto the
day of her death.

사무엘하 6:20-23

20 다윗이 자기의 가족에게 축복하러 돌아오
매 사울의 딸 미갈이 나와서 다윗을 맞으며
가로되 이스라엘 왕이 오늘날 어떻게 영화로
우신지 방탕한 자가 염치 없이 자기의 몸을
드러내는 것처럼 오늘날 그 신복의 계집종의
눈 앞에서 몸을 드러내셨도다 21 다윗이 미
갈에게 이르되 이는 여호와 앞에서 한 것이니
라 저가 네 아비와 그 온 집을 버리시고 나를
택하사 나로 여호와의 백성 이스라엘의 주권
자를 삼으셨으니 내가 여호와 앞에서 뛰놀리
라 22 내가 이보다 더 낮아져서 스스로 천하
게 보일찌라도 네가 말한바 계집종에게는 내
가 높임을 받으리라 한지라 23 그러므로 사
울의 딸 미갈이 죽는 날까지 자식이 없으니라

Did Michal really complain because David was passionate about dancing? Up to this day, dancing in family gatherings is very natural and common in the Middle East. On the day of the feast, dancing to music with guests is natural manners and culture of excitement. Observe her words closely and you will find that discomfort of Michal was not caused by David's passionate dancing. "How glorious was the king of Israel today, uncovering himself today in the eyes of the maids of his servants, as one of the base fellows shamelessly uncovers himself!(20)." The word of Michal indicates that she is keenly mindful of women of the king's men. She looked down on those men as servants of the king and reduced all of the women from their houses to maids. Why did she say that?

Originally Michal was the lawful wife of David. She helped David who had no choice but to live as a fugitive and yet didn't live with him in the wilderness. Maybe she couldn't betray her father Saul, but married women became a member of the husband's in Israel. Furthermore she was not supposed to follow her father Saul because he disobeyed the law of God. Also he was trying to slaughter the house of David because of envy and jealousy. In spite of that Michal didn't follow fugitive David. She remained in a comfortable palace. Now Michal is not the only wife of David though she was his lawful wife. Michal had married to another man at the command of Saul and also

미갈은 정말 다윗이 열정적으로 춤을 추는 모습에 불만을 품었을까? 오늘날까지 중동에서는 가족들이 함께 모여 춤을 추는 모습이 매우 자연스럽고 일상적이다. 잔칫날에 손님들과 음악에 맞춰 춤을 추는 것은 흥겨움을 돋워주기 위한 자연스러운 예의요, 문화이다. 말씀을 잘 관찰해보면 미갈의 불편함은 다윗이 열정적으로 춤을 췄다는 점에서 연유된 것이 아니라, 다른 면에서 비롯된 것을 알 수 있다. "얼마나 영화로우신지 방탕한 자가 염치없이 자기의 몸을 드러내는 것처럼 오늘 그의 신복의 계집종의 눈앞에서 몸을 드러내셨도다(20)." 이러한 미갈의 말에 따르면 미갈은 신하들 집안의 여인들을 다분히 의식하고 있었다. 미갈은 신하들을 신복으로 내려다보며 그들 집안의 여인들을 모조리 계집종으로 격하시켜 표현하고 있다. 왜 그랬을까?

미갈은 원래 다윗의 정실 아내였다. 자신의 아버지 사울에게 쫓겨 불가피하게 도망자 생활을 한 다윗을 돕기는 했지만 그를 따라나서며 광야에서 동고동락하지는 못했다. 아버지 사울을 저버릴 수 없어서 그랬겠지만, 이스라엘에서 결혼한 여인은 어디까지나 아버지의 권속이 아닌 남편의 권속이 된다. 더군다나 아버지 사울이 시기와 질투에 빠져 하나님을 거슬러 율법을 어기고 다윗의 집안을 도륙하고 있었기에 더더욱 아버지를 따를 수 없는 셈이다. 그런데도 미갈은 정처 없이 도망자 생활을 해야 하는 다윗을 따라 나서지 않고 안락한 왕궁에 남았다. 그리고 이제 미갈은 그런 다윗의 정실이어도 유일한 아내는 아니었다. 왜냐하면 사울의 요구에 따라 미갈은 다른 남자와 결혼을 했고 다윗도 다른 아내

David had other wives, too. Through thoughtful considerations of David, Michal could rejoin with him and restored the right of his lawful wife. Of course she was in a pitiful circumstance where she was not his only wife like the past. Even so, Michal had no right to envy and be jealous about women of the king's men who don't have any relationship with her. Probably her envy and jealousy of relationships between David and his wives and concubines were more than she could bear. We can guess how much Michal usually felt uncomfortable with women around David. So she was mindful that women saw the naked body of David during the ceremony of the ark of the Lord coming into the palace. David also read the mind of Michal which was distorted by jealousy and envy. It is correct that the Lord made Michal have no children to the day of her death. But primarily David didn't go to her bed since that day. Michal said David was not hesitant to lure the maids of his men. She wanted to criticize the relationships between David and his other wives and concubines. It had nothing to do with the holy event of the ark of the Lord coming back. Until his death King David was uncomfortable with her hearts stained with envy and jealousy.

Sometimes envy and jealousy start from unfair cases in which people didn't receive a fair treatment. If envy and jealousy have a legitimate reason, then is it acceptable from the

를 얻었기 때문이다. 이후 다윗의 배려로 다시 다윗과 재결합하여 정실이 되는 권리를 회복했다. 물론 이전처럼 다윗을 혼자 독점할 수 없는 딱한 처지에 놓였지만, 미갈이 관계도 없는 신하들의 여인들까지 질투하고 시기할 권한이 있는 것은 아니었다. 미갈은 아마도 다윗이 다른 처첩들과 침상에서 관계하는 것이 못마땅하여 몹시 시기와 질투가 나서 참을 수 없는 지경에 이르렀던 모양이다. 언약궤를 안치하는 행사와 아무 연관도 없는, 다윗의 벗은 몸을 여인들이 보는 것이 그렇게 의식되었다는 것은 평소에 미갈이 다윗의 주변 여인들에 대해 얼마나 못마땅하게 여겼는지를 짐작하게 한다. 다윗도 미갈의 시기와 질투로 왜곡된 마음을 읽었다. 주님께서 주님의 주권으로 미갈에게 자녀가 없도록 하신 것이 맞지만 일차적으로는 이날 이후로 다윗은 미갈과 침상에 들지 않았다. 언약궤를 안치하는 거룩한 행사는 전혀 신경 쓰지도 않은 채 그저 처첩들과의 침상을 힐난할 저의로, 신복의 계집종들 앞에서 유혹을 서슴지 않는다고 말하는 미갈의 시기와 질투로 얼룩진 마음을 다윗왕은 죽을 때까지 불편해한 셈이다.

간혹 시기와 질투가 정당한 기회를 부여받지 못함으로 발생한 억울한 사건 때문에 비롯될 수도 있다. 그러나 정당한 이유가 있는 시기와 질투라 해서 성경적으로 용납될 수 있겠는가? 답변은 용납될 수 없다. 왜냐고? 시기와 질투는 죄 있는 인격에 대한 미움을 전제로 하기 때문이다. 미움은 끝내 인격을 도말하는 것과 연관되어 있으나 은밀히 숨겨진 감정이다. 예수님이 정당한 시기와 질투라 하여 이 때문에 인격을 미워하고 도말하고자 하신 일이

biblical point of view? The answer is no. Why? Envy and jealousy are based on hate toward a sinful personality. Hate is a hidden emotion. Did Jesus hate or attack somebody for reasonable envy and jealousy? Not at all. Rather Jesus was abandoned and crucified on the cross by chief priests, Pharisees, and Sadducees who were stained with emotions of envy and jealousy. When we are blinded by envy and jealousy, we should know this. At that moment, we are crucifying Jesus with our hands!

있는가? 전혀 없으시다. 오히려 예수님은 시기와 질투의 감정에 얼룩진 대제사장들과 바리새인, 사두개인들에게 버려져 십자가에 못 박혀 돌아가셨다. 우리가 시기와 질투에 눈이 먼다면, 알아야 할 것이다. 그 순간이 바로 우리 손으로 예수님을 십자가에 못 박고 있는 시간이라는 것을!

9. 한 가지로 충분한 이유

9. THE REASON THAT ONE THING IS ENOUGH

LUKE 10:38-42

38 Now it came to pass, as they went, that he entered into a certain village: and a certain woman named Martha received him into her house. 39And she had a sister called Mary, which also sat at Jesus' feet, and heard his word. 40 But Martha was cumbered about much serving, and came to him, and said, Lord, dost thou not care that my sister hath left me to serve alone? bid her therefore that she help me. 41 And Jesus answered and said unto her, Martha, Martha, thou art careful and troubled about many things: 42 But one thing is needful: and Mary hath chosen that good part, which shall not be taken away from her.

누가복음 10:38-42

38 저희가 길 갈 때에 예수께서 한 촌에 들어가시매 마르다라 이름하는 한 여자가 자기 집으로 영접하더라 39 그에게 마리아라 하는 동생이 있어 주의 발아래 앉아 그의 말씀을 듣더니 40 마르다는 준비하는 일이 많아 마음이 분주한지라 예수께 나아가 가로되 주여 내 동생이 나 혼자 일하게 두는 것을 생각지 아니하시나이까 저를 명하사 나를 도와주라 하소서 41주께서 대답하여 가라사대 마르다야 마르다야 네가 많은 일로 염려하고 근심하나 42 그러나 몇 가지만 하든지 혹 한 가지만이라도 족하니라 마리아는 이 좋은 편을 택하였으니 빼앗기지 아니하리라 하시니라

Why was it enough for Mary to choose the "One" thing? Martha as a hostess welcomed Jesus into her house. Jesus had close relationships with Mary and Martha and knew their house inside out. But Luke suggests there is some distance between Jesus and Martha. "He entered into a certain village: and a certain woman named Martha received him into her house(38, KJV)."

Martha means a mistress in Aramaic language and the bible referred to her as a 'certain' woman. Therefore it is a little bit confusing whether her name was Martha or a certain mistress was there. Also in John, the writer claimed her house was located in Bethany but Luke called it a 'certain' village as if he did not know well.

If you don't know a woman's name and her living place well, how can you say you are acquainted with her? Paradoxically this is the exquisite care of Jesus. The family of Martha was highly likely to be alive around 50 A.D. when the book of Luke was recorded. Even after his ascension Christ Jesus still remembered the mock of chief priests at the death of Lazarus who was a brother of Martha and resurrected from his death. He didn't inform the house of Martha through Luke for her security to ensure that the family of Martha would not be attacked by the priests.

The name of Mary was not hidden because it was a common name in Judah like 'Alice' today in English. Lazarus probably sat next to Mary and listened to the words of Jesus. When Jesus revived Lazarus later, the bible referred to Lazarus as "whom Jesus loved". Therefore Jesus and Lazarus must have enjoyed specific fellowship and conversation. But in Luke, Jesus didn't clearly express the name of Lazarus to protect him because a bunch of people tried to kill resurrected Lazarus. The book of John was written after 90 A.D. It exposed the name of Lazarus and the house of Martha in Bethany. Perhaps Jesus boasts their names to the world since they returned to heaven.

This is the reason why it is good enough to seek the Lord alone, one thing like Mary did. Christ Jesus made all things and delicately cares for the past and present and even future of them. Martha must have not imagined this when she was busy with housework instead of concentrating on Jesus. He knew the house of Martha would be persecuted after his resurrection, so he planned to safely protect even their future. What else should we seek? Who knows and looks after our past and present and even our future? There is none. None at all, except the Lord.

마리아가 한 가지에 충실해도 좋았던 이유는 무엇일까? 그 집안에서 주도적으로 예수님을 맞아들인 이는 마르다였다. 그런데 주님은 주님과의 관계가 매우 친밀했고 그들에 대해 속속들이 알고 계셨던 마르다의 집안을, 누가를 통해 매우 거리를 두어 표현한다. '그분께서 어떤(certain) 마을로 들어가시니 마르다라 하는 어떤(certain) 여자가 그분을 자기 집으로 받아 들이니라(38, KJV).' 마르다는 아람어로 '여주인'이라는 뜻이다. 그런데 거기에 '어떤(certain)'이라는 불확실한 수식어를 붙임으로써 그녀의 이름이 마르다라고 불리는 것인지, 아니면 어떤 여주인이 있다는 의미인지조차 헷갈린다. 또 요한복음에는 그녀의 집이 베다니인 걸 나타내시면서 이 본문인 누가복음에서는 '어떤(certain)' 마을로 표현하시면서 잘 모르는 지방의 집안인 것처럼 표현하신다. 친밀하다고 하면서 상대의 이름도, 사는 곳도 잘 모른다면 과연 친분이 있다 하겠는가!

그러나 이것은 역설적이게도 예수님의 절묘한 배려이다. 주후 50년경에 쓰인 누가복음이 기록될 당시에는 마르다의 식구들이 살아있었을 가능성이 높다. 마르다의 형제, 부활한 나사로를 죽이겠다던 대제사장들의 모의를 예수님은 승천하시고도 기억하고 계신 것이었다. 나중에라도 대제사장들에게 해를 당할까 봐 그녀의 집안을 보호하기 위해 보안상 이름도, 사는 곳도 알리지 않도록 누가에게 당부하신 셈이다. 마리아는 마치 우리나라의 '영희'처럼 유대에 흔한 이름이어서 그대로 쓰셨다. 그리고 나사로는 아마도 마리아의 옆에 앉아 예수님의 말씀을 듣고 있었을 테다. 왜냐하면, 나중에 그를 부활시킬 때 '예수께서 사랑하시던' 나사로로 지칭하는 것으로 미뤄볼 때 그와 구체적인 교제와 대화가 있었음이 틀림없다. 다만 부활한 나사로를 죽이려던 무리 때문에 나사로의 신변을 보호하시기 위해 그를 등장하지 않는 인물처럼 누가에게 적게 했다. 나사로의 이름과 마르다의 집이 베다니에 있었음을 알려주는 요한복음은 주후 90년이 넘어서 기록되었다. 아마도 나사로와 식구들이 다 하늘로 돌아간 뒤에 예수님은 그들의 이름과 믿음을 있는 그대로 드러내셔서 세상에 자랑하고 계신다. 이것이 마리아처럼 우리가 주님 한 분, 그 한 가지만 구해도 좋을 이유이다.

예수님 안에서 만물이 지어졌다. 그분은 만물의 과거와 현재, 심지어 미래까지도 섬세히 배려하고 계시다. 마르다가 예수님께 집중하지 못하고 분주한 순간에는 짐작도 못했을 배려였다. 장차 그녀의 집안이 당신의 부활로 인해 핍박받을 것을 아신 주님은 그녀의 미래까지도 안전히 보호하실 계획이셨다. 우리의 과거나 현재나 심지어 장래 일까지도 생각하시고 보호하시는 주님 앞에 우리가 다른 것을 추구할 일이 무엇일까? 아무것도 없다, 주님 한 분 외에는.

10. 왕의 양식을 착복한 신하

10. THE SERVANT EMBEZZLED THE FOOD OF KING

GENESIS 40:10-20

10 And in the vine were three branches:
and it was as though it budded, and her
blossoms shot forth; and the clusters
thereof brought forth ripe grapes: 11 And
Pharaoh's cup was in my hand: and I took
the grapes, and pressed them into Phar-
aoh's cup, and I gave the cup into Phar-
aoh's hand. 12 And Joseph said unto him,
This is the interpretation of it: The three
branches are three days: 13 Yet within
three days shall Pharaoh lift up thine head,
and restore thee unto thy place: and thou
shalt deliver Pharaoh's cup into his hand,
after the former manner when thou wast
his butler. 14 But think on me when it
shall be well with thee, and shew kind-
ness, I pray thee, unto me, and make men-
tion of me unto Pharaoh, and bring me
out of this house: 15 For indeed I was sto-
len away out of the land of the Hebrews:
and here also have I done nothing that

창세기 40:10-20

10 그 나무에 세 가지가 있고 싹이 나서 꽃이
피고 포도송이가 익었고 11 내 손에 바로의
잔이 있기로 내가 포도를 따서 그 즙을 바로
의 잔에 짜서 그 잔을 바로의 손에 드렸노라
12 요셉이 그에게 이르되 그 해석이 이러하니
세 가지는 사흘이라 13 지금부터 사흘 안에
바로가 당신의 머리를 들고 당신의 전직을 회
복하리니 당신이 이왕에 술 맡은 자가 되었을
때에 하던것 같이 바로의 잔을 그 손에 받들
게 되리이다 14 당신이 득의하거든 나를 생
각하고 내게 은혜를 베풀어서 내 사정을 바로
에게 고하여 이 집에서 나를 건져내소서 15
나는 히브리 땅에서 끌려온 자요 여기서도 옥
에 갇힐 일은 행치 아니하였나이다 16 떡 굽
는 관원장이 그 해석이 길함을 보고 요셉에게
이르되 나도 꿈에 보니 흰떡 세 광주리가 내
머리에 있고 17 그 윗광주리에 바로를 위하
여 만든 각종 구운 식물이 있는데 새들이 내
머리의 광주리에서 그것을 먹더라 18 요셉이
대답하여 가로되 그 해석은 이러하니 세 광주
리는 사흘이라 19 지금부터 사흘 안에 바로

they should put me into the dungeon. 16
When the chief baker saw that the inter-
pretation was good, he said unto Joseph, I
also was in my dream, and, behold, I had
three white baskets on my head: 17 And
in the uppermost basket there was of all
manner of bakemeats for Pharaoh; and
the birds did eat them out of the basket
upon my head. 18 And Joseph answered
and said, This is the interpretation there-
of: The three baskets are three days: 19
Yet within three days shall Pharaoh lift
up thy head from off thee, and shall hang
thee on a tree; and the birds shall eat thy
flesh from off thee. 20 And it came to
pass the third day, which was Pharaoh's
birthday, that he made a feast unto all his
servants: and he lifted up the head of the
chief butler and of the chief baker among
his servants.

가 당신의 머리를 끊고 당신을 나무에 달리니
새들이 당신의 고기를 뜯어 먹으리이다 하더
니 20 제삼일은 바로의 탄일이라 바로가 모
든 신하를 위하여 잔치할 때에 술 맡은 관원
장과 떡 굽는 관원장으로 머리를 그 신하 중
에 들게 하니라

The dreams of two servants of the king of Egypt were nearly the same, though they had different kinds of symbols, grape and bread. They served just different kinds of food, grape and bread, to the Pharaoh from three branches and three baskets, respectively. Joseph interpreted their dreams in completely different ways. The only difference was the kind of symbols. Now that the motif and stories were almost same, how could Joseph have totally different interpretations for their dreams?

Furthermore, while the administrator, who was in charge of all the food in Egypt, was in the midst of the power, Joseph was a Hebrew slave and a prisoner. If the interpretation of Joseph was wrong and they were released, he would die for sure because he deceived men of power. From what reason could he be sure that their destiny would be different, life and death, just after three days, not after three years or three months?

When we see the dreams through our intellect, there is one more different thing in their dreams, beside the kind of symbol. Three branches of the vine had pressed and poured into the cup in Pharaoh's hand, but only the uppermost basket was served for Pharaoh out of three baskets of baked goods(17). The rest of two baked goods baskets were embezzled! In Egypt, the greatest Empire in the world, all of food and grains were targeted for tax collection for the pharaoh. Therefore if two-thirds were embezzled out of all, it might be a huge amount.

In ancient times, had a fortune-teller noticed the misfortune for the death of the man of power, he would verify the prediction, and if it was revealed as something that was made by a person under his influence, he would avenge upon the fortune-teller. Then why didn't the chief baker comment about his death when Joseph, who was a mere Hebrew slave and prisoner, predicted his death? It's because he knew himself that he had embezzled the food for Pharaoh.

In the Kingdom of God and by our King Jesus, bread and wine are reserved to feed the people of all nations. Those are for the life of the people of all nations, so it should never be of utility value for some intermediaries. If Christians or ministers want to use the noble will of the Lord for their satisfaction and benefit, they must know this! God, who cannot be mocked, will no longer believe him and never entrust His kingdom to him, like He did with the pharaoh.

애굽 왕의 두 신하가 꾼 꿈은 '포도'와 '떡'을 모티브로 하여 상징의 종류만 다를 뿐 그 꿈이 말하는 내용은 대동소이하다. 포도주와 떡이라는 종류만 다른 양식을 각각 세 가지와 세 광주리에서 취해 바로를 위해 담거나 드렸다. 이렇게 비슷해 보이는 두 몽조를 요셉은 전혀 다른 해석으로 풀었다. 포도주와 떡이라는 상징의 종류만 다를 뿐, 내용과 모티브는 거의 유사한 꿈을 듣고 어떻게 다른 해석을 하게 된 것일까.

애굽의 모든 식량을 주관하는 관리라면 권력의 정점에 있는 사람이라는 것이 주지의 사실이다. 만약 히브리 노예이자 감옥 죄수인 요셉의 해석이 빗나가고 그들이 풀려난다면 요셉은 권력자를 농락한 죄로 죽음을 면치 못했을 것이다. 삼 년이나 삼 개월 뒤도 아니고 단 사흘 만에 죽음과 생명이 나뉠 것이라는 해석은 대체 어떤 근거를 가지고 단언할 수 있더란 말인가?

사실 지혜로 보면 두 관리의 꿈은 상징의 종류 말고도 다른 부분이 딱 한군데 있다. 세 가지의 포도는 바로의 잔에 모두 드려지지만, 세 광주리의 떡은 맨 위의 광주리만 바로를 위해 담겨 드려졌다(17). 떡을 넣은 나머지 두 광주리는 착복된 것이다! 세계 최고의 제국, 애굽의 모든 양식과 곡식이 바로를 위한 세금징수의 대상이 되는데 그 중 삼 분의 이가 착복되었다면 가히 어마어마한 양이었을 터였다.

고대에 길흉을 예언하는 영적 존재가 죽음을 단언하는 흉사를 예고한다면, 그 예언을 들은 권력자는 그 예언을 검증하고 그 예언이 자신이 통제 가능한 한낱 인간의 사주였다면 그 예언자에게 반드시 보복하고자 했을 것이다. 자신의 목숨이 히브리 노예이자 죄수인 요셉의 해몽에 달려있었다는 것인데, 왜 떡 맡은 관원은 이 문제에 대해 가타부타 아무런 항변을 하지 않았겠는가? 이는 그 자신이 왕의 양식을 착복했다는 것을 부인할 수 없었기 때문이었다.

하나님 나라와 우리 왕 예수 그리스도로부터 만국 백성들을 먹이기 위한 떡과 포도주가 준비되어 있다. 이것은 모든 만국 백성을 위한 생명이 달린 것이기에 절대 일부 매개자의 이용 가치가 될 수 없다. 그리스도인이나 사역자가 매개자가 되어 그 고귀한 주님의 뜻을 자신의 만족과 유익을 위해 이용하려 한다면 반드시 알아야 할 것이다! 만홀히 여김을 받지 않으시는 주님은 바로 왕처럼 그를 향한 신뢰를 거두시고 장차 그 나라를 맡기지 않으실 것이다!

11. 마음에 접속된 지혜

11. WISDOM CONNECTED TO HEART

1 KINGS 3:16-28

16 Then came there two women, that
were harlots, unto the king, and stood
before him. 17 And the one woman said,
O my lord, I and this woman dwell in one
house; and I was delivered of a child with
her in the house. 18 And it came to pass
the third day after that I was delivered,
that this woman was delivered also: and
we were together; there was no stranger
with us in the house, save we two in the
house. 19 And this woman's child died in
the night; because she overlaid it. 20 And
she arose at midnight, and took my son
from beside me, while thine handmaid
slept, and laid it in her bosom, and laid her
dead child in my bosom. 21 And when I
rose in the morning to give my child suck,
behold, it was dead: but when I had con-
sidered it in the morning, behold, it was
not my son, which I did bear. 22 And the
other woman said, Nay; but the living is

열왕기상 3:16-28

16 때에 창기 두 계집이 왕에게 와서 그 앞에
서며 17 한 계집은 말하되 내 주여 나와 이 계
집이 한 집에서 사는데 내가 저와 함께 집에
있으며 아이를 낳았더니 18 나의 해산한지 삼
일에 이 계집도 해산하고 우리가 함께 있었고
우리 둘 외에는 집에 다른 사람이 없었나이다
19 그런데 밤에 저 계집이 그 아들 위에 누우
므로 그 아들이 죽으니 20 저가 밤중에 일어
나서 계집종 나의 잠든 사이에 내 아들을 내
곁에서 가져다가 자기의 품에 누이고 자기의
죽은 아들을 내 품에 뉘었나이다 21 미명에 내
가 내 아들을 젖 먹이려고 일어나 본즉 죽었
기로 내가 아침에 자세히 보니 내가 낳은 아
들이 아니더이다 하매 22 다른 계집은 이르
되 아니라 산 것은 내 아들이요 죽은 것은 네
아들이라 하고 이 계집은 이르되 아니라 죽
은 것이 네 아들이요 산 것이 내 아들이라 하
며 왕 앞에서 그와 같이 쟁론하는지라 23 왕
이 가로되 이는 말하기를 산 것은 내 아들이
요 죽은 것은 네 아들이라 하고 저는 말하기
를 아니라 죽은 것이 네 아들이요 산 것이 내

my son, and the dead is thy son. And this
said, No; but the dead is thy son, and the
living is my son. Thus they spake before
the king. 23 Then said the king, The one
saith, This is my son that liveth, and thy
son is the dead: and the other saith, Nay;
but thy son is the dead, and my son is the
living. 24 And the king said, Bring me a
sword. And they brought a sword before
the king. 25 And the king said, Divide
the living child in two, and give half to
the one, and half to the other. 26 Then
spake the woman whose the living child
was unto the king, for her bowels yearned
upon her son, and she said, O my lord,
give her the living child, and in no wise
slay it. But the other said, Let it be neither
mine nor thine, but divide it. 27 Then the
king answered and said, Give her the liv-
ing child, and in no wise slay it: she is the
mother thereof. 28 And all Israel heard of

아들이라 하는도다 하고 24 또 가로되 칼을
내게로 가져오라 하니 칼을 왕의 앞으로 가져
온지라 25 왕이 이르되 산 아들을 둘에 나눠
반은 이에게 주고 반은 저에게 주라 26 그 산
아들의 어미되는 계집이 그 아들을 위하여 마
음이 불붙는것 같아서 왕께 아뢰어 가로되 청
컨대 내 주여 산 아들을 저에게 주시고 아무
쪼록 죽이지 마옵소서 하되 한 계집은 말하기
를 내 것도 되게 말고 네 것도 되게 말고 나누
게 하라 하는지라 27 왕이 대답하여 가로되
산 아들을 저 계집에게 주고 결코 죽이지 말
라 저가 그 어미니라 하매 28 온 이스라엘이
왕의 심리하여 판결함을 듣고 왕을 두려워하
였으니 이는 하나님의 지혜가 저의 속에 있어
판결함을 봄이더라

the judgment which the king had judged; and they feared the king: for they saw that the wisdom of God was in him, to do judgment.

The wisdom of King Solomon is a well known story. We generally think that the mother whose child was stolen is the one who came in front of the king to appeal against a false accusation, and that she is the real mother. However, the prostitute who came and appealed to the king to press charges was not the real mother! Surprisingly, the other prostitute who was remaining silent during the charges and accusation was the real mother. "She got up in the middle of the night and took my son from beside me while your servant slept. She laid him at her breast, and laid her dead son at my breast(20)."

Looking carefully at the accusation of the woman who is pro-actively pressing charges, you can find false statements about the situation. She vividly describes the event that happened while sleeping as if she was actually watching the whole thing. How could one ever tell with such confidence about something that would have happened during her sleep? In other words, the prostitute who is instigating the charges is lying. Like an old saying in Korea 'the culprit expresses his anger,' she was determined to accuse the other falsely for her own wrongdoing and sin. The insensitiveness and foolishness of the person that does not even realize she is crushing her baby, the evil heart that experienced the pain of losing her child but stole a baby from another mother, and the cold-heartedness to charge another person unjustly of her own sins. This series of

솔로몬의 재판은 유명한 일화다. 일반적으로 우리는 아이를 도둑맞은 여인이 억울함을 풀 길이 없어 솔로몬 왕에게 호소하기 위해 찾아왔고, 이 사정을 호소한 여인이 살아있는 아이의 진짜 어머니라고 생각한다. 그러나 아이를 도둑맞았다고 호소하고 고발한 창녀는 진짜 어미가 아니다! 놀랍게도 묵묵히 참소와 고발을 당하고 있는 또 다른 창녀가 진짜 어미다.

"그가 밤중에 일어나서 이 여종 내가 잠든 사이에 내 아들을 내 곁에서 가져다가 자기의 품에 누이고 자기의 죽은 아들을 내 품에 뉘었나이다(20)."

왕 앞에서 호소를 주도하고 상대를 적극적으로 고소하고 있는 창녀의 말에는 놀랍게도 거짓 정황이 담겨 있다. 그녀는 자신이 자는 사이에 일어난 일을 마치 전부 목격한 것처럼 소상히 묘사하고 단언한다. 잠들어서 아침에야 자기 아기가 바뀐 것을 안 여인이 어찌 잠들었을 때의 일을 본 듯이 소상히 단언할 수 있더란 말인가? 즉 고발과 호소를 주도하고 있는 창기가 거짓말을 하고 있다. 분쟁이 생기자 방귀 뀐 놈이 성낸다고 그 밤에 저지른 자신의 악행과 죄악을 상대에게 뒤집어씌우기로 작정한 것이다. 자녀가 깔아뭉개지는 것조차 느끼지 못하고 잠든 생명에 대한 둔감함과 미련스러움, 아기를 잃는 고통을 경험한 어미면서 다른 어미의 자녀를 빼앗는 악한 마음, 그리고 아기를 빼앗긴 어미에게 자신의 죄를 전가해 누명을 씌우는 냉혹함까지. 이 여인에게 일어난 일련의 악한 마음들은 일어난 죄를 뉘우치지 않을 때, 도리어 이전 죄를 가리기 위해 죄가 또 다른 죄를 부르는 형국이다. 사람

evil actions occurred when she wanted to cover up her previous mistakes instead of repenting her sins. The heart of a person is so prodigal that without being connected to God's righteousness and love, it may well keep leaning the wrong way.

On the other hand look at King Solomon. He was even wiser than all other wise-men and could easily have detected a mistake in the woman's story, exposing her lies. However, he does not expose the inconsistency of the woman's story but takes control of the situation by risking the child's life. Wouldn't there be too much risk involved to give a verdict to cut the baby in half and end its life? But looking carefully at the situation, Solomon's judgment not only reveals lies in the false story, but brings about the true repentance and the good heart of the mother to make her baby survive.

Based on the fact that the purpose of God's judgment is not judgment itself, but repentance and salvation, Solomon's judgment was lucid as a 'delegate' of God. When the real mother of the child expressed she would rather give up her son to the prostitute who killed her own son, the woman who killed her son would have felt most guilty. All the accusation and distortion of truth originated from the heart of the prostitute who lost her child! After observing the real mother's intention to save the child by giving him up to the other woman, there might have been a high chance that the prostitute felt

의 마음은 방탕해서 하나님의 공의와 사랑에 접속되지 않고 그 마음을 돌이키지 않은 채 내버려 두면 점점 더 나쁜 방향으로 흐르는 법이다.

한편 솔로몬을 보라. 하나님의 모든 지혜자들보다 뛰어났던 그라면 정황상 앞뒤가 맞지 않는 창기의 거짓말과 모순을 폭로하여 쉽게 판결을 내릴 수도 있었을 것이다. 그러나 그는 거짓 정황의 모순을 통해 사건을 폭로하지 않고 도리어 아이의 생명을 걸어 사건을 다스린다! 아이를 반으로 쪼개어 생명을 멸하라는 판결은 위험 부담이 너무 큰 재판이 아닌가? 그러나 자세히 보면 솔로몬의 재판은 사람들의 죄악과 거짓을 폭로하는 데만 급급하지 않고 참 뉘우침과 생명을 향한 어미의 건전한 마음을 나타냈다.

하나님의 모든 심판은 심판 자체가 목적이 아니라 회개와 뉘우침을 통한 구원을 위함이라는 점에서 하나님을 대리하여 다스려야 하는 솔로몬 왕의 판결은 명쾌하다. 친어미가 아이를 살리기 위해 자기 아이를 죽인 창기에게 양보하겠다는 마음을 밝혔을 때 가장 가책을 느낄 사람은 바로 아이를 죽인 창기였을 것이다. 이 모든 거짓과 참소와 왜곡이 아이의 생명을 잃은 한 창기의 비참한 마음에서 비롯되었기 때문이다! 아이의 생명을 잃지 않기 위해 도리어 아이를 내어주겠다는 진짜 어미의 절절한 마음이 드러났을 때, 아이를 잃은 비참함에서 시작된 한 창기의 왜곡된 마음이 양심의 가책을 느끼고 그 마음을 뉘우치게 됐을 가능성이 크다. 왜냐하면, 솔로몬은 가짜 어미에 대해 어떠한 심판과 형벌을 내리지 않고 친어미 품에 아기를 돌려주는 것으로 판결을 마무리

guilty and repented for her twisted scheme that started from the tragic loss of her son. This could be said because at the trial, Solomon concludes the baby be returned to the original mother, without having to punish the fake mother.

God considered Solomon's decision wise not because he was able to play out his role as a skillful 'detective', but that he revealed his sincerity towards a life and tried to turn back a sinful prostitute from punishment. This was an incisive trial where Solomon managed to expose the truth at the heart of God and man, instead of simply using his sharp mind to judge and punish a sinful life. God's heart toward this world is shown through His forgiveness when the sinner repents and has a loving heart. Above anything else, keeping and showing the heart of God is the basis of wisdom.

짓고 있기 때문이다!

솔로몬의 판결이 하나님 보시기에 지혜로운 것은 정황을 무릎 맞춤했기 때문이 아니라, 생명을 향한 사랑의 마음을 드러내고 죄악투성이인 창기 하나를 형벌에서 돌이키려 노력했기 때문이다. 이로써 솔로몬은 자신의 지혜의 날카로움으로 심판하여 타락한 인생의 잘못을 나타내기보다 사람들의 진심과 하나님의 마음을 드러내는 명쾌한 재판을 했다. 하나님의 용서가 드러나고 죄인이 회개하며 생명을 사랑하는 것이 이 세상을 향한 하나님의 마음이다. 다른 어떤 것보다 하나님의 마음을 품고 드러내는 것이 하나님을 아는 지혜의 근본이다.

12. 말씀의 능력

12. THE POWER OF THE WORD

JOHN 1:45-51

45 Philip findeth Nathanael, and saith unto him, We have found him, of whom Moses in the law, and the prophets, did write, Jesus of Nazareth, the son of Joseph. 46 And Nathanael said unto him, Can there any good thing come out of Nazareth? Philip saith unto him, Come and see. 47 Jesus saw Nathanael coming to him, and saith of him, Behold an Israelite indeed, in whom is no guile! 48 Nathanael saith unto him, Whence knowest thou me? Jesus answered and said unto him, Before that Philip called thee, when thou wast under the fig tree, I saw thee. 49 Nathanael answered and saith unto him, Rabbi, thou art the Son of God; thou art the King of Israel. 50 Jesus answered and said unto him, Because I said unto thee, I saw thee under the fig tree, believest thou? thou shalt see greater things than these. 51And he saith unto him, Verily, verily, I

요한복음 1:45-51

45 빌립이 나다나엘을 찾아 이르되 모세가 율법에 기록하였고 여러 선지자가 기록한 그이를 우리가 만났으니 요셉의 아들 나사렛 예수니라 46 나다나엘이 가로되 나사렛에서 무슨 선한 것이 날 수 있느냐 빌립이 가로되 와 보라 하니라 47 예수께서 나다나엘이 자기에게 오는 것을 보시고 그를 가리켜 가라사대 보라 이는 참 이스라엘 사람이라 그 속에 간사한 것이 없도다 48 나다나엘이 가로되 어떻게 나를 아시나이까 예수께서 대답하여 가라사대 빌립이 너를 부르기 전에 네가 무화과나무 아래 있을 때에 보았노라 49 나다나엘이 대답하되 랍비여 당신은 하나님의 아들이시요 당신은 이스라엘의 임금이로소이다 50 예수께서 대답하여 가라사대 내가 너를 무화과 나무 아래서 보았다 하므로 믿느냐 이보다 더 큰 일을 보리라 51 또 가라사대 진실로 진실로 너희에게 이르노니 하늘이 열리고 하나님의 사자들이 인자 위에 오르락 내리락하는 것을 보리라 하시니라

say unto you, Hereafter ye shall see heaven open, and the angels of God ascending and descending upon the Son of man.

The preconception Nathanael had for Jesus of Nazareth was a strong conviction that seemed difficult to change. Nathanael was a person whose core values were based on the old testament, and he was convinced that the old testament tells the messiah would be born in Bethlehem. The fact that Jesus told him he has no deceit in him proves in an indirect way that Nathanael's conviction does not come from a subjective judgment of his own, but is based on the old testament. It would be difficult for Nathanael to accept Jesus of Nazareth as the messiah since he did not know Jesus was born in Bethlehem. However, Jesus says only three words, short but effective, to change the entire life of Nathanael, a man fully loaded with preconception about Jesus.

The scripture that says "I saw you under the fig tree before Philip called you(48)." states that prophet Jesus physically transcended beyond space and time to see Nathanael under the fig tree. However, this saying of Jesus penetrated right through the heart of Nathanael who expected the messiah will come as the king of Israel, through the lines of David. Everyone in Israel know that the fig tree is the symbol of Israel. Surely, Nathanael must have prayed earnestly that the messiah would come and reign as the King of Israel and bring forth recovery of the nation. "You, true person of Israel, I saw you while you were concerning(under the fig tree) about the re-

나사렛 예수에 대해 나다나엘이 품었던 선입견은 쉽게 바꾸기 어려운 종류의 확신이었다. 나다나엘은 이스라엘과 구약에 대해 깊이 상고하는 자였고, 그의 확신은 메시아가 베들레헴에서 나리라는 구약에 근거하고 있었다. 그에게 간사한(거짓된) 것이 없다는 예수님의 말씀은 그가 가진 확신이 주관적인 판단에서 비롯된 것이 아니라 구약에 기반을 둔 근거 있는 확신임을 방증한다. 예수님의 출생지가 베들레헴임을 전혀 알지 못했던 나다나엘은 나사렛 예수를 메시아로 소개하는 빌립의 말을 받아들이기 어려웠을 것이다. 그런데 예수님은 고작 세 번의 짧지만 강력한 능력의 말씀으로 이러한 확고한 신념과 선입견으로 무장한 나다나엘의 인생 전체를 바꾸신다.

'빌립이 너를 부르기 전에 네가 무화과나무 아래에 있을 때에 보았노라(48).' 라는 말씀은 실제로 '무화과나무 아래'라는 물리적 공간에 나다나엘이 있었을 때, 선지자이신 예수님이 시공간을 뛰어넘어 그를 보고 계셨음을 나타내는 것이 맞다. 또 한편으로는 다윗의 후손이자 이스라엘의 임금으로 올 메시아를 고대하고 있었던 그의 중심을 간파하는 말이기도 하다. 유대인이라면 누구나 무화과나무가 이스라엘을 상징한다는 것을 알 것이다. 무화과나무 아래에서 나다나엘은 메시아의 도래와 다윗의 후손인 이스라엘 임금의 통치를 통해 이스라엘이 회복되기를 간절히 기도했던 것이 틀림없다. "참 이스라엘 사람아 네가 이스라엘의 회복을 고민하고 있었을 때(네가 무화과나무 아래 있었을 때) 내가 너를 보았다." 이것은 시공간을 뛰어넘어 나다나엘의 물리적인 주변

covery of Israel." Jesus not only transcends time and space, but He also saw through the heart of the man.

The word of Jesus, was realistic and contained multiple meanings which saw through the heart of everything. This must have come as a shock for a person like Nathanael who knew the Judaic way of speech! While Nathanael was still in shock, as he was exposed of his heart and thoughts, Jesus says something that is even more shocking. "You shall see heaven open, and the angels of God ascending and descending upon the Son of Man." This was enough to make Nathanael, not only shook up in his mind, but almost pass out. This is because it was "Jacob the Israel" who saw the angels moving up and down the heaven. Therefore, this goes beyond his current identity as someone who wishes the recovery of Israel, but it means that he would become the new Jacob Israel! Every Jew knows from the old testament the moment Jacob first met God. Jacob first met God while watching the angels going up and down the heaven. Jesus is prophesying that Nathanael would see the vision that Jacob Israel has seen, and that he would become like Israel.

Nathanael, who only wished and prayed for Israel's independence from the Roman oppression, is now excited to hear Jesus' shocking prophesy that he would become like Jacob Israel. While in the old testament there were twelve tribes of

상황을 파악했던 것뿐만 아니라 그의 중심을 꿰뚫어 보는 예수님의 말씀이었다.

유대 화법을 잘 아는 나다나엘에게 무화과나무를 통한 실제적이고도 영적인 다중의 의미를 내포하고 있는 예수님의 말씀은 자신의 모든 것과 그 중심을 훤히 꿰뚫는 충격적인 말씀이었을 것이다! 자신의 모든 생각과 그 중심이 드러남에 따라 적잖은 충격을 받았을 나다나엘에게 나사렛 예수는 그의 생각을 뛰어넘는 더 크고 강력한 말씀을 던지신다.

"하늘이 열리고 하나님의 사자들이 인자 위에 오르락내리락하는 것을 보리라."라는 말씀은 빌립 앞에 냉정했던 나다나엘을 격동시키다 못해 거의 기절하게 하기에 충분했다. 천사들이 오르락내리락하는 것을 본 인물이 바로 "야곱 이스라엘"이었기 때문에 이것은 나다나엘이 마음으로 이스라엘의 회복을 염원하고 있는 지금의 정체성을 뛰어넘어 그가 곧 새로운 야곱 이스라엘이 되리라는 것을 의미했기 때문이다! 유대인이라면 누구나 구약의 역사 중 야곱이 하나님을 처음 만났던 순간을 잘 알고 있을 것이다. 야곱은 천사들이 하늘을 오르락내리락하는 것을 보면서 하나님을 처음 만났다. 예수님께서는 나다나엘이 야곱 이스라엘이 보았던, 천사들이 오르락내리락하는 것과 같은 비전을 보리라고 예언하시며 그가 곧 이스라엘과 같은 자가 될 것이라 예언하시는 것이다.

로마의 압제 아래에서 이스라엘의 회복과 독립이나 바랐을 나다나엘이, 곧 야곱 이스라엘이 봤던 비전을 보고 네가 이스라엘처

Israel, the prophecy of Jesus came true when the twelve disciples were born in the new testament. Nathanael not only recovered Israel from the Roman empire, but produced the spiritual Israel, the church, by becoming an apostle.

Look how many people spend their lives trying to get assurance and insurance while living in this unstable life. Look how many people feel left out and lonely, only to be tricked by false comfort this cold world offers. It is like world has come to the end times where people shout 'there is the messiah, here is the messiah.' And during these times of darkness and coldness, broken dreams will hear the word of messiah Jesus, and become warm again, like Nathanael's heart. Jewels and gems you will find when you meditate on His Word, the Word that will break free the darkness of times and touch the souls.

럼 되리라는 예수님의 강력한 암시와 예언의 말씀을 듣게 되었을 때 무척이나 설레었을 것이다. 과연 예언의 말씀대로 구약에서 야곱 이스라엘을 통해 열두 통치자와 지파가 나온 것처럼, 신약에서는 교회를 다스리는 열두 사도들이 잉태되었다. 나다나엘은 로마로부터 압제 된 이스라엘 민족을 회복시킨 정도가 아니라 사도로서 영적 이스라엘인 신약 교회를 일궈내고 다스렸다.

불안정한 시대 가운데 얼마나 많은 사람이 자신의 삶을 보장해 주는 것에 모든 인생을 다 걸고 있는가. 냉정한 시대 속에 인생의 의지처가 되어준다는 거짓말에 속아 홀로 외로워하고 있는가. 흡사 메시아가 여기에 있다, 저기에 있다고 하는 시대적 형국이라 할만하다. 이러한 어두운 시대 가운데 냉담한 마음, 좌절된 꿈들이 메시아이신 예수님의 구원의 말씀을 만나게 된다면 나다나엘처럼 뜨겁게 되리라. 시대의 매임을 풀고 영혼을 뜨겁게 할 그 말씀을 만나기 위해 묵상 가운데 보화를 캘 것이다. 시대가 바뀌고 냉랭한 영혼의 중심이 격동할, 그 말씀의 능력을 붙들고 의지하라.

13. 사랑의 언약, 그 불변성

13. THE CONSTANCY OF THE COVENANT OF LOVE

GENESIS 9:13

13 I do set my bow in the cloud, and it shall be for a token of a covenant between me and the earth.

창세기 9:13

13 내가 내 무지개를 구름 속에 두었나니 이것이 나의 세상과의 언약의 증거니라

Why did God choose a mirage-like rainbow as a sign of the everlasting covenant? A rainbow, which stays only a while after rain, doesn't seem to be a good choice for a sign of God's everlasting promise. Paradoxically, for now, there is no better sign than the rainbow to show the covenant of love, not judgement. Because it appears after rain. The first experience of rain since the creation for the human race was Noah's flood. Mankind experienced rain for the first time in Noah's flood and it led all living things to death.

Guess how fearful the descendants of Noah were when they came out of the ark and saw all things dead! The flood was God's judgement and it swallowed all things including their relatives, neighbors, and the entire human race. A rainbow appears only after rain. Descendants of Noah must have been afraid to see rain as it reminded themselves of God's judgment and death. However, they were also relieved from this fear when they saw a rainbow in the sky and thought of God's promise that "never again will the waters become a flood to destroy all life." A rainbow has a dual meaning of judgment and covenant. Because of rainbow, rain is no longer a subject of fear and it is no longer associated with judgment. What a wonderful sign it is!

Like a rainbow that appears after rain, the covenant between

God and you is based on love, not judgement because of the cross of Jesus. Christ Jesus was weak and humble in front of the cross and died like a rainbow that looks vulnerable and weak. But through the resurrection of Jesus, the judgment turned into love and victory. Surprisingly, there are many Christian who do not enjoy the existential grace of the Gospel. Some condemn and judge themselves in fear and go as far as to abuse themselves spiritually. Some constantly hate and judge others and the world in resentment. Christ Jesus does not give us this kind of mind. To those who belong to Christ, judgment is not real. What is real to true Christians are salvation, love, forgiveness and reconciliation. Let's stand firm on the foundation of the Gospel. A rainbow will eventually greet you when rain stops!

주님은 왜 신기루 같은 무지개를 영원한 언약의 증표로 삼으셨을까? 잠시 떠서 금방 사라지는 무지개는 영원불변한 하나님의 언약을 나타내기에는 부적절한 상징처럼 여겨진다. 그러나 이제 무지개는 심판이 아닌 사랑의 언약을 나타내기에 매우 적합한 상징이 되었다. 왜냐하면, 무지개는 비가 내리고 난 후 나타나기 때문이다.

노아의 홍수가 일어날 때 인류는 창조 이래 처음으로 비를 경험했다. 그들이 처음 경험했던 비는 끔찍하게도 모든 인류를 죽음으로 심판했다. 노아의 후손이 방주에서 나와 처참한 광경을 보았을 때 비가 얼마나 무섭게 느껴졌을지 생각해보라! 자신들의 친족과 이웃, 인류 전체가 시체가 되도록 모든 것을 죽음과 심판으로 삼켜버린 폭우였다. 그 이후로도 무지개가 뜨려면 반드시 비가 내려야 했다. 심판 후 노아의 후손들이 비를 만나면 다시 심판 당할까 봐 매우 두려웠을 것임이 틀림없다. 그러나 비가 그치고 비가 오는 것으로만 끝나는 것이 아니라 어김없이 떠오르는 무지개를 보면서 겨우 안심할 수 있었을 것이다.

'그래, 하나님께서 저 무지개를 걸고 다시 물로 심판하지 않기로 약속하셨지. 비는 또 내릴 수 있지만, 우리를 홍수로 멸하시지는 않는구나. 봐, 비가 그치고 언약이 담긴 무지개가 뜨잖아.' 심판의 도구였던 비가 이 땅에 내리더라도 곧바로 한 쌍처럼 언약이 담긴 무지개가 뜬다. 비를 두렵지 않게 하는 무지개, 더는 심판의 두려움 앞에서 전전긍긍하지 않게 하는 무지개! 이 얼마나 절묘한 언약이요, 상징이란 말인가!

비 온 뒤에 무지개가 뜨는 것처럼 예수님의 십자가로 인해 당신과 하나님의 언약은 심판이 아닌 사랑에 기반을 둔다. 아스라이 희미하고 미약해 보이는 무지개처럼 예수님도 십자가 앞에 매우 보잘것없고 연약하게 되어 죽임당하셨다. 하지만 그분의 부활로 죽음의 심판은 도리어 사랑과 승리로 바뀌었다. 교회 안에도 복음의 실존적 은혜를 누리지 못하는 그리스도인들이 뜻밖에 많다. 어떤 이들은 두려움 속에서 자신을 정죄하고 판단하며 심지어 영적으로 학대하기까지 한다. 어떤 이들은 울분 속에서 세상과 타인을 끊임없이 미워하고 심판한다. 이것들 모두 예수 그리스도께서 주시는 마음이 아니다. 복음에 속한 사람에게 이제 심판은 실제가 아니다. 오직 구원과 사랑, 용서와 화해의 마음이 실제가 된다. 복음의 기초 위에 서자. 폭우가 그치고 구름 속에 있었을지라도 반드시 무지개는 뜬다!

14. 사랑의 헌신, 그 불변성

14. THE CONSTANCY OF THE DEDICATION OF LOVE

GENESIS 9:9-10

9 And I, behold, I establish my covenant
with you, and with your seed after you;
10 And with every living creature that is
with you, of the fowl, of the cattle, and of
every beast of the earth with you; from all
that go out of the ark, to every beast of the
earth.

창세기 9:9-10

9 내가 내 언약을 너희와 너희 후손과 10 너
희와 함께한 모든 생물 곧 너희와 함께한 새
와 육축과 땅의 모든 생물에게 세우리니 방주
에서 나온 모든것 곧 땅의 모든 짐승에게니라

The love of God for animals of the earth is very special. God establishes a covenant with every living creature of the earth after destroying all living things. Noah may have found it weird that God is showing special care for these animals and became jealous of the animals. Why is it that God is highlighting animals as the subject of his covenant after killing all living creatures with the great flood. This is because God allows Noah to eat animals after the flood. Animals weren't for eating before the flood. They were considered belonging to God and were offered to God as a sacrifice. What amazing people Abel and Noah were who tended animals they could not eat? After the flood, God allowed Noah and his descendants to eat animals freely. God gives animals to Noah as food, but he tells Noah about the covenant between him and animals to remind him of the fact that these animals belonged to God and were used for burnt offering only.

Noah was given freedom to eat animals, but could have struggled whenever he had to decide when to offer them as a sacrifice and when to take them for himself. Knowing that animals originally belonged to God and used only for sacrifice, Noah could have had a hard time eating them. His children and grandchildren could have also struggled whenever they killed animals because they were either for themselves or for sacrifices to God. Noah, however, would surely choose

노아의 때에 홍수로 인류를 다 멸하셨으면서 한낱 미물에 지나지 않는 짐승을 향한 하나님의 사랑은 각별해 보인다. 짐승에게까지 섬세하게 언약을 세우시는 하나님의 태도를 보면서 친족까지 죄다 잃은 노아는 의아함과 질투를 느끼지 않았을까? 인류를 죄다 죽음으로 심판한 이 마당에 굳이 하나님은 왜 한낱 짐승을 자신과의 언약에 속한 존재로 부각하고 계시는가? 그 이유는 심판 이후부터 노아에게 짐승을 육식으로 허락하시기 때문이다. 이미 알고 있듯이 홍수 심판이 있기 전에 육축은 사람의 음식이 아니었다. 그저 하나님께만 속한 창조물이었고 오직 하나님께 드리는 제사의 제물로써 열납하셨다. 그런 의미에서 먹지도 못할 양을 치던 아벨이나 짐승을 보관하던 노아는 참으로 기이한 인물들이었다! 심판 후 하나님께 제사의 제물로만 열납되던 짐승이 홍수 이후 노아와 그 후손, 자신들을 위해 먹고 취할 자유가 주어졌다. 하나님은 제물의 용도로 쓰였던 짐승을 노아가 취할 수 있는 음식물로 주시지만, 짐승은 제사로 하나님께만 드려질 제물이었던 것을 분명히 하시기 위해 짐승과도 언약이 있음을 말씀하시는 것이다!

노아는 하나님의 배려로 짐승을 먹고 취할 자유를 얻었지만, 짐승을 제사해야 할 때와 자신을 위하여 취할 때를 놓고 갈등했을지 모른다. 훗날 그의 후손들이 하나님을 잊고 자신들의 만족만을 위해 짐승을 취하려고 할 때 그것이 원래는 하나님께 드린 제물이었던 것을 아는 노아는 언약을 기억하고 심히 번민했을 것이다. 그리고 감히 하나님의 제물을 놓고 제물로 드릴 것인지, 아니면 자신이 취할 것인지 하나님과 경쟁하는 후손들 앞에서 노아만큼은

to offer them to God. Animals are created by God and have a covenant to keep with God. You are much more valuable than animals who are created and saved by the hands of God. Animals showed their conviction to God by voluntarily entering into Noah's Ark, proving themselves as those set apart from this world. Who then do you belong to? Do you fear to dedicate your life to God? You belong to God. He honors you in a way incomparable to animals. Only safe and faithful God, not dangerous and rebellious world is worthy of your dedication. Present yourself as a living sacrifice to God!!

이 짐승을 잡아 하나님께 드리며 예배했을 것이다! 하물며 짐승조차도 하나님에 의해 창조되었기에 하나님께 드려질 언약이 있다. 당신은 짐승보다도 더욱 존귀하게 하나님의 손에 의해 창조되고 구원되었다. 이러한 짐승조차 하나님의 명령이 임했을 때 제 발로 노아의 방주에 들어와 자신들이 패역한 시대의 것이 아니라 하나님께 속한 것임을 분명히 했다. 당신은 누구의 것인가? 당신은 하나님께 드려질 헌신을 지속해서 두려워하고 있는가? 당신은 짐승보다 훨씬 존귀한 존재이다. 당신은 스스로 방주에 찾아가 예물로 드려진 짐승들보다 더욱 존귀한 하나님의 것이다. 위험하고 패역한 세상이 아니라 안전하고 신실한 하나님만이 당신을 받기에 합당하다. 당신을 산 제물로 주님께 드리라!

15. 무화과나무의 때

15. THE TIME OF FIGS

MARK 11:13,20

13 And seeing a fig tree afar off having leaves, he came, if haply he might find any thing thereon: and when he came to it, he found nothing but leaves; for the time of figs was not yet.

20 And in the morning, as they passed by, they saw the fig tree dried up from the roots.

마가복음 11:13,20

13 멀리서 잎사귀 있는 한 무화과나무를 보시고 혹 그 나무에 무엇이 있을까 하여 가셨더니 가서 보신즉 잎사귀 외에 아무 것도 없더라 이는 무화과의 때가 아님이라

20 저희가 아침에 지나갈 때에 무화과나무가 뿌리로부터 마른 것을 보고

예수님은 과실을 맺을 때가 아닌 무화과나무에서 열매를 찾으실 만큼 엉뚱한 분이신가? 때와 시와 날들의 창조가 다 그분 안에 있지 않았는가? 그런데 열매를 맺을 때도 아닌 나무에 열매가 없다고 저주하심은 가혹한 일이 아닌가?

무화과나무는 한 해에 열매를 여러 번 맺을 수 있는 나무이다. 예수님께서 말씀하신 때는 예수님이 십자가 지시기 직전, 유월절 어간이었다. 이때는 무화과나무에 무르익은 열매가 달릴 시기는 아니더라도 아직 이르긴 하지만 설익은 작은 열매들이 달릴 때다. 가난하고 배고픈 자들은 그 설익은 열매라도 따서 그것을 먹음으로써 허기를 달랬다. 즉 예수님은 나무에 작은 설익은 열매라도 있는지 보고자 하신 것이다!

당신에게 전폭적으로 열매를 맺는 삶이 없더라도 주님께 드릴 작은 열매라도 있는지 한번 돌아보라! 당신은 무엇을 위해 살아왔는가? 잃어버린 영혼을 돌아오게 하려고? 성령의 성품을 닮고자? 주님의 뜻을 이루기 위해 진통하며? 모든 민족이 주께 돌아오는 일을 위해서? 이러한 일들에 대한 해당 사항과 그 결과가 딱히 없다면, 당신 스스로 그리스도인으로서 열매 맺는 삶을 포기했는지 돌아볼 일이다. 조그마한 열매도 없는 삶은 무화과나무가 마르듯 당신의 삶을 마르게 하며 이러한 기형적 그리스도인의 삶은 주님을 슬프게 한다.

Is Jesus really off the wall because he was looking for some fruits from the fig tree when it was not yet season for figs? Doesn't the creation of time and day belong to him? Isn't he too harsh to curse the tree because he found nothing though figs were not in season?

The fig tree bears fruit several times a year. Considering Jesus was crucified right after this event, it was near the feast of the Passover, and one was able to have unripe, small fruits at least, though not ripe ones. The poor and the hungry satisfied their hunger with these unripe fruits. In short, Jesus wanted to find any small and unripe fruits on the tree.

Look back on yourself whether you have any small fruit you can give to Jesus though it is not a great one! What have you lived for? For the lost to come back to God? For resembling the character of the Holy Spirit? For accomplishing the will of God with pain? For all nations to come back to the Lord? If you do not fit into these categories, you should look back on yourself and see whether you gave up yielding fruit. If you don't have even any small fruit, it will make your life wither as the fig tree withers. And, this deformed life of Christians saddens the Lord.

16. 연합하며 동거해야 할 이유

16. THE REASON FOR DWELLING TOGETHER IN UNITY

PSALMS 133

1 Behold, how good and how pleasant it is for brethren to dwell together in unity! 2 It is like the precious ointment upon the head, that ran down upon the beard, even Aaron's beard: that went down to the skirts of his garments; 3 As the dew of Hermon, and as the dew that descended upon the mountains of Zion: for there the LORD commanded the blessing, even life for evermore.

시편 133

1 형제가 연합하여 동거함이 어찌 그리 선하고 아름다운고 2 머리에 있는 보배로운 기름이 수염 곧 아론의 수염에 흘러서 그 옷깃까지 내림 같고 3 헐몬의 이슬이 시온의 산들에 내림 같도다 거기서 여호와께서 복을 명하셨나니 곧 영생이로다

How awesome description of God is. What a marvelous idea to compare brothers who unite and dwell together to the beard of Aaron! From ancient times in the Middle East, beardless men are easily treated as a stripling. If there are few hairs for the beard, it would be shameful. Yes, the hair of beard must be together and be plentiful, then a man will get honor. As the author says precious oil flows from the head, and it would be shameful to be bald or have only a few hairs left on the head. Is there a better idea to describe brothers who dwell together in unity? If the psalmist apocalyptically see anointing of Aaron to appoint Aaron as a high priest, logically he should have focused on twelve stones on the priest's breast-plate since those are a symbol of tribes of Israel. Because the gathered stones of twelve tribes was quite an appropriate description to symbolize the union.

However, the psalmist had chosen rather the plentiful beard. The beard gathered luxuriantly which is not countable. The beard grows continuously and its life force lasts forever. The beard is masculine and represents wild life force. The twelve stones are crafted work and had a limited concept of tribes of Israel, but the beard is a unique creation of God. The high priest is a head of brothers who unite brothers to God. There is no better description to explain the expandability of life force about union and dwelling together of brothers.

하나님의 비유는 경탄을 금하지 못할 때가 있다. 형제가 모여 동거함과 연합함을 아론의 수염으로 비유하다니 이 얼마나 신기한 발상이란 말인가! 고대로부터 지금까지 중동에서 수염이 없는 남성은 애송이 취급받기에 십상이다. 만일 어떤 남성에게 수염이 풍성하게 존재하지 않고 터럭으로만 존재한다면 수치의 대상이 된다. 그렇다. 수염의 터럭은 모여서 풍성해야 존귀함을 얻는다. 저자는 기름 부음이 머리에서부터 흐른다고 말하고 있는데 머리카락도 민머리거나 터럭밖에 없는 머리라면 수치의 대상이 될 뿐이다. 형제가 연합하고 동거함에 이보다 더 절묘한 비유가 있겠는가! 시편 기자가 대제사장 아론에게 기름 부어지는 임명식을 묵시 가운데 보고 있다면 당연히 제사장 흉패에 달린 이스라엘 지파를 상징하는 열두 보석을 집중적으로 조명하는 것이 상식일 터이다. 왜냐하면, 열두 지파의 보석이 한데 모여 있는 장면도 연합을 상징하기 위한 꽤 적절한 비유일 수 있으니 말이다.

그러나 저자는 오히려 풍성한 아론의 수염을 택했다. 수염은 한데 모여 있을 뿐만 아니라 숫자를 헤아리기 어려울 만큼 풍성하다. 그리고 수염은 계속 자란다는 점에서 생명력에 끝이 없다. 또 수염은 남성적이며 야성적인 생명력이다. 열두 보석은 이스라엘 지파에 대해 한정된 개념이며 세공된 작품임에 비해 수염은 하나님 고유의 창조의 형상인바 우주적이다. 대제사장은 형제를 주님께로 연합시키는 자들의 우두머리이다. 이 정도로 형제의 연합과 동거함을 생명력의 확장성으로 설명할 절묘한 비유가 또 있겠는가 말이다!

Christians, whether leader or believer, must try hard to gather, dwell and unite. Satan tries to stand alone. The reason for Satan's fall was to make himself comparable to God. Whoever is a unrivaled leader, he or she cannot stand alone. Even God exists as Father, Son and Holy Spirit and created humans to be with. He gave Eve to Adam because Adam was alone which was not good. Christian can pray to God himself. In the name of Jesus Christ, the eldest son, through his blood we can go to God. Do we need any more reason to explain why life is anointed with Holy Spirit when brothers and the saints gather in unity? Let's try to unite together by gathering and dwelling with believers and God. Don't be full of arrogance by staying alone!

그리스도인이라면 그가 리더든지 성도든지 모이고 동거하며 연합하기에 힘써야 한다. 사단은 연합하지 않고 홀로 서려 한다. 홀로 하나님처럼 높아지려고 한 것이 사단이 타락한 연유였다. 어떤 독보적인 리더도 홀로 설 수 없다. 하나님조차 성부・성자・성령으로 계시며 함께 있기를 염원해 인류를 창조하셨다. 또 아담이 독처하는 것이 좋지 못해 하와를 주셨다. 어떤 그리스도인도 홀로 하나님께 기도할 수 없다. 맏아들이신 예수님의 이름과 그분의 보혈의 공로로 하나님께 나아간다. 왜 성도와 형제가 모이고 연합할 때 생명의 기름 부음이 임하는지 더 논할 필요가 있겠는가? 독보적으로 행하거나 독단적인 교만을 앞세우지 말고, 하나님과 뭇 성도들과 함께 동거하며 모이는 아름다운 연합을 추구하자.

17. 끝까지 믿는 믿음

17. FAITH TILL THE END

JOHN 8:58-59, 9:11, 13

8:58 Jesus said unto them, Verily, verily, I say unto you, Before Abraham was, I am.
59 Then took they up stones to cast at him: but Jesus hid himself, and went out of the temple, going through the midst of them, and so passed by.

9:11 He answered and said, A man that is called Jesus made clay, and anointed mine eyes, and said unto me, Go to the pool of Siloam, and wash: and I went and washed, and I received sight.
13 They brought to the Pharisees him that aforetime was blind.

요한복음 8:58-59, 9:11, 13

8:58 예수께서 가라사대 진실로 진실로 너희에게 이르노니 아브라함이 나기 전부터 내가
있느니라 하시니 59 저희가 돌을 들어 치려
하거늘 예수께서 숨어 성전에서 나가시니라

9:11 대답하되 예수라 하는 그 사람이 진흙을 이겨 내 눈에 바르고 나더러 실로암에 가서 씻으라 하기에 가서 씻었더니 보게 되었노라
13 저희가 전에 소경 되었던 사람을 데리고 바리새인들에게 갔더라

There is an eastern proverb, 'Dirt in one's eyes'. People are covered with dirt when they die and are put in the grave. But Jesus is painting dirt on the eyes of a man blind from birth, living by the pool of Siloam! At the time tradition was distorted in Judah and they would condemn those with physical problems and would chase them from society. And so to the blind man, his eyes would have been his greatest weakness in life. But instead of even gently touching his eyes to heal him, Jesus painted dirt on his eyes. Was this to help the blind man's faith? Or is he making it seem like he is attacking the blind man's weakness and making him uncomfortable? Just before this incident, Jesus made a statement that he was before Abraham and was driven out and almost stoned by the Jews. Though Jesus was before creation and is the creator, the Jews were enraged, not realizing the standing of the Messiah.

A man blind from birth. In other words, the blind man near the pool of Siloam probably had no eyes formed from birth. So Jesus' action of making mud from dirt and painting it on the man's eyes is like the act of the Creator creating. God made Adam from dirt. So Jesus, by creating the blind's man's eyes again from dirt is showing that he is the Creator and the Savior! And the blind man near Siloam who was opened his eyes is sent to the Jews to witness to Jesus. If he had doubted Jesus' words to wash in the pool of Siloam and brushed off the dirt while on his way, what would have happened to his eyes? Would it have become not dirt, not man's eyes, but an animal's eyes, because he only partially obeyed? Or would it just have been dirt? Or would it have become normal eyes, because he still obeyed halfway? The blind man was able to see when he followed all the words of Jesus' command to wash in the pool of Siloam. If he had only obeyed halfway, and then brushed off the dirt out of doubt, the eyes would not have been formed, but remained just as dirt.

Sometimes the work of the Holy Spirit is unperceivable by the thoughts of man, and also the power of the Creator God is endless and unperceivable by the knowledge of man. Have you believed in the gospel of the cross, difficult to wholly understand by the knowledge of man, and been saved? And are you certain of entering the unseen heaven by faith? Then even though in this world the Lord may lead your life in ways you cannot understand, inviting you to the work of God above all common sense of man, trust in Him to the end. If the Lord leads you to a way outside common sense, it is to show the glory of God for the Kingdom of heaven, by changing your life miraculously like He made the eyes of the blind man.

Wait for glory, and obey to the end. Trust to the end. In this

'눈에 흙 들어온다.'라는 동양 속담이 있다. 사람이 죽을 때나 무덤에서 흙에 덮인다. 그런데 예수님은 실로암 못 가에 살던, 나면서부터 눈먼 맹인의 눈에 흙칠을 하고 계시다! 당시 유대에는 전통이 왜곡되어 신체에 이상이 있는 자들을 정죄하며 사회에서 축출하다시피 해왔다. 따라서 그 맹인에게 눈은 평생을 살면서 치명적 약점이었을 테다. 그런데 눈을 보듬어서 낫게 하지는 못하실지언정 눈에 흙을 개어 바르시다니 도대체 맹인의 믿음을 도우시려는 것인가? 아니면 약점을 공격하는 것처럼 행하여 맹인을 불편하게 만드시려는 일인가? 좀 전에 예수님은 아브라함보다 먼저 계셨다는 선언을 하심으로 유대인들에게 돌 맞을 뻔하시고 그들에게 배척당하셨다. 예수님은 창세 전에 계셨고 창조주가 맞으시지만 유대인들은 메시아의 위상을 전혀 깨닫지 못한 채로 분노했다.

나면서부터 눈먼 자, 즉 실로암 못 가에 있던 맹인은 아마도 안구가 태어날 때부터 아예 없는 장애인이었던 듯하다. 즉 예수님이 흙을 개어 눈에 바르신 행위는 곧 창조주의 창조 행위와도 같다. 하나님은 아담을 흙으로 빚어 창조하셨다. 즉 예수님은 맹인의 눈을 다시 흙으로 창조하심으로 자신이 창조주요, 구원자임을 나타내시는 것이다! 그리고 실로암 못 가의 맹인은 눈을 뜨고 유대인들에게 예수님을 증거하기 위해 보내진다.

만약 실로암 못 가에서 씻으라고 말씀하신 예수님의 말씀을 의구하여 맹인이 중간에 흙을 털어버렸다면 그의 눈은 어떻게 되었을까? 중간까지 순종했으니 사람의 눈도, 흙도 아닌 짐승의 눈깔

world, when one does not trust and believe to the end, they call it 'reneging'. Do not make a habit of reneging, and live a life of a trusting friendship with Jesus. You who have believed in the unperceivable cross and heaven, the friend of the Lord! Even in times when you cannot understand everything, trust the Lord. You will soon see the light, because your friend Jesus leads you to the light.

처럼 되었을까? 아니면 아예 흙이었을까? 아니면 중간까지라도 순종했으니 사람의 눈이 되었을까? 맹인은 실로암 못 가에 가서 씻으라고 명령하신 예수님의 말씀을 다 준행할 때 비로소 보게 되었다. 중간까지 순종하다가 의구해서 눈에 흙을 치웠더라면 사람의 눈이 되지 못하고 맹탕 흙으로 남아 있었을 것이다.

성령의 역사는 때론 인간의 아이디어로 다 헤아릴 수 없고, 창조주 하나님의 능력 또한 가끔 사람의 지성으로 헤아리기에는 무궁무진하며 끝이 없다. 인간의 지성으로는 차마 다 이해하기 어려운 십자가의 복음을 믿어 구원받았는가? 또 당신은 아직 보이지 않는 천국을 믿음의 눈으로 보며 천국에 들어갈 줄로 확신했는가? 그렇다면 세상 가운데 때로 당신의 삶을 이해할 수 없는 인도하심으로, 사람의 상식을 초월하는 하나님의 역사로 초대하시는 주님을 끝까지 믿어드려라. 만일 주님이 당신의 삶을 상식을 일탈한 궤적으로 인도 한다면 그것은 크신 하나님 나라를 위해 맹인의 눈을 만드신 기적처럼 당신의 삶을 기적으로 바꾸시어 주님의 영광을 보이기 위함이다.

영광을 기다리되 끝까지 순종하라. 끝까지 믿어드리라. 이생에서 끝까지 믿지 못하는 것은 '배교'라 한다. 습관적인 배교를 일삼지 말고 끝까지 믿어드리는 친구의 삶을 주님과 살라. 다 이해할 수 없는 십자가와 천국을 믿은 당신이여, 주님의 친구여! 다 이해되지 않는 상황에서도 주님만은 신뢰하라. 빛으로 인도하시는 친구 예수님 때문에 당신은 곧 빛을 볼 것이다.

바이블
쿠킹미팅

18. 땅에다 쓰신 것, 그 첫 번째

18. WHAT HE WROTE ON THE GROUND, THE FIRST STORY

JOHN 8:2-11

2 And early in the morning he came again into the temple, and all the people came unto him; and he sat down, and taught them. 3 And the scribes and Pharisees brought unto him a woman taken in adultery; and when they had set her in the midst, 4They say unto him, Master, this woman was taken in adultery, in the very act. 5 Now Moses in the law commanded us, that such should be stoned: but what sayest thou? 6 This they said, tempting him, that they might have to accuse him. But Jesus stooped down, and with his finger wrote on the ground, as though he heard them not. 7 So when they continued asking him, he lifted up himself, and said unto them, He that is without sin among you, let him first cast a stone at her. 8 And again he stooped down, and wrote on the ground. 9 And they which heard it, being convicted by their own conscience,

요한복음 8:2-11

2 아침에 다시 성전으로 들어오시니 백성이 다 나아오는지라 앉으사 저희를 가르치시더니 3 서기관들과 바리새인들이 간음 중에 잡힌 여자를 끌고 와서 가운데 세우고 4 예수께 말하되 선생이여 이 여자가 간음하다가 현장에서 잡혔나이다 5 모세는 율법에 이러한 여자를 돌로 치라 명하였거니와 선생은 어떻게 말하겠나이까 6 저희가 이렇게 말함은 고소할 조건을 얻고자하여 예수를 시험함이러라 예수께서 몸을 굽히사 손가락으로 땅에 쓰시니 7 저희가 묻기를 마지 아니하는지라 이에 일어나 가라사대 너희 중에 죄 없는 자가 먼저 돌로 치라 하시고 8 다시 몸을 굽히사 손가락으로 땅에 쓰시니 9 저희가 이 말씀을 듣고 양심의 가책을 받아 어른으로 시작하여 젊은이까지 하나씩 하나씩 나가고 오직 예수와 그 가운데 섰는 여자만 남았더라 10 예수께서 일어나사 여자 외에 아무도 없는 것을 보시고 이르시되 여자여 너를 고소하던 그들이 어디 있느냐 너를 정죄한 자가 없느냐 11 대답하되 주여 없나이다 예수께서 가라사대 나

went out one by one, beginning at the
eldest, even unto the last: and Jesus was
left alone, and the woman standing in the
midst. 10 When Jesus had lifted up him-
self, and saw none but the woman, he said
unto her, Woman, where are those thine
accusers? hath no man condemned thee?
11She said, No man, Lord. And Jesus said
unto her, Neither do I condemn thee: go,
and sin no more.

도 너를 정죄하지 아니하노니 가서 다시는 죄를 범치 말라 하시니라

What did Jesus write on the ground that he had to bend down twice for it? If you trust the overall method of storytelling of the bible, it is best to believe exactly as written in the bible. If what Jesus wrote was important, the bible would have told us what was written. But since the bible doesn't show us what Jesus wrote, it is possible that 'what he wrote' isn't as important as to 'why he wrote' it. A woman caught in adultery was brought to Him and the teachers of the law and the Pharisees were accusing her by the law. However, all they were doing was to merely list the information in the law, and go against the steps and the intentions of the law. According to the law, a trial must be fair, and both parties of the adultery should be brought in for trial. But for some reason, the man involved in adultery was nowhere to be found, but only the woman is brought in for judgment. It was an illegal trial that does not follow the rightful procedures of the law. And the religious leaders were not opening this trial out of hatred for Israel's sin, but using the woman and her sin to find fault with Jesus. This also is an illegal action that goes completely against the true intentions of the law.

The reason Jesus crouched on the ground and wrote something, though it is certain that adultery is sin, was so that he would not follow the intentions of the accusers, who were trying to use a woman, a sinner, and break down her character in shame. Let us say, for instance, that when the woman and her sin were brought in to be used in an unfair trial before the public, that Jesus looked at her and told her right from wrong. If even the Messiah spoke of right and wrong concerning her, then this illegal trial would be accomplished and the woman would suffer from great guilt, like being stripped away and mangled. In other words, a woman's sinfulness and her character would have been used for an unfair trial with evil intentions. This is why Jesus did not even look at the woman in shame, nor respond to the requests of the people for an illegal trial. However, He silently stared at the ground and wrote what he wrote, so that they would not give her a guilty conscience and shame her. In other words, Jesus did all this so that He would not conform to this illegal trial, and to minimize the woman's shame. He did not even look at her face, but stared and wrote on the ground saying, "If any one of you is without sin, let him be the first to throw a stone at her." What wise words they are! While avoiding explicitly pointing out the woman's adultery, Jesus avoids being caught up in an illegal trial with unfair intentions, and did not allow the woman's weakness and character to be exploited. The Pharisees and teachers of the law usurped God's seat of law, and dared to proudly think that they could ignore the rules of the trial, and use and judge the woman's and Jesus' character with evil intentions. Je-

예수님은 땅에다가 무엇을 쓰셨을까? 그것도 두 번씩이나 말이다. 성경의 모든 전반적인 기술 방식을 신뢰한다면 성경에 쓰인 그대로 믿으며 읽는 편이 좋다. 예수님께서 땅에 쓰신 내용이 중요했다면 성경은 그 내용을 나타냈을 것이다. 성경이 예수님께서 쓰신 내용을 굳이 나타내고 있지 않다면 땅에 '무엇을 쓰셨나'가 중요하지 않고 '왜 쓰셨느냐'가 중요할 수 있다. 간음한 여인이 잡혀 와서 서기관들과 바리새인들이 율법을 들어 고소하고 있다. 하지만 그들은 율법의 정보만 나열할 뿐 율법의 절차와 그 의도를 거스르고 있다. 율법에 따르면 재판은 공정해야 하므로 현장에서 간음하다 잡혔다면 간음한 남자와 여자 둘 다 재판을 받는 것이 맞다. 그런데 어찌 된 연고인지 현장에서 간음한 남자는 온데간데없고 여인만 데려다가 재판하고 있다. 율법의 절차를 따르지 않은 불법 재판인 셈이다. 그리고 종교지도자들은 이스라엘의 죄를 미워하는 마음에서 재판하는 것이 아니라 예수를 책잡고자 타인의 죄성과 인격을 이용하고 있다. 이 역시 율법의 의도와는 전혀 반대되는 불법의 의도이다.

예수님이 땅을 쳐다본 채로 무언가를 쓰신 이유는 간음이 죄인 것은 확실하지만, 죄인인 한 여인을 이용하여 그의 인격을 수치 가운데 파탄 내려 하는 고소자들의 의도에 동조하시지 않기 위해서다. 만약 예수님이 대중 앞에서 불법 재판의 이용거리로 연행되어 온 여인의 죄와 그 재판의 정당성에 대해 그녀를 바라보며 시시비비를 가리려 했다고 하자. 메시아조차 그녀의 문제에 대해 시시비비를 논한다면 불법 재판이 성사되고 수많은 사람의 시선

sus completely shatters the distorted and corrupted seat of the law with the words, for the sinless person to throw a stone first. The authority to forgive sin and judge is only with God, who is sinless. And so the evil intentions of the sinful teachers of the law and the Pharisees, to use the woman's weakness in the unfair trial to condemn Jesus, lost its power.

However, the woman caught in adultery does not get to hear that she is 'without sin', which would have been contrary to justice. But, instead, she was exempted from being exploited of her weakness, through which she was able to receive forgiveness and freedom from sin. Jesus' action of silently writing on the ground, on the first time, was an act of forgiveness and love, stopping others from exploiting and manipulating the woman's weakness and sinfulness from being judged through an illegal trial.

앞에서 여인은 마치 발가벗겨지고 난도질당하는 듯한 정죄감에 시달렸을 것이다. 즉 한 여인의 죄성과 인격이 불온한 의도에 휘말려 불공정한 재판에 이용당하게 되었을 것이다. 이것이 예수님이 정죄감과 치욕을 주지 않기 위해 수치스러운 여인도 쳐다보지 않은 채, 그리고 사람들의 불법적인 재판의 요구도 들어주지 않은 채, 아무 말 없이 땅을 바라보시며 무언가를 쓰신 이유이다. 곧 예수님은 침묵 가운데 불법 재판도 성립시키지 않으시면서, 여인의 수치심을 최소화하기 위해 그녀의 얼굴을 쳐다보지 않으시고 땅에다 시선을 고정하신 채 무언가를 쓰시며 '너희 중에 죄 없는 자가 먼저 돌로 치라'고만 말씀하신다. 얼마나 지혜로운 말씀이신가! 여인에게 간음죄가 없다고 말씀하지도 않으시면서 불온한 의도를 가진 재판에 휘말리지 않으신 채 약점 잡힌 여인의 인격이 이용당하는 것을 허용하지 않으신다. 바리새인들과 서기관들은 스스로 하나님이 갖고 계신 율법의 자리를 찬탈하여 재판의 절차를 무시한 채 불온한 의도를 가지고 여인과 예수님의 인격을 마음대로 이용하고 심판할 수 있다고 감히 자만했다. 예수님은 그들이 스스로 재판과 심판을 함부로 조정하여 왜곡시키기까지 한 율법의 자리를 죄 없는 자가 치라는 말씀으로 완전히 분쇄하신다. 죄는 죄가 없는 분, 즉 신만이 죄를 사하고 심판할 권한이 있다. 따라서 죄가 있는 서기관과 바리새인들이 여인의 약점을 이용하여 예수님을 정죄하기 위해 소집한 불법재판의 불온한 의도는 힘을 잃어버린다.

간음한 여인은 '네게 죄가 없다'는 공의에서 벗어난 말씀을 듣지는 못하였다. 그러나 자신의 약점으로 인해 인격이 수치를 당하고 이용거리가 되는 데서 놓였고, 이 때문에 결국 죄 사함과 자유로움을 얻게 되었다. 아무 말 없이 첫 번째로 땅에 무언가를 쓰신 예수님의 태도는 바로 여인의 약점과 죄성이 다른 사람들의 죄성과 불법으로 인해 심판당하고 이용당하는 것을 막고자 한 용서와 사랑의 행위였다.

19. 잃어버린 자녀를 향한 아버지의 마음

19. THE HEART OF FATHER FOR THE LOST CHILD

GENESIS 37:27, 38:11, 44:31-33

37:27 Come, and let us sell him to the Ishmeelites, and let not our hand be upon him; for he is our brother and our flesh. And his brethren were content.

38:11 Then said Judah to Tamar his daughter in law, Remain a widow at thy father's house, till Shelah my son be grown: for he said, Lest peradventure he die also, as his brethren did. And Tamar went and dwelt in her father's house.

44:31 It shall come to pass, when he seeth that the lad is not with us, that he will die: and thy servants shall bring down the gray hairs of thy servant our father with sorrow to the grave. 32 For thy servant became surety for the lad unto my father, saying, If I bring him not unto thee, then I shall bear the blame to my father for ever. 33 Now therefore, I pray thee, let thy servant abide instead of the lad a bondman to my lord; and let the lad go up with his brethren.

창세기 37:27, 38:11, 44:31-33

37:27 자 그를 이스마엘 사람에게 팔고 우리 손을 그에게 대지 말자 그는 우리의 동생이요 우리의 골육이니라 하매 형제들이 청종하였더라

38:11 유다가 그 며느리 다말에게 이르되 수절하고 네 아비 집에 있어서 내 아들 셀라가 장성하기를 기다리라 하니 셀라도 그 형들 같이 죽을까 염려함이라 다말이 가서 그 아비 집에 있으니라

44:31 아비가 아이의 없음을 보고 죽으리니 이같이 되면 종들이 주의 종 우리 아비의 흰 머리로 슬피 음부로 내려가게 함이니이다 32 주의 종이 내 아비에게 아이를 담보하기를 내가 이를 아버지께로 데리고 돌아오지 아니하면 영영히 아버지께 죄를 지리이다 하였사오니 33 청컨대 주의 종으로 아이를 대신하여 있어서 주의 종이 되게 하시고 아이는 형제와 함께 도로 올려 보내소서

The fourth son of Israel, Judah, doesn't seem to have a good reason to inherit the birthright. Reuben, the first son defiled the bed as he laid with his father's concubine and Simeon, the second and Levi, the third were excluded from birthright because they were cruel and slaughtered the Shechemites in revenge. Judah sold his half brother Joseph as a slave. He persuaded his brothers like a cunning snake to sell Joseph into slavery by borrowing the hands of gentiles because he didn't want to get blood on his hands. Three elder brothers of Judah lost birthright because they were rebellious and cruel, then why is that Judah inherited birthright when he sold his brother cunningly?

Right after Judah sold Joseph, his father Jacob felt like going down into a grave. The father who lost his son refused to be comforted and wanted to go down into the grave. Soon Judah began to learn the heart of his father because his sons died all of a sudden. His two sons, Er and Onan died after they got married to Tamar, so he was afraid of losing his last son. Therefore he didn't want Shelah, his third son to marry Tarmar. However, he ended up committing incest with his daughter-in-law himself. What a tragedy. God let Judah to experience directly the tragedy of losing a child. So he painfully learned what it is like to lose a child. When Judah and his brothers went to Egypt to get crops, Joseph the prime minister of

야곱의 넷째인 유다는 장자권을 가질 명분이 전혀 없이 보인다. 첫째 르우벤은 아비의 첩과 동침하여 침상을 더럽혔고 둘째 시므온과 셋째 레위는 잔혹하고 포악하여 세겜 사람들을 원한과 복수로 살육한 고로 장자권에서 제외되었다. 넷째인 유다는 형제들과 함께 배다른 요셉을 노예로 팔았다. 마치 뱀과 같은 간교함으로 자기 손에 피를 묻히기에는 껄끄러우니, 도리어 이방 민족 손에 미운 형제를 노예로 팔아넘기는 일을 주도했다. 유다의 세 형조차 패역과 잔포함으로 장자권을 상실했다면 간교하게 형제를 판 유다는 무슨 명분이 있어 장자권을 얻더란 말인가?

유다가 요셉을 판 후에 열두 형제의 아비 야곱은 절규했다. 자녀를 잃은 아비는 위로받기를 거절하며, 음부에 내려가기를 원했다. 유다는 곧 아비의 마음을 배우기 시작했다. 왜냐하면, 그 사건 직후로 유다의 아들들이 연속적으로 죽어 나갔기 때문이다. 자신의 두 아들 엘과 오난이 다말과 결혼하고 연속적으로 죽자 유다는 마지막으로 남은 자식을 잃기 두려워서 오죽했으면 셋째 셀라를 며느리 다말에게 결혼시키지 않으려다 도리어 스스로 며느리와 근친상간하는 비극을 저지르고 말았다. 하나님께서는 유다에게 자녀를 잃어버리는 비극을 직접 경험하게 하심으로 자녀를 잃은 아비의 마음을 뼈저리게 느끼게 하셨다. 결국, 이후에 유다는 아비의 심정을 헤아려 배다른 동생 베냐민을 구명하기 위해 베냐민 대신 노예가 되겠다고 총리 요셉 앞에 선언하게 된다. 유다는 또다시 아버지가 자녀를 잃는 슬픔을 경험하게 하는 대신 차라리 자신이 희생하기로 했다. 이는 그가 저질렀던 치명적인 잘

Egypt accused them of stealing his property and ordered one of them to stay in Egypt. Having heard this, Judah volunteers to stay in Egypt in place of Benjamin. He decided to sacrifice himself because he knew too well how his father would feel if he had lost another child. By this action, Judah showed that he truly repented his fatal mistake of selling Joseph to a stranger and that he now had the heart of father for the lost son.

The son who has birthright takes over everything his father leaves. This means that this son has to have a father's heart before receiving inheritance from his father. When Judah learned the heart of the father, he was then ready to inherit birthright. He understood how painful it is to lose a child and how much a father longs to meet his child.

Christians in the New Testament, can be the eldest son as they are first fruits. But some of them have the heart of the father like Judah in the Old Testament who wants to find lost children and lost nations and some of them don't take the heart of the father like Judah in the New Testament who sold the eldest son Christ Jesus. Which Judah do you want to be?

못을 돌이키며 회개하고 자녀를 잃어버린 아비의 마음을 헤아리는 행위였다.

장자는 아비의 유산을 비롯해 아비의 모든 것을 이을 자다. 단순히 유산만이 아니라 아버지의 마음을 알아야 한다. 자녀를 잃어버린 아비의 마음이 바로 음부에 있는 고통임을 헤아려 잃어버린 자녀들을 간절히 만나기를 소원하는 아버지의 마음을 가지는 것, 이것이 유다가 장자권을 부여받은 이유였다. 신약의 그리스도인들은 다 첫 열매가 되므로 모두 장자가 될 수 있다. 다만 구약의 유다처럼 잃어버린 자녀들, 민족들을 찾으시기 원하는 아버지의 마음을 가진 자도 있고 신약의 유다처럼 우리의 형제이자 맏아들인 예수를 팔아 아버지의 마음을 저버린 자들도 어쩌면 있을 수 있다. 당신은 어느 유다가 되길 원하는가?

20. 바울이 디모데의 자주 있는 질병을 사도적 능력과 기적의 역사로 낫게 하지 않은 이유

20. REASON WHY PAUL DID NOT HEAL TIMOTHY'S FREQUENT ILNESSES THROUGH APOSTOLIC POWER AND MIRACLES

1 Timothy 5:23, 2 Timothy 1:3-4

5:23 Drink no longer water, but use a little wine for thy stomach's sake and thine often infirmities.

1:3 I thank God, whom I serve from my forefathers with pure conscience, that without ceasing I have remembrance of thee in my prayers night and day; 4 Greatly desiring to see thee, being mindful of thy tears, that I may be filled with joy;

디모데전서 5:23, 디모데후서 1:3-4

5:23 이제부터는 물만 마시지 말고 네 비위와 자주 나는 병을 인하여 포도주를 조금씩 쓰라

1:3 나의 밤낮 간구하는 가운데 쉬지 않고 너를 생각하여 청결한 양심으로 조상 적부터 섬겨 오는 하나님께 감사하고 4 네 눈물을 생각하여 너 보기를 원함은 내 기쁨이 가득하게 하려 함이니

Many miracles and wonders followed Apostle Paul during his ministry. Timothy (Paul's beloved spiritual son and disciple) was always sick and suffered from a chronic illness and stomach disease. Why didn't Paul heal Timothy through miracles and wonders through his prayers, but instead told him to just drink wine for his illness? Paul did not lay his powerful hands on Timothy to heal him at once by prayers of the miracles and wonders, which constantly followed Apostle Paul. Wouldn't Timothy, who worked as a team with Paul, have been disappointed?

The book of 1st and 2nd Timothy, written around 65 AD, are Paul's last letters of will before his two imprisonments and his martyrdom.

Therefore, as are known, these letters teach Paul's successor Timothy, the attitude of a minister. However, for Paul's spiritual son Timothy, these letters were like a will from his father, which had a deep personal impact as it contained the last will and words of Paul (who was like a teacher and father).

If Paul had simply cured Timothy's frequent illnesses through miracles and wonders through prayer, that obviously could have been a testimony of grace for Timothy.

However, Paul's confession (that his prayers of tears for

Timothy even when Paul was imprisoned, tortured, and on the verge of martyrdom), and his last words of advice towards Timothy to use grape juice of his concernment about Timothy's constant illness until the end, must have come across as a greater love. Even after Paul's death, Timothy would have been reminded of his father Paul's final sincerity every time he used grape wine throughout his constant illnesses.

Paul lived with an eye disease that did not heal as a thorn in order to be warned against pride and arrogance. However, Paul left with sealed his love on Timothy (his disciple and beloved spiritual son) despite his poorly healed stomach and illness. How could Timothy not have been encouraged by his father Paul's last letters and words and love?

기적과 이사가 여러 사역가운데 뒤따랐던 사도 바울이었다. 사랑하는 영적 아들이자 제자인 디모데가 늘 병약한 고질병과 위장에 질환이 있었음에도, 왜 바울은 기도를 통해 기적과 이적같이 그를 능력으로 고치지 않고 그저 아픈 병을 위해 포도주나 쓰라고 했을까? 바울과 팀을 이루어 사역했던 디모데가 평소, 사도 바울의 행적에 뒤따랐던 이적과 기적의 역사로 단번에 기도하여 낫게해 줄 능력의 안수를 자신에게 하여주지 않은 일을 서운해 하지는 않았을까?

A.D. 65년 전후로 쓰인 디모데서신들은 바울의 두 차례 투옥과 이윽고 마지막 유언처럼 순교 직전 남겨진 서신이다.

따라서 본 서신은 알려진 바와 같이 바울의 뒤를 이어갈 디모데에게 사역자로서의 자세를 가르치기도 하지만, 영적 아들인 디모데에게는 스승이자 아버지와 같은 바울의 마지막 유언과 남긴 말로 개인적으로도 깊게 다가오는 아버지의 유품 같은 편지였을 터다.

바울이 만약 단번에 기도로 기적과 이사를 통해 디모데의 잦은 질병을 간단히 고쳤더라면 물론 그것도 디모데에게 은혜의 간증이 될 수도 있었겠다.

그러나 그것보다 더 큰 사랑으로 다가왔을, 바울이 자신의 투옥과 고초 순교 직전 속에서도 디모데를 위해 눈물로 계속 기도했다는 고백과 디모데의 늘 있던 병환에 마지막까지 마음이 쓰여 포도즙을 써보라 권면했던 유언은 바울 소천 후에도 디모데에게 앞으로 질환이 도져 포도즙을 쓸 때마다 아버지 바울의 마지막 진심이 계속 생각나게 하였을 것이다.

바울은 교만과 자고를 경계 받고자 낫지 않는 안질에 질환을 가시로 안고 살았다. 그러나 바울은 제자이자 사랑하는 영적 아들 디모데에게 고쳐지지 않은 위장의 질병에 도리어 사랑을 각인하고 떠났다. 어찌 디모데가 아버지 바울의 마지막 편지와 말들, 그 사랑에 힘입지 않았겠는가.

21. 진짜 가르쳐야 할 사람, 복음의 사람 디모데

21. TIMOTHY, THE PERSON OF THE GOSPEL, THE ONLY ONE WHO SHOULD TEACH

1 TIMOTHY 2:7-15

7 Whereunto I am ordained a preacher, and
an apostle, (I speak the truth in Christ, and
lie not;) a teacher of the Gentiles in faith
and verity. 8 I will therefore that men pray
every where, lifting up holy hands, without
wrath and doubting. 9 In like manner also,
that women adorn themselves in modest
apparel, with shamefacedness and sobriety;
not with broided hair, or gold, or pearls, or
costly array; 10 But (which becometh wom-
en professing godliness) with good works.
11 Let the woman learn in silence with all
subjection. 12 But I suffer not a woman to
teach, nor to usurp authority over the man,
but to be in silence. 13 For Adam was first
formed, then Eve. 14 And Adam was not
deceived, but the woman being deceived
was in the transgression. 15 Notwithstand-
ing she shall be saved in childbearing, if they
continue in faith and charity and holiness
with sobriety.

디모데전서 2:7-15

7 이를 위하여 내가 전파하는 자와 사도로 세
움을 입은 것은 참말이요 거짓말이 아니니 믿
음과 진리 안에서 내가 이방인의 스승이 되었
노라 8 그러므로 각처에서 남자들이 분노와
다툼이 없이 거룩한 손을 들어 기도하기를 원
하노라 9 또 이와 같이 여자들도 아담한 옷을
입으며 염치와 정절로 자기를 단장하고 땋은
머리와 금이나 진주나 값진 옷으로 하지 말고
10 오직 선행으로 하기를 원하라 이것이 하나
님을 공경한다 하는 자들에게 마땅한 것이니
라 11 여자는 일절 순종함으로 종용히 배우
라 12 여자의 가르치는 것과 남자를 주관하는
것을 허락지 아니하노니 오직 종용할찌니라
13 이는 아담이 먼저 지음을 받고 이와가 그
후며 14 아담이 꾀임을 보지 아니하고 여자
가 꾀임을 보아 죄에 빠졌음이니라 15 그러나
여자들이 만일 정절로써 믿음과 사랑과 거룩
함에 거하면 그 해산함으로 구원을 얻으리라

Is it the first purpose of this text not to permit a woman to teach the church? That's not all. The men are required to pray without anger or disputing(8). Also, the women are required to dress modestly and not try to teach rashly(9). This is the natural interpretation of this text. In other words, Paul's overall intention on this message is to say to the men that they need to concentrate on prayer rather than to teach with the superiority of their flesh. Timothy is the only one who Paul approves and ordains to teach others throughout the book of Timothy(4:11-13)! The man Hymenaeus and the other man Alexander, who habitually taught a false teaching with their flesh, were thrown out of the church and not permitted to teach their thoughts. They both were men having male names(1:20)! On the other hand, the women adorned themselves with gold, pearls or expensive clothes. Clothing indicated one's social rank in the Greek environment. In other words, some women made others not teach or ordered them by dressing like a noble woman. They led those lower than them in their house, the people and the men like slaves as they wanted. There was anger and disputing among men, instead of obedience and serving, and the ambition of the men to lead others was hidden in their disputing and anger against one another. The Jewish law which seems similar to conscience that distinguishes between right and wrong was used by men to

과연 교회에서 여자가 가르치는 행위를 금지하는 것이 본문의 텍스트에서 일차적으로 의도하고 있는 것인가? 이 본문의 의도를 그렇게만 해석하는 것은 무리가 있다. 본문에서는 이와 함께 남자들도 분노와 다툼 없이 기도하라고 당부하면서(8) 이와 같이 여자들도 단정히 하며 함부로 가르치려하지 말라(9)는 것이 자연스런 텍스트의 흐름에 따른 진정한 의도이다. 즉 남자들도 육체의 우월감으로 가르치는 것보다 기도하기를 힘쓰라는 것이 바울의 전체적 의도였다. 디모데서신을 통해 바울이 가르치라고 인준하고 임명(ordain)하는 자는 오직 이 서신의 수신자인 디모데가 유일하다(4:11-13)! 그리고 육체의 일로 거짓 가르침을 일삼는 자들인 후매네오, 알렉산더는 교회 안에서 성도들에게 그들의 주장을 가르치지 못하게 하려고 아예 교회 밖으로 내쫓았다. 이러한 이름들은 남성의 이름으로 사용되고 있었기에 여기서 언급된 이들은 틀림없는 남자들이다(1:20)!

한편 여자들도 귀부인처럼 자신을 금과 진주, 값진 옷으로 치장했다. 헬라 문화에서 옷차림은 곧 신분을 나타낸다. 당시 디모데의 교회에서 여인들은 지체 높은 귀부인처럼 자신을 꾸밈으로 교회의 무리와 남자들 앞에서 자신을 높은 신분으로 포장하여 아무도 자신에게 가르쳐 순종하게 하거나 명령하지 못하게 하고 도리어 자신들의 입장에 끌려 다니게 했다.

남자들은 성도 간에 순복과 섬김이 아닌 서로를 향한 다툼과 분노가 있었고 이들의 다툼의 이면에는 주도하고자 하는 야망이 감춰져있었다. 옳고 그름을 판단하는 양심과 같은 속성을 가지고 있

take the leadership, and this kind of teaching of the law(1:7) was spread to the gentile society prior to the simple gospel that Paul originally taught before and became rampant in the church. That means the right and wrong decided by one's view in their consciences seemed plausible to hear and accepted in the gentile churches around Ephesus thanks to the law mentioned above, not the gospel. So, only Timothy, a spiritual son of Paul, who was taught the simple gospel had to be sent as a director to reorganize the church so that the people focus on the simple gospel and give up stubbornness and their own views regardless of sex or age. We should think whether the teaching is from the law or not, when the teaching looks more plausible than that of the gospel and the mission that saves the life in the church. The law teaches a false salvation which, they say, can be earned by works. The law is subjective and a judgment between right and wrong of one's conscience that doesn't enable us to argue for the righteousness of gospel as the law is engraved in our conscience. It is right for you to be silent and not to hold your views on right and wrong in the church if you've never experienced the labor pains to bear the fruits of life through the gospel. If we are not careful enough, we human beings can pollute the body of Christ with the yeast that would take controls of and leads the body of Christ, and argue with Christ, the head of the church.

는 유대의 율법을 주도권 획득을 위한 다툼에 이용하였고 이러한 율법의 가르침(1:7)은 이방인의 체계에서 바울이 원래 가르쳤던 단순한 복음보다 먼저 퍼져나가 교회를 장악했다. 즉 에베소 주변의 이방 교회들에는 자신이 주도하려는 야망으로 관철시켰던 율법의 지지를 받아 인간의 양심 속에 내재된 자기 주관의 옳고 그름이 힘을 얻어 갔다. 그래서 오직 복음의 단순한 가르침을 받은 바울의 영적 아들 디모데만이 교회에 감독으로 파송되어 남녀노소를 주관하고 교회 내 팽배한 고집을 파하고 복음의 단순한 진리에 전념하도록 재정비해야 했다.

교회 안에 생명을 구원하는 복음과 선교를 향한 가르침보다 다른 가르침이 승하다면 이것이 율법으로 말미암은 가르침은 아닌지 생각해 봐야 한다. 율법은 행위로 구원을 얻을 수 있다고 믿게 하는 거짓된 체계이다. 율법은 우리의 양심에도 새겨져 있어 복음의 의를 주장하지 못하게 하는 인간 양심의 옳고 그름에 관한 판단이자 주관이다. 오직 복음으로 생명의 열매를 맺어 해산의 수고를 해본 적이 없다면 교회에서는 정숙하며 옳다 그르다하는 주관을 관철시키지 않는 게 좋다. 자칫하면 그리스도의 몸을 인간 육체가 지휘하고 주관하게 하는 누룩을 풀어 거룩한 그리스도의 몸을 오염시키며 교회의 머리되신 주님과 다투게 될 수 있다.

22. 그리스도의 두루마기 같은 자들

22. THOSE LIKE ROBES OF CHRIST

EXODUS 35:25, 35

25 And all the women that were wise hearted did spin with their hands, and brought that which they had spun, both of blue, and of purple, and of scarlet, and of fine linen.

35 Them hath he filled with wisdom of heart, to work all manner of work, of the engraver, and of the cunning workman, and of the embroiderer, in blue, and in purple, in scarlet, and in fine linen, and of the weaver, even of them that do any work, and of those that devise cunning work.

출애굽기 35:25, 35

25 마음이 슬기로운 모든 여인은 손수 실을 낳고 그 낳은 청색 자색 홍색실과 가는 베실을 가져 왔으며

35 지혜로운 마음을 그들에게 충만하게 하사 여러가지 일을 하게 하시되 조각하는 일과 공교로운 일과 청색 자색 홍색실과 가는 베실로 수 놓는 일과 짜는 일과 그 외에 여러가지 일을 하게 하시고 공교로운 일을 연구하게 하셨나니

In the process of building the tabernacle, why does the bible specially expresses women combined weavers are skilled and artisans even though they didn't set or cut the stones, gold and silvers?

High wisdom and advanced techniques were needed to connect yarn and weave cloths in the wilderness. Without elaborate skills, it's not easy to get enough cloths to build tabernacle by weaving yarn and cloths because they were not able to use good tools in the middle of wilderness. As all things were from God, it was not a difficult task to set and cut gold and silver from what they have received from Pharaoh. Connecting yarns to weave cloths were a lot harder and required advanced techniques.

The tabernacle is an antitype of body of God as we know, weave and connect the hearts of the people who are gathered with dedication, is more important work than just dedicating oneself. One of the hardest places for the people to be is gathering without becoming one mind and heart. Therefore the division in sinners' hearts without connection to heart of God is even worse. It's a chaotic state.

Those who are wise, connect bodies of Christ to the will of God to obey. The man of wisdom combines lots of people with the God for their lives to walk with God, and wake the saints with the Holy Spirit as big waves to continue kingdom movement, also healing the tear by division to weave saint to saint and to Christ to become one heart. They are unlacing yarn from the heavens to dress the earth by will of God and wisdom. They are like robes of Christ.

성막을 짓는 과정에서 금, 은 보석과 같이 값지고 비싼 것으로 드린 자들 보다 길쌈하는 여인과 천을 교직하는 자들을 슬기롭다, 지혜롭다 표현하며 특징짓는 이유는 무엇인가?

고도의 문명을 이루며 각종 문물을 보유하고 있던 애굽을 떠나 아무것도 없는 광야에서 실을 연잇고 천을 교직한다는 것이야 말로 고도의 지혜와 기술을 필요로 했다. 광야 한복판에서 실을 잘 짜낼 수 있는 좋은 도구도 없었으며, 무엇보다도 성막을 다 지을 만큼의 실과 천을 교직하여 공교하게 하는 기술을 갖추는 것은 결코 쉬운 일이 아니다. 모든 만물이 하나님의 것이므로 바로에게서 받은 금, 은붙이를 내는 것은 마음만 먹는다면 그리 어렵지 않은 일이다. 오히려 실과 천을 연이어 교직하는 기술을 갖추는 것이 훨씬 어렵기 때문에 더욱 슬기로움을 필요로 한다!

성막은 하나님의 몸의 예표로, 하나님의 몸으로 모인 자들이 헌신하는 것보다 더 어려운 일은 헌신과 헌신이 모인 하나님의 사람들의 마음을 교직하고 엮는 일이다. 하나가 되지 못한 마음이 모인 곳만큼 어려운 장소도 드물다. 하물며 하나님의 마음과 연이어지지 못한 죄인들의 마음속의 분열은 그저 난맥(亂脈)상일 뿐이다.

자신들만 지혜로운 것에서 그치는 것이 아니라 그리스도의 몸과 몸을 하나님의 뜻과 연이어 순종하게 하는 자들, 많은 이들을 그리스도와 연합하여 함께 걷게 하는 자들, 성도들이 성령과 함께 파도처럼 일어나 천국운동이 끊이지 않게 하는 자들, 찢긴 분열을 치유하여 성도와 성도가 한마음이 되도록 교직하게 하는 자들이 있다. 이와 같은 자들은 하늘이 풀어놓은 실마리가 되어, 하늘의 지혜와 뜻을 이 땅에 입히는 그리스도의 두루마기 같은 자들이 될 것이다.

23. 아버지의 뜻을 준행하는 자, 아비멜렉

23. THE ONE WHO OBEY THE FATHER'S WILL, ABIMELECH

GENESIS 26:6-11

6 And Isaac dwelt in Gerar: 7 And the men of the place asked him of his wife; and he said, She is my sister: for he feared to say, She is my wife; lest, said he, the men of the place should kill me for Rebekah; because she was fair to look upon. 8 And it came to pass, when he had been there a long time, that Abimelech king of the Philistines looked out at a window, and saw, and, behold, Isaac was sporting with Rebekah his wife. 9 And Abimelech called Isaac, and said, Behold, of a surety she is thy wife; and how saidst thou, She is my sister? And Isaac said unto him, Because I said, Lest I die for her. 10And Abimelech said, What is this thou hast done unto us? one of the people might lightly have lien with thy wife, and thou shouldest have brought guiltiness upon us. 11 And Abimelech charged all his people, saying, He that toucheth this man or his wife shall surely be put to death.

창세기 26:6-11

6 이삭이 그랄에 거하였더니 7 그곳 사람들이 그 아내를 물으매 그가 말하기를 그는 나의 누이라 하였으니 리브가는 보기에 아리따우므로 그곳 백성이 리브가로 인하여 자기를 죽일까 하여 그는 나의 아내라 하기를 두려워함이었더라 8 이삭이 거기 오래 거하였더니 이삭이 그 아내 리브가를 껴안은 것을 블레셋 왕 아비멜렉이 창으로 내다본지라 9 이에 아비멜렉이 이삭을 불러 이르되 그가 정녕 네 아내여늘 어찌 네 누이라 하였느냐 이삭이 그에게 대답하되 내 생각에 그를 인하여 내가 죽게 될까 두려워하였음이로라 10 아비멜렉이 가로되 네가 어찌 우리에게 이렇게 행하였느냐 백성 중 하나가 네 아내와 동침하기 쉬웠을뻔 하였은즉 네가 죄를 우리에게 입혔으리라 11 아비멜렉이 이에 모든 백성에게 명하여 가로되 이 사람이나 그 아내에게 범하는 자는 죽이리라 하였더라

Sometimes, we can get great spiritual insight just by observing the bible closely. Does sin seem to be repeating itself as Isaac sell out his wife Rebecca, like his father Abraham had done before, and the son Abimelech robs the wife of another without him knowing it, just like his father Abimelech?

The answer is no. Surprisingly the son Abimelech, in the time of Isaac, detected early that Isaac had deceived him of his relationship with Rebecca as being a sister. So he made immediate actions to protect Rebecca from his own people. He was not at all repeating his father's error of taking another man's wife unknowingly, but instead using his careful discretion, he protected the woman by seeing through the relationship between Rebekah and Isaac in a situation where people could have robbed her! Meanwhile, it was Isaac, actually, who had been lying and trying to seek stability by stating his wife as being a sister.

But, look at Abimelech again. Even though he was a foreigner and had the same name as his father who lived in the time of Abraham, he is reversing what was Isaac's fault by looking back on his father's mistake. It shows that the son Abimelech remembered what had happened in the past of his father when the whole tribe fell at the risk of being wiped out while he was trying to take Abraham's wife Sarah, and wisely ordered not to touch the woman. This meant that he was well informed of the

성경을 잘 관찰하는 것만으로도 우리는 굉장한 영적인 통찰력(insight)을 얻을 수 있다. 이삭이 아버지 아브라함처럼 아내 리브가를 팔고, 아들 아비멜렉이 그 아버지 아비멜렉처럼 남의 아내를 부지중에 강탈하는 죄를 반복하고 있는 것으로 보이는가?

아니다. 놀랍게도 이삭의 시대에 있었던 아비멜렉은 아브라함 시대의 그의 아버지 아비멜렉과 다르게 이삭이 리브가를 누이로 속인 것을 먼저 발견하고 리브가를 그 백성으로부터 적극적으로 보호한다. 그는 그의 아버지 아비멜렉처럼 남의 아내를 부지중에 탐하는 시행착오를 반복하지 않고 그 백성들이 리브가를 강탈할 수 있는 상황으로부터 분별력을 발휘해 리브가와 이삭의 부부됨을 간파하여 그들을 보호해냈다! 오히려 하나님의 약속이 있었던 이삭이 아버지의 과오를 되풀이하며 구태의연하게 아내를 누이라 속임으로 안정을 얻으려 하고 있다.

한편 다시 아비멜렉을 보라. 그는 이방 사람임에도 과거에 아브라함과 그의 아버지였던 동명의 아비멜렉이 했던 시행착오를 거울삼아 이삭의 실수를 반전시키고 있다. 부왕 아비멜렉이 아브라함의 처 사라를 취하려다 부족전체의 생명이 끊기는 재앙을 경험한 아들 아비멜렉은 그의 백성들이 이방인이었던 이삭의 처를 유린하지 않도록 현명하게 대처한다. 그것은 아비멜렉이 그의 아버지의 사적과 명령을 상고하고 준행하였음을 의미한다. 어쩌면 아들 아비멜렉은 사라를 취하려했던 아비의 과오로 인해 받게 된 생명의 태에 대한 저주가 끝난 후에 태어나게 된 인물인지도 모른다. 세밀한 정황으로 볼 때 아들 아비멜렉은 아비가 타국인인 사라를

past history and remembered what had happened to his father before. It may be a possibility that the son Abimelech was a generation that was born after the curse had ended in the family. Based on the details of this story, the son Abimelech must have remembered the history that his father had almost been cursed as a result of taking a gentile Sarah, but finally had been able to end the curse by ordering to honor the family of Sarah and Abraham. If he had not known about this history, there was no need for him to be afraid of a curse that had not even happen yet. Only a person who would remember what had happened to the past of his father is able to say that he too had almost fell into a curse by taking another man's wife. He was able to avoid the mistake of endangering his tribe from being cursed and stopped Isaac from repeating the same mistake by remembering the father's past and the commands(20:7-8). In this case, Abimelech is truer to his name than Isaac. The name of Abimelech means that 'my father is a king'. He showed the greatness of the father king as he overcame a shame in a previous time by considering the history of his father and following the command of his father.

The fear of God the father is the basic commandment for any christians. Also, observing God's orders that were inherited by the ancestors with a spiritual inheritance is one of the special callings of christians. Show the that you could become a good

취함으로 저주를 받을 뻔 했다가 사라와 아브라함 가계를 존대하는 명을 내림으로 저주를 끊었던 사적을 기억했음에 틀림없다. 그렇지 않고서야 아직 일어나지 않은 일에 대해 재앙을 받을 것을 두려워할 이유가 없다. 내 백성이 타국인의 아내를 빼앗아 재앙을 받을 뻔했다는 말은 아버지의 전사(前史)를 기억하는 자만이 할 수 있는 말일 것이다. 아버지의 전사(前史)와 명령을 기억하고 준행함(20:7-8)으로써 다른 민족의 아내를 함부로 취하려다 부족전체를 재앙에 빠뜨릴 수 있는 우(愚)를 미리 방지하고, 이삭이 거짓말을 반복하는 실수를 범하지 않도록 슬기롭게 극복해냈다. '나의 아버지는 왕이시다'라는 이름을 가진 아비멜렉이 오히려 이 사건에서 만큼은 이삭보다 이름값을 하고 있다. 그는 아비의 사적을 상고하고 그 명령을 준행하여 이전 시대의 수치를 극복함으로써 부왕의 위엄을 더욱 드러냈다.

하나님 아버지를 경외하는 것은 그리스도인의 근본 계명이다. 또한 선조로부터 내려오는 하나님의 명령을 영적 유업이 있는 자들이 잘 이어받아 준행하는 것도 그리스도인의 특별한 부르심 중 하나다. 하나님의 아버지 되심을 아들 됨을 지킴으로 드러내라. 패역한 세대가 되지 말고 하나님 아버지를 경외하는 아들과 딸들로 나타나라! 영적 아비 세대의 유업을 존중하고, 이어 다시 해석하라!

father by becoming a good son! Be sons and daughters who fear the Father God. Do not be deceitful descendants! Respect your spiritual ancestors and meditate on the inheritance you have received!

24. 첫째 엘리압과 막내 다윗

24. THE FIRSTBORN ELIAB, THE YOUNGEST DAVID

1 SAMUEL 17:28-29

28 And Eliab his eldest brother heard when he spake unto the men; and Eliab's anger was kindled against David, and he said, Why camest thou down hither? and with whom hast thou left those few sheep in the wilderness? I know thy pride, and the naughtiness of thine heart; for thou art come down that thou mightest see the battle.
29 And David said, What have I now done? Is there not a cause?

사무엘상 17:28-29

28 장형 엘리압이 다윗의 사람들에게 하는 말을 들은지라 그가 다윗에게 노를 발하여 가로되 네가 어찌하여 이리로 내려왔느냐 들에 있는 몇 양을 뉘게 맡겼느냐 나는 네 교만과 네 마음의 완악함을 아노니 네가 전쟁을 구경하러 왔도다
29 다윗이 가로되 내가 무엇을 하였나이까 어찌 이유가 없으리이까 하고

Why did Eliab burn with anger at David? Is it just because David left those few sheep in the desert in wartime? The defeated in a war becomes a slave of the enemy. Then, every possession of the loser belongs to the winner. Jesse's three oldest sons followed Saul to the war, while other five sons stayed. David and other sons of Jesse were able to look after the sheep when we consider that most Judah were shepherds.

David just came to greet his brothers according to his father's order. Then, Eliab's reaction stimulates our curiosity. He was known as a warrior and a brave man to the king's servants. Therefore, he was called to the king Saul, though he was a boy. He was eligible for caring an army because he was selected as a warrior. The servants sent the boy back and forth from the king because he was too young to follow Saul to the war, though he killed both the lion and the bear and was called as a brave man. However, all of David's brother couldn't deny the fact that the youngest David killed both the lion and the bear. It was real, not a show. All of David's brothers knew that Samuel, the prophet of Judah anointed David. On top of that, they also were witnesses of David's power so they definitely couldn't deny the anointed David. Imagine! One day, the youngest David started tearing the lion and the bear just like Samson after being anointed from Samuel who also anointed King Saul. And, rumors of the boy spread even to the servants

다윗의 형 엘리압은 왜 전시에 다윗이 양을 지키지 않은 것에 대해 호통을 쳤을까? 전쟁에서 지면 민족 전체가 이방 민족의 노예가 될 것이고 그렇게 되면 양은 물론이고 그들이 가진 모든 소유물에 대한 보장도 장담할 수 없다. 또한 유대민족은 유목민족이라 전시에 군사로 징집된 이새의 세 명의 아들을 제외하고 남은 다섯 형제 중 굳이 다윗이 아니라도 나머지 형제들이 양을 지킬 수 있었을 것이다.

아들을 염려하는 아버지의 말씀을 따라 전장에서 형들의 안위를 살피려고 온 다윗에게 양을 빌미삼아 그를 힐난하는 이유는 무엇인가? 다윗은 어린 소년이지만 이미 사울과 그 신하들에게 전사로 알려져 싸움에 차출된 경험이 있다. 그는 이미 용사의 자격으로 차출된 경험이 있기에 군대를 돌아볼 자격이 있었다. 다윗이 곰과 사자를 손으로 찢어 죽였다는 소문에 용사로 추천되었으나 너무나 앳된 소년의 외모 때문에 집으로 돌아갈 수밖에 없었지만, 다윗이 곰과 사자를 찢은 일은 엘리압을 비롯한 주변 형제들에게는 엄연한 사실이자 목격담이었을 것이다. 그리고 그것은 기름부음을 받은 삼손이 맨손으로 사자를 찢었던 유대의 역사와 매우 비슷해서 유대의 사사 사무엘로부터 다윗이 기름부음을 받은 것을 알고 있었던 형들에게 동생이 받은 기름부음을 인정할 수밖에 없도록 만들었다. 자 상상해보라. 어제까지 코흘리개 동생인 줄만 알았던 막내 동생 다윗이 사울 왕을 세운 사무엘로부터 친히 기름부음 받고 사사 삼손처럼 사자와 곰을 찢기 시작했다. 또 그 소문이 왕궁까지 들어가 사울 왕의 병기잡는 자, 직속 경호원까

of the king and finally David became the personal bodyguard and arms-bearer of the king. But, the firstborn Eliab is just one of many soldiers. Eliab must have known that he had enough power to kill even the giant Goliath. In a word, Eliab scolded David for fear of being lag behind.

We often see the anointed are afflicted with abnormal people full of jealousy and envy in the Bible. But, the anointed even fall down and bully others when they lose holiness in God's eyes. Are we following the anointed, Jesus Christ? No wonder we care and honor ourselves and others in terms of vitality. We are all anointed and redeemed regardless whether we are already a part of Jesus Christ or a gentile whom Jesus Christ will embrace finally as a part of his body. So, we need to honor each other's vitality. The poor check those who have abundant vitality without caring others because of envy. Then the last will be first, and the first will be last.

지 되었다. 그에 비해 맏형 엘리압은 천인부장의 일개 군졸일 뿐이다. 엘리압만은 알았을 것이다. 거대한 짐승들을 찢었던 다윗이 저 짐승 같은 골리앗도 찢을 수 있을 거라는 사실을! 아마도 엘리압은 엄중한 전쟁터에서 다윗이 풋내기의 허풍을 칠까봐 꾸짖은 것이 아니었을 것이다. 오히려 막내 동생이 승승장구하여 출세할까봐 시기하고 있는 것이라 보는 것이 옳다.

성경에서 기름부음 받은 자는 이상하게도 비정상적인 시기와 질투에 시달리는 경우가 많다. 또한 이전에 기름부음 받은 경험이 있더라도 하나님 앞에 정상적인 거룩을 상실하여 다른 이들의 기름부음을 시기하고 이를 억누르는 자로 패역해지는 경우도 종종 있다.

당신은 기름부음 받은 자, 그리스도 예수를 따르는 자인가? 그렇다면 자기 생명력 뿐만 아니라 다른 이들의 생명에 대한 존귀함도 항상 가질 일이다. 인생은 이미 그리스도의 몸으로 편입된 자이든, 잠재적으로 그리스도의 몸으로 편입될 영적 이방인이든, 모두가 그리스도의 몸으로서 예수 그리스도의 구속의 기름부음을 받았다. 그렇기 때문에 서로의 생명력을 세워주고 존중해야 할 것이다. 가장 불행한 인생 중 하나는 스스로의 풍성함을 돌아볼 줄 모르고 남의 풍성함을 견제하는 자들일 것이다. 자칫하면 먼저 된 자가 나중 되고 나중 된 자가 먼저 된다.

25. 절름발이 야곱의 지팡이

25. THE STAFF OF THE LAME JACOB

GENESIS 32:25

25 And when he saw that he prevailed not against him, he touched the hollow of his thigh; and the hollow of Jacob's thigh was out of joint, as he wrestled with him.

창세기 32:25

25 그 사람이 자기가 야곱을 이기지 못함을 보고 야곱의 환도뼈를 치매 야곱의 환도뼈가 그 사람과 씨름할 때에 위골되었더라

야곱은 이스라엘로 변화되는 과정에서 천사와 씨름함으로 환도뼈가 위골되어 평생을 절뚝거리며 살았을 것이다. 세상을 다스릴 자인 이스라엘이 절름발이라니 얼마나 아이러니한 일인가? 그러나 하나님은 야곱의 평생에 걸쳐 그가 자기계획과 힘으로 스스로를 세우려할 때마다 그를 치셨다. 왜냐하면 하나님 자신이 지팡이가 되어 야곱의 걸음에 앞서가는 인도자가 되고 의지처가 되길 원하셨기 때문이다. 그러나 야곱은 하나님을 지팡이 삼기보다 혼자 제멋대로 걷는 일을 즐겨, 세상을 다스릴 자로 서기는커녕 혈육과 가족에게조차 분란과 갈등의 치명적인 동인(動因)이 되고 말았다.

자 이제 성경을 보라! 제 힘으로만 온전히 걷던 야곱과는 다른 절름발이 이스라엘이 오고 있다! 이스라엘의 저는 발보다 그의 몸을 지탱하는 지팡이가 그의 걸음 앞을 먼저 딛는다. 지팡이에 몸을 의지하지 않고는 하나님과 세상 앞에 설 수 없기에 오직 하나님만을 통해 세상을 다스릴 자가 절뚝대며 걸어오고 있다!

Jacob would have limped for the rest of his life after his hip had been wrenched by an angel in the process of becoming Israel from Jacob. Israel, the leader of the world, is just a lame, how ironic! But God touched Jacob's whole life whenever he tries to lift by himself with his strength and plan. God wanted to be the staff for Jacob and go ahead of him as a leader and shelter. But he liked to live as he pleased causing conflict and trouble among family members instead of becoming a leader of the world by depending on God as his staff.

Now, look at the Bible! The lame Israel is totally different from Jacob who walked on his own! His staff goes ahead of his limping foot. The person who can't stand by himself without the staff before God and the world, but would lead the world through God, is limping!

26. 넓적다리 우묵한 곳의 힘줄

26. THE SINEW UPON THE HOLLOW OF THE THIGH

GENESIS 32:32

32 Therefore the children of Israel eat not of the sinew which shrank, which is upon the hollow of the thigh, unto this day: because he touched the hollow of Jacob's thigh in the sinew that shrank.

창세기 32:32

32 그 사람이 야곱의 환도뼈 큰 힘줄을 친고로 이스라엘 사람들이 지금까지 환도뼈 큰 힘줄을 먹지 아니하더라

Israelites don't eat the sinew upon the hollow of the thigh since the hollow of Israel's thigh had been out of joint. The thigh is closely related to the root of one's life so the tendon attached to this part also means obstinacy of Adam. The tendon is difficult for people to chew and eat because it is too strong. It also became a tough region as the bloodstream of life flows. Israelites do not eat the tendon of this place of the animal. Adam's descendants departed from the life of God had no choice but to become subjective and stubborn caused by themselves in order to survive and not to be spoiled in the fallen world. Because any other kinds of arguments carried by the fallen Adam or their world also spoil other Adam, since people had separated from the life of God. As a result, Adam couldn't believe other people and the world but had to live stupidly by depending on one's own subjectivity and stubbornness. But Adam's spiritual journey starts in earnest from putting down his own subjectivity and stubbornness before perfect God.

Being so stubborn and subjective learned from the fallen world is foolish in the eyes of God as God leads his people with his unfailing love and righteousness. Because disobeying God but insisting on fallen Adam's stance causes oneself to be isolated and disconnected from the abundance of God's love, righteousness and life. Esau, Jacob's own family and Laban even tried to kill or deceive him in the fallen world. But God

이스라엘의 넓적다리가 위골되어 이스라엘 민족은 다시는 우묵한 곳에 있는 힘줄을 먹지 않게 되었다. 자기생명의 근원과 가장 가까운 곳에 있는 넓적다리 우묵한 곳의 힘줄은 아담 스스로의 고집을 상징한다. 이스라엘 자손이 먹지 않는 짐승의 힘줄은 생명의 혈류가 지나다니느라 사람이 먹기에 질기고 씹기 어려운 자리이다.

하나님의 생명을 떠난 아담의 후예들은 타락한 세계 속에서 상하지 않고 스스로 생존해내기 위해서 자아로부터 비롯된 주관과 고집이 강해질 수밖에 없었다. 하나님의 생명으로부터 단절된 이후 타락한 아담과 그들의 세계가 관철시키는 모든 종류의 주장은 항상 다른 아담을 상하게 했기 때문이다. 결과적으로 아담은 다른 인생과 세상을 믿지 못하고 스스로의 주관과 고집을 지키는 미련한 방법으로 살아야했다. 그러나 완전하신 하나님 앞에 이러한 고집과 주관을 내려놓는 일로부터 아담의 영적인 여정은 비로소 시작된다.

하나님은 완전한 사랑과 공의로 그 백성을 이끄시므로 하나님 앞에서 타락한 세상으로부터 학습된 주관과 고집을 주장하는 행태는 어리석은 일일 뿐이다. 왜냐하면 하나님께 순응하지 않고 타락한 아담의 입장을 고집하는 것은 공의와 사랑이신 생명의 하나님으로부터 오는 풍성함을 스스로 차고 끊어버리는 행태이기 때문이다. 타락한 세상은 에서와 라반과 같이 형제이자 가족인 야곱을 죽이려고 하고, 속이려고 했지만 그 속에서도 하나님은 야곱을 이끄셔서 그분의 크신 사랑과 공의만을 가르쳐주셨다.

led and taught him God's great love and righteousness in the same world.

Will you be stiff-necked people? What will you have if you wrestle with and prevail over righteous and loving God? You will be overwhelmed by his love and righteousness. Obeying is not a subject that you need to learn by wasting your life before God. Isn't it a waste of time when you wandered in the indifferent and unjust world before you met God? Enjoying the mercy, love and righteousness of God is a new life for Christians and obeying God's plan is wise treatment indeed. Put down and get rid of your stubbornness and subjectivity before God. Obey God, at least!

하나님 앞에 목이 곧은 백성이 되려는가? 공의와 사랑이신 하나님과 겨루어봤자 그의 사랑과 공의를 짓눌러 이겨서 무엇이 남겠는가? 순종은 하나님 앞에 자신의 주관과 고집을 끝까지 관철시키면서 미련하게 인생을 허비하면서 배울 주제가 아니다. 하나님을 만나기 전, 불의하고 사랑 없는 세상 앞에 헤매던 시간이 아깝지 않은가? 하나님의 자비와 사랑과 공의를 풍성히 누리는 것이 그리스도인의 새로운 삶이기에 그러한 하나님의 계획 앞에 순응하는 것은 참으로 지혜로운 일이다. 당신의 고집과 주관을 하나님 앞에서 무장해제하고 버리라. 오직 주께만은 순종하라!

27. 성령님의 생각 *II*

27. THE IDEA OF THE HOLY SPIRIT II

JOHN 3:1-16

1 There was a man of the Pharisees,
named Nicodemus, a ruler of the Jews: 2
The same came to Jesus by night, and said
unto him, Rabbi, we know that thou art a
teacher come from God: for no man can
do these miracles that thou doest, except
God be with him. 3 Jesus answered and
said unto him, Verily, verily, I say unto
thee, Except a man be born again, he can-
not see the kingdom of God. 4 Nicode-
mus saith unto him, How can a man be
born when he is old? can he enter the sec-
ond time into his mother's womb, and be
born? 5 Jesus answered, Verily, verily, I say
unto thee, Except a man be born of water
and of the Spirit, he cannot enter into the
kingdom of God. 6 That which is born of
the flesh is flesh; and that which is born
of the Spirit is spirit. 7 Marvel not that I
said unto thee, Ye must be born again. 8
The wind bloweth where it listeth, and

요한복음 3:1-16

1 바리새인 중에 니고데모라 하는 사람이 있
으니 유대인의 관원이라 2 그가 밤에 예수께
와서 가로되 랍비여 우리가 당신은 하나님께
로서 오신 선생인줄 아나이다 하나님이 함께
하시지 아니하시면 당신의 행하시는 이 표적
을 아무라도 할 수 없음이니이다 3 예수께서
대답하여 가라사대 진실로 진실로 네게 이르
노니 사람이 거듭나지 아니하면 하나님 나라
를 볼수 없느니라 4 니고데모가 가로되 사람
이 늙으면 어떻게 날 수 있삽나이까 두번째
모태에 들어갔다가 날 수 있삽나이까 5 예수
께서 대답하시되 진실로 진실로 네게 이르노
니 사람이 물과 성령으로 나지 아니하면 하나
님 나라에 들어갈 수 없느니라 6 육으로 난
것은 육이요 성령으로 난 것은 영이니 7 내가
네게 거듭나야 하겠다 하는 말을 기이히 여기
지 말라 8 바람이 임의로 불매 네가 그 소리
를 들어도 어디서 오며 어디로 가는지 알지
못하나니 성령으로 난 사람은 다 이러하니라
9 니고데모가 대답하여 가로되 어찌 이러한
일이 있을 수 있나이까 10 예수께서 가라사대

thou hearest the sound thereof, but canst
not tell whence it cometh, and whither it
goeth: so is every one that is born of the
Spirit. 9 Nicodemus answered and said
unto him, How can these things be? 10
Jesus answered and said unto him, Art
thou a master of Israel, and knowest not
these things? 11 Verily, verily, I say unto
thee, We speak that we do know, and tes-
tify that we have seen; and ye receive not
our witness. 12 If I have told you earthly
things, and ye believe not, how shall ye
believe, if I tell you of heavenly things? 13
And no man hath ascended up to heaven,
but he that came down

너는 이스라엘의 선생으로서 이러한 일을 알
지 못하느냐 11 진실로 진실로 네게 이르노
니 우리 아는 것을 말하고 본 것을 증거하노
라 그러나 너희가 우리 증거를 받지 아니하는
도다 12 내가 땅의 일을 말하여도 너희가 믿
지 아니하거든 하물며 하늘 일을 말하면 어
떻게 믿겠느냐 13 하늘에서 내려온 자 곧 인
자 외에는 하늘에 올라간 자가 없느니라 14
모세가 광야에서 뱀을 든것 같이 인자도 들
려야 하리니 15 이는 저를 믿는 자마다 영생
을 얻게 하려 하심이니라 16 하나님이 세상
을 이처럼 사랑하사 독생자를 주셨으니 이는
저를 믿는 자마다 멸망치 않고 영생을 얻게
하려 하심이니라

It doesn't seem right to say that Messiah Jesus must be lifted up as the bronze serpent Moses lifted up in the wilderness. Since the beginning of Genesis, the serpent symbolized the devil. How come the Holy Messiah can be compared to the serpent which is a symbol of the Satan? The wisdom of God often shows us ironic cases because it is too big to understand by our human intellectual system. The bronze serpent is not a living serpent, it is dead. The people of Israel in Exodus, at the time of Moses, were bitten by fiery serpents but, when they looked at the bronze serpent lifted up on a pole, they lived by their faith.

This is a perfect antitype of the cross. The Messiah seemed like killed but Jesus lived again by the resurrection after the death in order to pay for sins of mankind by his blood. Instead, Satan, the father of sin, was killed with head broken on the cross. The cross was a strategy of God to break head of Satan by crucifying the power of death on it. Christ Jesus has risen from the dead and Satan, the old serpent, has been exterminated. Satan became a dead serpent as the bronze serpent. Now the effect of a living serpent has stopped. The wise strategy of the Holy Spirit described in the first, and then verse 16 was written, which is one of the most famous verses of the Word of God. According to the words of Paul, the power of the Holy Spirit resurrected Christ Jesus who was killed on the cross.

메시아인 예수님께서 모세가 매달았던 놋뱀처럼 들려야 할 것이라는 말은 비유법으로는 크나큰 결격이 있어 보인다. 뱀은 창세기부터 사단을 상징하는 존재였다. 거룩하신 메시아가 어찌 사단의 상징인 뱀으로 비유되어야 하는지에 대해 우리는 의구할 수 있다. 하나님의 지혜는 인간의 좁은 지적체계로는 다 가늠할 수 없을 정도로 크기 때문에 아이러니하다고 느껴질 때가 종종 있다. 놋뱀은 살아 움직이는 뱀이 아니고 생명이 없는 인공의 뱀이다. 모세의 때에 산 불뱀에 물렸던 출애굽 백성들은 장대에 매달린 놋뱀을 믿음으로 보았을 때 살 수 있었다.

이것은 정확한 십자가의 예표이다. 십자가에서 메시아는 죽임을 당한 것 같이 보인다. 그러나 예수님은 죄의 삯인 사망을 대신 짊어지고 인류를 죄로부터 자유롭게 하시고 부활하셨다. 십자가에서 오히려 죄의 아비인 사단이 머리가 깨어져 죽임을 당하는 것이다. 즉 십자가는 사단의 사망 권세를 못 박아 사단의 머리를 깨는 하나님의 전략이었다. 예수님은 부활하고 옛 뱀 사단은 박멸된다. 사단은 놋뱀처럼 죽은 뱀이 되고 산 뱀의 효력은 정지되었다. 이렇게 성령님의 지혜로운 전략이 설명되고 유명한 요한복음 3장 16절의 말씀이 증거된다. 바울에 따르면 십자가에서 죽임당하신 예수님을 다시 살리신 분은 바로 권능의 성령님이었다. 우리의 성령으로 거듭남과 예수님의 죽음과 부활은 성령님의 능력과 지혜의 사역이었다. 그런데도 성령님은 자기를 증거하는 것이 아니라, 무한한 권능으로 예수님을 부활시키고 한량없는 지혜로 그분을 입증하신다. 우리는 이러한 성령님의 생각을 존중

Our being born again, and death and resurrection of Jesus were the ministries of the Holy Spirit who has power and wisdom. In spite of that, the Holy Spirit never testified himself but resurrected Jesus through the infinite power, and he only proclaims Jesus through his limitless wisdom. Do we respect the thoughts of the Holy Spirit?

Even though he has the limitless wisdom and the infinite power, he never testifies himself, but the only-begotten son of God, Christ Jesus. Whoever received power from the Holy Spirit shall be witnesses to Jesus. Whoever received the Holy Spirit in right way, they would not focus on the phenomenon of the Holy Spirit. Through the Holy Spirit, they testify Jesus following thoughts of the Holy Spirit. Do you boast of spiritual phenomenon to show the Holy Spirit? It is not the idea and plan of the Holy Spirit. The Holy Spirit doesn't testify himself, but testifies only Christ Jesus. You, who received the Holy Spirit, be a witness to Christ Jesus!

하고 있는가?

성령님께서는 그 많은 지혜와 능력을 가지고도 자기를 증거하지 않으시고 독생자 예수 그리스도를 증거하신다. 그렇기 때문에 성령의 권능을 받은 사람은 예수님의 증인이 되는 것이다. 제대로 성령을 받은 사람은 성령의 현상에 집중하지 않고 성령님의 생각처럼 성령을 통해 예수님을 증거하게 된다. 성령님을 나타내고자 현상을 자랑하는가? 그것은 성령님의 계획과 생각이 아니다. 성령님은 오직 자기를 증거하지 않고 예수님을 증명하신다. 성령을 받은 그대여! 예수님의 증인이 될지어다!

28. 산돌로 지어져 감

28. BEING BUILT WITH LIVING STONES

1 PETER 2:4-5

4 To whom coming, as unto a living stone, disallowed indeed of men, but chosen of God, and precious, 5 Ye also, as lively stones, are built up a spiritual house, an holy priesthood, to offer up spiritual sacrifices, acceptable to God by Jesus Christ.

베드로전서 2:4-5

4 사람에게는 버린 바가 되었으나 하나님께는 택하심을 입은 보배로운 산 돌이신 예수에게 나아와 5 너희도 산 돌 같이 신령한 집으로 세워지고 예수 그리스도로 말미암아 하나님이 기쁘게 받으실 신령한 제사를 드릴 거룩한 제사장이 될찌니라

Imagine what it means that we are built as a living stone on top of the living stone of Christ. It is contrary to the way of being built like the Tower of Babel with bricks upright. The sanctuary of God is built with a wild, uncarved stones not with a hammer or chisel and not needing skills of human hands.

Do not assume that a wild stone will not have any cracks, furrows or scratches because it wasn't polished by man. Wild stones are slowly modified through abrasion, and they become slick as the force of current whirls stones. They sometimes clash and crack by the gravitational tug of the ground.

The architecture of heaven doesn't look like it is on the surface because, as you may notice from stone altars to the stones of Jerusalem, it is not polished by human beings with hammers or chisels. Stones have all different shapes and characters but they are stacked and hold one another by overcoming the pull of gravity. They look diagonal and dislocated but they are piled up excellently in the end.

There are blank spaces among stones of an altar or a sanctuary made with living stones. This gap is a place where the wind goes in and out and life co-exists. Like this, we should not preclude that every person surely should fit the system or formulation to connect the people of the Lord. Rather, we should let the Holy Spirit carve a living stone and respect his way of building a holy temple with living stones though it seems to be misfitted.

Human beings are misfitted, much the same as living stones and are never the ones who can build things on their own. So, it is right for human beings to let the wind of the Holy spirit go in and out through the spaces where the strength and the will of human beings don't exist and to be stacked and led by sanctification of the Holy spirit. Praise the Lord who can raise up children of Abraham with stones. See the Lord's power that enabled David to defeat Goliath with slingstones. He made you and I who didn't have anything to do with the things of heaven become living stones by the Holy Spirit. And, He is now sharpening others along with all the earth and mountains and all nations will be built as God's church!

산돌이 되신 그리스도 위에 우리도 똑같이 산돌로서 건축된다는 의미를 회화적으로 한번 상상해보라. 바벨탑처럼 정교하게 깎인 벽돌을 이용하여 반듯한 건축물이 지어져 올라간다는 의미와는 정반대의 모습이다. 하나님의 성전은 사람의 기술을 통해 망치나 정으로 쪼개거나 가공하지 않은 야생의 산돌로 지어져 간다.

사람이 손대지 않은 돌이라고 해서 깎임이나 패임 혹은 부딪침이 없는 돌일 것이라고는 단정하지 말라. 야생의 돌은 오랜 세월 동안 정미한 바람의 풍화작용으로 인해 세미 하게 깎여간다. 그리고 강물의 물살이 돌을 휘돌아 감으면서 돌의 표면을 매끄럽게 만든다. 또 중력의 당김을 통해 돌끼리 서로 부딪치면서 깨어지기도 한다.

모든 제단의 돌들부터 심지어 하늘의 예루살렘의 돌들에 이르기까지 사람의 기술로 망치나 정으로 전혀 가공하지 않은 돌들이 쌓여서 세워진 신령한 집이라는 것은 하늘의 건축물이라고 볼 수 없을 정도로 볼품없어 보일지도 모르겠다. 돌들의 모양도 형질도 제각각이지만, 서로 어긋나게 쌓이고 땅이 끌어당기는 중력을 이긴 채 서로 의지한 채 선다. 어슷하고 어긋나 보이지만 결국 절묘하게 쌓이는 것이다.

산돌이 쌓인 제단이나 성전은 돌들 사이에 틈과 공백이 있다. 그 틈새 사이로 바람이 출입하고 생명이 공존하는 공간이 된다. 마찬가지로 우리는 주님의 사람들을 연결시키기 위해서 반드시 인간이 만든 공식과 인간사회의 시스템처럼 아귀가 맞아야 한다고 착각해서는 안 된다. 오히려 성령이 산돌을 깎으시고 쌓으실 수 있도록 그분께 주도권을 내어드리고 어긋나 보이지만 완전하게 쌓으시는 산돌의 성전 건축 방식을 존중해야 한다.

절대 한 건축물로 쌓일 수 없을 것처럼 어긋나 보이고 어슷해 보이는 인격들이 인간의 의지와 힘이 배제된 공백 사이로 출입하시는 성령의 바람 즉, 성령의 성화와 붙들림을 통해 쌓여가는 것이 맞다. 돌들로도 아브라함의 자손을 일으키실 수 있는 주님을 찬양하라. 다윗의 물맷돌로 골리앗을 파한 주님의 능력을 보라. 하늘의 것과 전혀 상관없이 살던 당신과 나를 돌을 깎는 바람처럼 성령으로 깎아 산돌이 되게 하셨고, 다른 이들과 모든 민족과 만국의 땅과 산들을 깎아 하나님의 성전으로 지어지게 하실 분이 여기 계시다.

29. 겸손과 시험의 안전장치

29. THE SAFETY OF HUMILITY AND TEST

MARK 1:9-13

9 And it came to pass in those days, that
Jesus came from Nazareth of Galilee, and
was baptized of John in Jordan. 10 And
straightway coming up out of the water,
he saw the heavens opened, and the Spirit
like a dove descending upon him: 11
And there came a voice from heaven, say-
ing, Thou art my beloved Son, in whom I
am well pleased. 12 And immediately the
spirit driveth him into the wilderness. 13
And he was there in the wilderness forty
days, tempted of Satan; and was with the
wild beasts; and the angels ministered
unto him.

마가복음 1:9-13

9 그 때에 예수께서 갈릴리 나사렛으로부터
와서 요단강에서 요한에게 세례를 받으시고
10 곧 물에서 올라 오실쌔 하늘이 갈라짐과 성
령이 비둘기 같이 자기에게 내려오심을 보시
더니 11 하늘로서 소리가 나기를 너는 내 사
랑하는 아들이라 내가 너를 기뻐하노라 하시
니라 12 성령이 곧 예수를 광야로 몰아내신지
라 13 광야에서 사십 일을 계셔서 사단에게
시험을 받으시며 들짐승과 함께 계시니 천사
들이 수종들더라

What would it be if someone else, not Jesus, saw heaven being opened and the Spirit descending on a person like a dove? It is not easy to experience more supernatural miracle than watching the Holy Spirit coming directly. At the same time, it is rare to see heaven being opened in history.

One would think that any other test might be needed if a person, not Jesus, experiences such a supernatural and spiritual phenomenon. Furthermore, a voice came from a Father, God: "You are my Son, whom I love; with you I am well pleased."

However, before and after this great history, surprisingly, there were a kind of 'safety net' of humility and test. Was it easy for God the Son to accept the fact that he should lower himself to a sinful human and be baptized with water in the Jordan River? Moreover, since he was innocent he didn't need it and he was even able to avoid baptism, a symbol of forgiveness of sins. Rather, it would be fine if he baptized John the Baptist reversely.

However, Jesus, who took the sin of the world and other 'Adams', didn't do that. For the earth, accepting the will of Heaven would be possible when people are united and share and communicate the will to each other. By looking down on others and disconnecting people, those who exalt him/herself with narcissism like Cain disconnect the way of the humility of God through which the work of God transfers person to per-

만약 예수님이 아닌 누군가가 자신의 위로 하늘이 열리고 성령님이 비둘기처럼 자신에게 내리는 것을 보았다면 과연 어땠을까? 성령님께서 오시는 것이 사람의 눈에 보일 정도의 초월적인 역사는 경험하기 쉽지 않다. 동시에 하늘이 열리고 갈리는 것을 본 사람도 역사 이래로 매우 드물다.

예수님이 아닌 다른 이가 만약 이같이 초월적이고 영적인 일련의 역사를 동시에 경험했다면 이제는 자신에게 더 이상의 검증은 무의미하고 불필요하다고 판단했을지 모른다. 더군다나 성부 하나님조차 들리는 음성으로 자신을 '이는 내 사랑하는 이요 기뻐하는 자'라고 말씀하고 있지 않은가!

그러나 놀랍게도 이러한 위대한 역사의 앞뒤에는 겸손과 시험이라는 안전장치가 배려되어 있었다. 성자 하나님이 요단강에서 세례를 받기 위해 죄인인 인간에게 몸을 낮추고 물을 뒤집어 써야 하는 일을 받아들이기 쉬웠을까? 더군다나 예수님은 죄 없는 분으로서 죄 사함을 상징하는 세례를 받을 필요가 없었고 그것을 피해도 무방했다. 아니 거꾸로 세례 요한에게 세례를 주셔도 무방했다.

그러나 아담들의 죄와 세상의 모든 죄를 짊어지신 예수님은 그렇게 하지 않으셨다. 땅이 하늘의 역사를 받아들이는 것은 언제나 사람과 사람들이 연결되어 그 하늘의 역사를 전달함으로써 가능하다. 그러나 홀로 높아진 사람들은 가인처럼 자기애착만 가지면서 다른 이들을 깔보고 서로를 단절시킴으로 하늘의 역사가 사람과 사람을 통해 전달되는 하나님의 겸손한 방법을 끊어놓는다.

son.

It was not common to see that heaven was opened, which was nearly closed and silent for 400 years during the intertestamental period, with the voice of joy directly coming from God the Father for someone. So, the person who had such spiritual experience might think it would not be too early to start God's work, but Jesus threw himself to the wildness where no one lived. And, he was alone and tempted for 40days by Satan, just being with insignificant wild animals. Why? Does it seem that he wasted his time and went through unnecessary tests considering that he didn't realize and use the power of testifying voice of Father, coming down when the door of heaven was opened, for the more productive and spiritual works?

Don't think that God is small. God is the one who is able to not only open heaven but also pour the heavenly things through the opened door. He is the one who can confirm his will not only with small voice of joy but also with a thunder. The Lord, who gives things greater than the ones appeared at the beginning, doesn't give away the great things to the enemy as a plunder because of spiritual arrogance and fall. Rather, he focuses on how to show a heavenly God and give the great things to God's creatures of the earth.

Therefore, humility and test is a necessary practice and a

구약의 말라기의 말씀을 끝으로 400년 동안이나 침묵하며 닫혀 있던 하늘이 열리고, 이처럼 누군가를 향한 성부 하나님의 기쁨의 음성이 직접 들려 검증된 경우도 흔치 않았다. 그러니 만약 이런 영적 경험을 한 이가 예수님이 아닌 다른 이었더라면 바로 하나님의 일을 시작하여도 성급하지 않으리라 생각했을지 모르겠다. 하지만 예수님은 스스로 아무도 없는 광야로 나가셨다. 그리고 홀로 자그마치 40일 동안 사단에게 시험을 받으셨다. 보잘것없는 들짐승과 뒹구시면서 말이다. 왜 그러셨을까? 하늘 문이 열리고 성부 하나님께서 자신을 인증한 그 음성을 더 생산적이고 영적인 일에 사용하지 않으시고 마치 불필요한 검증과 낭비를 하시는 것처럼 보이는가?

하나님을 작게 보지 마라. 하나님은 고작 하늘만 여실 수 있는 분이 아니라 하늘을 열어 하늘의 것들을 쏟아 부으실 수 있는 분이다. 기쁨의 세미한 음성으로만 말씀하시는 것이 아니라 천둥과 뇌성으로 그분의 뜻을 확정하실 수 있는 분이다. 처음 나타내신 것보다 더 큰 역사를 주실 수 있는 하나님은 그분의 역사를 영적 교만과 타락으로 인해 대적에게 노략거리로 내어주는 것이 아니라, 온전히 자신과 이 땅에 있는 그분의 형상들을 위해 내어줄 수 있는가에 관심이 있다.

그러므로 겸손과 시험은 거룩한 하나님의 것을 육체와 사단에게 내어주지 않기 위한 안전 장치이자 당연한 연습이다. 하늘 문이 열리고 영적인 능력이 쏟아지는 것보다 더 큰 하늘의 역사는

sort of reasonable 'safety net' not to give away the holy things of God to the flesh and Satan. God's work of heaven which is greater than heaven being open and spiritual things being poured is prepared and promised. God just focuses on who can take such a great history. So, the test that keeps us from giving away this great work to Satan like the first Adam and humility that doesn't disconnect people like Cain who did what he did with pride and narcissism become a blessing to us bigger than any other spiritual works.

이미 약속되어 있고 준비되어 있다. 다만 누가 그 크나큰 역사를 온전히 받을 수 있느냐에 하나님의 관심이 있다. 그러므로 첫째 아담처럼 이 큰 역사를 사단에게 내어주지 않는 시험과, 가인처럼 교만과 자기애착만으로 사람을 끊어버리지 않는 겸손에 대한 검증은 우리에게 어떤 영적인 역사보다 더 크나큰 축복이 된다.

30. 위탁과 책임

30. TRUST AND RESPONSIBILITY

GENESIS 2:22-3:6

2:22 And the rib, which the LORD God had taken from man, made he a woman, and brought her unto the man. 23 And Adam said, This is now bone of my bones, and flesh of my flesh: she shall be called Woman, because she was taken out of Man. 24 Therefore shall a man leave his father and his mother, and shall cleave unto his wife: and they shall be one flesh. 25 And they were both naked, the man and his wife, and were not ashamed.

3:1 Now the serpent was more subtil than any beast of the field which the LORD God had made. And he said unto the woman, Yea, hath God said, Ye shall not eat of every tree of the garden? 2 And the woman said unto the serpent, We may eat of the fruit of the trees of the garden: 3 But of the fruit of the tree which is in the midst of the garden, God hath said, Ye

창세기 2:22-3:6

2:22 여호와 하나님이 아담에게서 취하신 그 갈빗대로 여자를 만드시고 그를 아담에게로 이끌어 오시니 23 아담이 가로되 이는 내 뼈 중의 뼈요 살 중의 살이라 이것을 남자에게서 취하였은즉 여자라 칭하리라 하니라 24 이러므로 남자가 부모를 떠나 그 아내와 연합하여 둘이 한 몸을 이룰찌로다 25 아담과 그 아내 두 사람이 벌거벗었으나 부끄러워 아니하니라

3:1 여호와 하나님의 지으신 들짐승 중에 뱀이 가장 간교하더라 뱀이 여자에게 물어 가로되 하나님이 참으로 너희더러 동산 모든 나무의 실과를 먹지 말라 하시더냐 2 여자가 뱀에게 말하되 동산 나무의 실과를 우리가 먹을 수 있으나 3 동산 중앙에 있는 나무의 실과는 하나님의 말씀에 너희는 먹지도 말고 만지지도 말라 너희가 죽을까 하노라 하셨느니라 4 뱀이 여자에게 이르되 너희가 결코 죽지 아니하리라 5 너희가 그것을 먹는 날에는 너희 눈이 밝아 하나님과 같이 되어 선악을 알

shall not eat of it, neither shall ye touch
it, lest ye die. 4 And the serpent said unto
the woman, Ye shall not surely die: 5 For
God doth know that in the day ye eat
thereof, then your eyes shall be opened,
and ye shall be as gods, knowing good
and evil. 6 And when the woman saw
that the tree was good for food, and that
it was pleasant to the eyes, and a tree to
be desired to make one wise, she took of
the fruit thereof, and did eat, and gave also
unto her husband with her; and he did eat.

줄을 하나님이 아심이니라 6 여자가 그 나무
를 본즉 먹음직도 하고 보암직도 하고 지혜롭
게 할만큼 탐스럽기도 한 나무인지라 여자가
그 실과를 따먹고 자기와 함께한 남편에게도
주매 그도 먹은지라

Passing the buck which were seen between Adam and Eve passing responsibility to each other is a long-standing feud in the history of the human beings. The idea of women's feminism and men's authoritarianism is a clear evidence of that which shows in common, just different intensity beyond the human culture. Then, how is the gravity of the responsibility of Adam and Eve who took the fruit of the tree of knowledge of good and evil, the root causes of our case?

Surprisingly, the bible shows the way of expressing of a woman in two ways in the case. First, Adam designates and calls Eve 'woman' as an independent and another individual. But, God calls her 'wife' by emphasizing the unity and solidarity of the two while accepting the way of expression of Adam(24, NIV, KJV).

The archenemy definitely comes and tempts the woman when Adam and Eve are not united and connected as a community, but alone as 'woman'. The bible doesn't use the term a wife on purpose which shows a connected condition with Adam when Eve encountered and is tempted from Satan. But the bible continuously use 'woman' as an another individual. In a word, it implies they were tempted from Satan when they are not together but separated.

Did she really listen to God directly about not eating the tree of knowledge of good and evil? Look at the context before and

아담과 하와가 자신의 잘못임에도 서로에게 책임을 전가했던 사건은 인류의 역사가운데 반복되는 갈등의 시초가 되었다. 여성의 페미니즘과 남성의 권위주의적 발상이 인류의 문화를 초월하여 강도만 달리한 채, 공통적으로 나타난다는 점은 그 단증이라 할 수 있다. 과연 그 갈등의 근원이라 할 수 있는 선악과를 취한 사건에서 아담과 하와의 책임의 경중은 어떠한가?

놀랍게도 성경은 이 사건에서 여성을 두 가지로 표기한다. 일단 아담은 하와를 독립된 또 다른 개체로서의 표현인 '여자(woman)'라 명명하여 부른다. 그러나 하나님은 아담의 표현을 인정하면서도 둘의 연합과 결속을 강조하는 표현을 사용하여 여자를 '아내(wife)'라 일컫는다(24, NIV, KJV).

말씀에서 지적하고 있는 대로 과연 대적은 아담과 하와가 공동체로서 연합하고 결속된 상태일 때가 아니라 여자(woman)의 상태로 홀로 있을 때 찾아와 유혹한다. 성경은 의도적으로 사단과 조우하여 유혹당하고 있는 하와를 아담과 함께 연합하는 상태인 '아내'라는 표기로 나타내지 않고 독립된 또 다른 개체로서의 '여자'라는 표현만을 계속 쓰고 있다. 성경은 하와가 아담과 함께 있는 상태에서 사단에게 유혹된 것이 아니라 아담과 하와가 떨어져 있는 상태, 즉 홀로 독립된 상태에서 유혹되었음을 암시한다.

과연 하와는 선악과를 먹지 말 것에 대한 말씀을 하나님께 직접 들었을까? 성경의 앞뒤를 잘 살펴보라. 단연코 아니다. '선악과를 먹지 말라'는 하나님의 금령은 하와가 창조되기 전 아담에게만 하나님께서 말씀하신 명령이었다(17, 18). 하와는 아담에게 그 명령

after well. Definitely not. God's command not to eat the fruit of the tree of knowledge of good and evil was given to only Adam from God before Eve was created(17, 18). Eve heard the command indirectly from Adam. Therefore, Eve might confirm the original word of God thanks to Adam if they were together when Satan distorts God's command about of the tree of the knowledge of good and evil. So, there is also the possibility to overcome the temptation if they were together.

In a word, Adam had a responsibility not to leave Eve alone in the middle of temptation by obeying God's command that he should unite with his wife whom God says and becomes one flesh. Also, Eve needed to contact, ask and consult with her husband Adam first before she ate the tree of knowledge of good and evil. But, Eve comes to and makes Adam commit a sin after taking the fruit of the tree of knowledge of good and evil by herself. Both Eve and Adam failed to have a closed unity which counters and relies on each other that God said.

It is dangerous to neglect and ignore those who are fighting with sins in a community. The way of thinking that one solves the problem by oneself without trust is reckless. Christians, rely on and ask each other if you don't want your Garden of Eden to be destroyed. Take care of and responsible for others.

을 간접적으로 전달받아 들은 것이다. 따라서 사단이 선악과에 대한 하나님의 명령을 교묘하게 왜곡할 때 만약 아담이 하와와 떨어지지 않고 함께 있었다면 하와는 아담의 도움을 받아 하나님께서 이전에 말씀하셨던 원래의 명령을 확인했을 것이다. 그리고 유혹도 이겨냈을 가능성이 크다.

분명 아담에게는 하나님이 말씀하신 아내와 둘이 하나가 되어 연합하라는 의미를 분명히 준행하여 하와를 유혹가운데 홀로 두지 않아야 할 책임이 있었다. 또한 하와도 선악과를 따먹기 전에 남편인 아담을 찾아 연합하여 의뢰하고 상의할 필요가 있었다. 그러나 하와는 이미 자신이 선악과를 따서 먹은 뒤에 아담에게 찾아와 아담 또한 죄를 짓게 한다. 하와도, 아담도 하나님이 말씀하신 서로 의뢰하고 책임지는 긴밀한 연합에 실패했다.

공동체에서 자신의 죄나 혹은 문제와 싸우고 있는 지체들을 방관하고 방치하는 것은 매우 위험하다. 그리고 어떠한 위탁도 없이 혼자 문제를 해결하겠다는 발상도 무모하다. 대적은 하와처럼 홀로 있을 때 찾아와 유혹하고 도리어 죄를 짓게 만들고 문제를 악화시키기 때문이다. 당신의 에덴동산이 망가지길 원하지 않는다면, 그리스도인이여 서로 위탁하고 의뢰하라. 그리고 서로 살피고 책임져라.

31. 혈육의 가족이 영적 가족으로 변화되는 역사

31. THE MIRACLE OF BEING CHANGED INTO A SPIRITUAL FAMILY FROM A PHYSICAL FAMILY

JOHN 7:1-13

1 After these things Jesus walked in Gali-
lee: for he would not walk in Jewry, be-
cause the Jews sought to kill him. 2 Now
the Jew's feast of tabernacles was at hand.
3 His brethren therefore said unto him,
Depart hence, and go into Judaea, that thy
disciples also may see the works that thou
doest. 4 For there is no man that doeth
any thing in secret, and he himself seeketh
to be known openly. If thou do these
things, shew thyself to the world. 5 For
neither did his brethren believe in him. 6
Then Jesus said unto them, My time is not
yet come: but your time is alway ready. 7
The world cannot hate you; but me it ha-
teth, because I testify of it, that the works
thereof are evil. 8 Go ye up unto this
feast: I go not up yet unto this feast: for
my time is not yet full come. 9 When he
had said these words unto them, he abode
still in Galilee. 10 But when his brethren

요한복음 7:1-13

1 이 후에 예수께서 갈릴리에서 다니시고 유
대에서 다니려 아니하심은 유대인들이 죽이
려 함이러라 2 유대인의 명절인 초막절이 가
까운지라 3 그 형제들이 예수께 이르되 당신
의 행하는 일을 제자들도 보게 여기를 떠나
유대로 가소서 4 스스로 나타나기를 구하면
서 묻혀서 일하는 사람이 없나니 이 일을 행
하려 하거든 자신을 세상에 나타내소서 하니
5 이는 그 형제들이라도 예수를 믿지 아니함
이러라 6 예수께서 가라사대 내 때는 아직 이
르지 아니하였거니와 너희 때는 늘 준비되어
있느니라 7 세상이 너희를 미워하지 못하되
나를 미워하나니 이는 내가 세상의 행사를 악
하다 증거함이라 8 너희는 명절에 올라가라
나는 내 때가 아직 차지 못하였으니 이 명절
에 아직 올라가지 아니하노라 9 이 말씀을 하
시고 갈릴리에 머물러 계시니라 10 그 형제
들이 명절에 올라간 후 자기도 올라가시되 나
타내지 않고 비밀히 하시니라 11 명절 중에
유대인들이 예수를 찾으면서 그가 어디 있느
냐 하고 12 예수께 대하여 무리 중에서 수군

were gone up, then went he also up unto
the feast, not openly, but as it were in se-
cret. 11 Then the Jews sought him at the
feast, and said, Where is he? 12 And there
was much murmuring among the people
concerning him: for some said, He is a
good man: others said, Nay; but he de-
ceiveth the people. 13 Howbeit no man
spake openly of him for fear of the Jews.

거림이 많아 혹은 좋은 사람이라 하며 혹은
아니라 무리를 미혹하게 한다 하나 13 그러
나 유대인들을 두려워하므로 드러나게 그를
말하는 자가 없더라

Jesus, the truth, surely said to his family, his own flesh and blood that he would not go up to the temple(8). Jesus doesn't lie, but why did he change his word just after that and go up to the temple(10)?

There were some Jews who were looking for a way to kill Jesus after the miracle of the five loaves and two fish(1). If there were someone who thought the emergence of Messiah as the political power and wanted to overthrow Jesus when he came to the fore as a king, he might try to kill close associates first. From ancient times, connection of one's tribe and support from relatives was important to become a king. Therefore, the first target to remove becomes one's relatives including family for an emerging king to be impeached.

His own brothers lived for thirty years with Jesus the Truth but they didn't believe in him. They might be disappointed with him because he had thrown his family, though he was the first son who should take the role of the head of the household after the death of their father Joseph. So, it was a risky remark that Jesus would go to the temple for the festival and show himself to others, when many Jews and his brothers gathered whether they said it to Jesus in a sarcastic and resentful way for their compensation. His own brothers who didn't believe in him may become targets of assassination if they show off themselves as Messiah's own flesh and blood for compensa-

진리의 예수님께서는 분명히 자신의 가족과 혈육들에게 성전에 올라가지 않겠다고 말씀하셨다(8). 거짓말하지 않으시는 분께서 성경 한 구절 뒤에 성전에 올라가심으로 말씀을 바꾸시는 것은 무슨 이유인가(10)?

오병이어 역사 이후 유대인 중에는 이미 예수님을 죽이려고 마음먹은 자들이 있었다(1). 메시아의 등장을 새로운 정치권력의 등장으로 여기고 있었던 누군가가 예수님이 왕으로 대두되는 것을 막으려 한다면, 가장 먼저 측근 세력을 제거하려 시도할 것이다. 고대부터 왕권이 등장하기 위해서는 부족적인 연고와 친인척의 지지가 우선시 되어야 했다. 따라서 새로이 등장하는 왕권을 탄핵할 때 가장 먼저 제거해야 하는 대상이 되는 것은 주변 혈통과 가족을 비롯한 친인척 세력이다.

예수님의 친형제들은 진리이신 예수님과 삼십 년 동안 함께 살았으나 예수님에 대한 믿음이 없었다. 아버지 요셉이 일찍 죽고 가장 역할을 대신해야 할 맏형이, 가족을 버려두고 집을 나간 상황도 원망스러웠을 것이다. 따라서 형제들이 예수님에 대해 비아냥거림과 원망조로 말했다든지 혹은 보상 심리로 말했다 하더라도 예수님께 형제들과 유대인이 많이 모이는 명절 기간에 성전에 올라가 자신을 드러내라는 말은 매우 위태로운 발언이었다. 혹시라도 믿음 없는 형제들이 보상심리로 자신들이 메시아의 친혈육이라고 으스대고 다닌다면 그들 또한 암살 표적이 될 수 있기 때문이다.

따라서 예수님은 자신을 죽이려는 유대인들에게 올라가셔서 명

tion. Therefore, Jesus said he would not go to the temple with them because he didn't want his own brothers to be in danger although he had to go up to share the word of God to the Jews who tried to kill Jesus. He became like a deceiver because of his true love to protect and save a life!

In general, when your closest family doesn't believe in you, it would make you sad. That is the miracle of miracles that they didn't believe in him, though they lived for thirty years with Messiah. How stubborn their minds are! They even blamed Jesus the head of household. However, Jesus humbled himself and took care of their peace and future as the True God became like a deceiver by not saying his disappointment with his brothers who were full of blame, complaints and sarcasm and expected compensation. The elder James, the brother of Jesus, was able to take care of the Jerusalem church and bear responsibility even in the midst of persecutions thanks to the love and care of his brother, Jesus, who cared for people as spiritual family. Your spiritual family will also become the family and love of Christ later and they also take care of others if you try to take care of and responsibility for them with all your love and life as Jesus did. True love never fades away.

절에 말씀을 전하셔야 했지만 자신의 친형제들이 믿음 없이 자신 때문에 위험에 처하는 것을 원하지 않으시기에 그들과 함께 성전에 올라가지 않겠다고 하셨다. 생명을 보호하고 살리기 위해서, 그리고 진실한 사랑 때문에 하나님이 속이는 자처럼 되셨다!

일반적으로 가장 가까운 가족조차도 자신을 믿어주지 않는다면 굉장히 서럽고 마음이 아플 것이다. 삼십 년 동안 메시아와 살고도 그를 믿지 않은 것은 기적보다 더한 기적처럼 보인다. 형제들의 마음속에 가장인 형을 향한 원망이 얼마나 강팍했기에 그랬단 말인가. 원망과 불평, 비아냥거림과 보상심리를 갖고 있던 그런 가족들이라 하더라도 예수님은 자신의 상실감을 주장하기는커녕 도리어 낮아지셔서 진리의 하나님이 흡사 속이는 자처럼 되어 그들의 안녕과 미래를 섬세히 돌보신다.

후에 예수님의 친동생이었던 야고보 장로가 엄청난 핍박 속에도 예루살렘 교회를 끝까지 돌보고 책임질 수 있었던 이유는 친형 예수님이 혈육을 뛰어넘어 영적 가족으로서 사랑하시고 돌보신 것이 자신에게 각인되었기 때문이다.

당신이 생명을 다해, 사랑을 다해 예수님이 당신을 돌아 보신대로 영적 가족을 책임지고 돌보려 한다면 그들도 나중에 그리스도의 가족과 사랑이 되어 다른 이들의 생명을 돌볼 것이다. 진실한 사랑은 결코 상쇄되어 사라지는 법이 없다.

32. 거룩의 처소가 부정해진다면

32. *IF A PLACE OF HOLINESS BECOMES IMPURE*

MATTHEW 12:43-45

43 When the unclean spirit is gone out of a man, he walketh through dry places, seeking rest, and findeth none.
44 Then he saith, I will return into my house from whence I came out; and when he is come, he findeth it empty, swept, and garnished.
45 Then goeth he, and taketh with himself seven other spirits more wicked than himself, and they enter in and dwell there: and the last state of that man is worse than the first. Even so shall it be also unto this wicked generation.

마태복음 12:43-45

43 더러운 귀신이 사람에게서 나갔을 때에 물 없는 곳으로 다니며 쉬기를 구하되 얻지 못하고
44 이에 가로되 내가 나온 내 집으로 돌아가리라 하고 와 보니 그 집이 비고 소제되고 수리되었거늘
45 이에 가서 저보다 더 악한 귀신 일곱을 데리고 들어가서 거하니 그 사람의 나중 형편이 전보다 더욱 심하게 되느니라 이 악한 세대가 또한 이렇게 되리라

더러운 귀신은 왜 물이 없는 곳으로 다니다가 다시 사람에게 들어왔을까? 사람은 물이 없으면 살 수가 없기에 물이 고갈된 곳은 사람이 살지 않는 곳이다. 귀신을 결박하고 내어 쫓는 능력은 성령 하나님께로 온다. 사람을 자신의 거처로 사로잡았던 부정한 영이 하나님의 능력으로 쫓겨나게 됐을 때 한동안 물이 없는 사람이 살지 않는 곳으로 다녀야 했다.

그러나 무엇보다도 부정한 영이 좋아하는 거처는 바로 타락하고 더러운 죄를 뿜어내는 사람이었던 모양이다. 귀신은 이내 다시 그 사람에게로 들어가려고 한다. 의아하게도 성경은 귀신이 다시 들어간 사람을 집으로 비유하면서 그 집이 비었고, 청소되었으며(swept) 수리되었음(garnish)을 말한다. 과연 더러운 영이 청소되고 수리된 깨끗한 상태를 좋아한다는 것이 어울리는 모습이며 표현일까?

여기서 청소되었다는 표현은 히브리어로 '시혼'과 같은 개념이다. 시혼은 '휩쓸어버리다'라는 표현인데 가나안을 정복할 때 휩쓸어서 멸했던 족장 중 하나인 시혼의 이름의 뜻과 같다.

또한 이때의 수리되었다는 표현은 깨끗이 고쳐진 상태가 아닌 덕지덕지 치장되고 장식된 상태를 말한다. 귀신이 단정하고 깨끗한 상태, 거룩을 사모하겠는가? 더러운 영이니 더럽고 부정한 상태를 자신을 위해 치장된 상태로 여기지 않겠는가? 이 사람은 귀신이 떠나갔었지만 이후에 오히려 비어있으면서 휩쓸려 버려져

Why did an impure spirit return to the person after going through dry places? People don't live in arid places. The power of tying up and driving out a demon comes from the Holy Spirit, God. In a word, the impure spirit who took the person as its place to dwell but was driven out had to go through arid place for a while where people don't live. However, the most famous place to live for the impure spirit might be a person who is fallen and commits a dirty sin. Ironically, the bible compares the person who was occupied by the impure spirit again to a house. It says the house is empty, swept clean and garnished. Is it right and suitable to say that the unclean spirit likes the swept and garnished condition? The term 'swept' has the same meaning with Sihon in Hebrew. Sihon means sweeping and it has the same meaning with one of the king's name who was completely destroyed during the conquest of Canaan. Also, the term 'garnished' means that it is covered thick with decorations, not completely trimmed and fixed. Does the unclean spirit desire the neat and clean condition, holiness? Doesn't the impure spirit think that the dirty and unclean condition is decorated for itself because the spirit is dirty? In a word, it was suitable condition for the spirit to go into because it is empty, swept, ruined and covered thick with dirt. We are free from the nation of Satan thanks to the spirit of Jesus. Are you a good place for the Holy Spirit to live? Or, are you going back to a dirty sin becoming a ruined and an empty place and decorating yourself with unclean things for Satan to live?

황폐하게 되고, 더러운 것들로 덕지덕지 붙어 귀신이 들어가기에 적합한 상태가 된 것이다.

우리는 예수의 영으로 사단의 나라에서 놓여 해방되었다. 과연 당신은 거룩한 성령이 거처하시기에 좋은 집인가? 아니면 사단의 나라가 서기에 좋은 황폐하고 공허하며 더러운 죄로 가득 차, 사단을 위해 부정한 것으로 장식해주고 있는가?

33. 가죽옷, 에덴에서 울부짖음

33. TUNICS OF SKIN, A CRY IN THE GARDEN OF EDEN

GENESIS 3:10-21

10 And he said, I heard thy voice in the gar-
den, and I was afraid, because I was naked;
and I hid myself. 11 And he said, Who
told thee that thou wast naked? Hast thou
eaten of the tree, whereof I commanded
thee that thou shouldest not eat? 12 And
the man said, The woman whom thou gav-
est to be with me, she gave me of the tree,
and I did eat. 13 And the LORD God said
unto the woman, What is this that thou
hast done? And the woman said, The ser-
pent beguiled me, and I did eat. 14 And
the LORD God said unto the serpent, Be-
cause thou hast done this, thou art cursed
above all cattle, and above every beast of
the field; upon thy belly shalt thou go, and
dust shalt thou eat all the days of thy life:
15 And I will put enmity between thee
and the woman, and between thy seed and
her seed; it shall bruise thy head, and thou
shalt bruise his heel. 16 Unto the woman

창세기 3:10-21

10 가로되 내가 동산에서 하나님의 소리를 듣
고 내가 벗었으므로 두려워하여 숨었나이다
11 가라사대 누가 너의 벗었음을 네게 고하였
느냐 내가 너더러 먹지 말라 명한 그 나무 실
과를 네가 먹었느냐 12 아담이 가로되 하나
님이 주셔서 나와 함께하게 하신 여자 그가
그 나무 실과를 내게 주므로 내가 먹었나이다
13 여호와 하나님이 여자에게 이르시되 네가
어찌하여 이렇게 하였느냐 여자가 가로되 뱀
이 나를 꾀므로 내가 먹었나이다 14 여호와
하나님이 뱀에게 이르시되 네가 이렇게 하였
으니 네가 모든 육축과 들의 모든 짐승보다
더욱 저주를 받아 배로 다니고 종신토록 흙을
먹을지니라 15내가 너로 여자와 원수가 되게
하고 너의 후손도 여자의 후손과 원수가 되게
하리니 여자의 후손은 네 머리를 상하게 할
것이요 너는 그의 발꿈치를 상하게 할 것이니
라 하시고 16 또 여자에게 이르시되 내가 네
게 잉태하는 고통을 크게 더하리니 네가 수고
하고 자식을 낳을 것이며 너는 남편을 사모하
고 남편은 너를 다스릴 것이니라 하시고 17

he said, I will greatly multiply thy sorrow
and thy conception; in sorrow thou shalt
bring forth children; and thy desire shall
be to thy husband, and he shall rule over
thee. 17 And unto Adam he said, Because
thou hast hearkened unto the voice of thy
wife, and hast eaten of the tree, of which I
commanded thee, saying, Thou shalt not
eat of it: cursed is the ground for thy sake;
in sorrow shalt thou eat of it all the days of
thy life; 18 Thorns also and thistles shall it
bring forth to thee; and thou shalt eat the
herb of the field; 19 In the sweat of thy face
shalt thou eat bread, till thou return unto
the ground; for out of it wast thou taken:
for dust thou art, and unto dust shalt thou
return. 20 And Adam called his wife's
name Eve; because she was the mother of
all living. 21 Unto Adam also and to his
wife did the LORD God make coats of
skins, and clothed them.

아담에게 이르시되 네가 네 아내의 말을 듣고
내가 너더러 먹지 말라한 나무 실과를 먹었은
즉 땅은 너로 인하여 저주를 받고 너는 종신
토록 수고하여야 그 소산을 먹으리라 18 땅
이 네게 가시덤불과 엉겅퀴를 낼 것이라 너
의 먹을 것은 밭의 채소인즉 19 네가 얼굴에
땀이 흘러야 식물을 먹고 필경은 흙으로 돌아
가리니 그 속에서 네가 취함을 입었음이라 너
는 흙이니 흙으로 돌아갈 것이니라 하시니라
20 아담이 그 아내를 하와라 이름하였으니 그
는 모든 산 자의 어미가 됨이더라 21 여호와
하나님이 아담과 그 아내를 위하여 가죽옷을
지어 입히시니라

What do you think was the reason that fallen Adam was able to be saved from Eden? Because of Jesus!

Do you think that Adam called the woman Eve from the beginning? He didn't give her name Eve when he saw her first as a woman given to him as his helper before being fallen! Look at the Bible before and after. He said to God that the woman whom God gave to be with him, she gave him the fruit of the tree and he ate as God found him after he has fallen by eating the tree of knowledge of good and evil. He is like shifting his responsibility to God and the woman at the same time!

But his shame was hidden by God's grace and he was clothed with tunics of skin. Do you think that it was made in a supernatural way? Of course, it could be but the antitype of salvation never goes beyond Jesus Christ. Tunics of skin might be made by shedding the blood of an animal like Jesus somewhere in the garden of Eden when it was prepared for fallen Adam. By the hand of God.

Adam might have known which animal was killed and shed its blood by crying for his clothes because he named all animals in the garden of Eden. Now, Adam saw the antitype of salvation of Jesus, the grace of this tunic of skin that gives a life thanks to one's sacrifice instead of him who shall surely die, like the people in the Old Testament slaughter a lamb to shift their sins according to the law. Therefore, Adam started to call the woman 'Eve', a

에덴에서 타락했던 아담이 어떻게 구원 받았다고 생각하는가? 아담이 구원받을 수 있었던 이유는 바로 예수님 때문이다!

아담이 처음부터 여자를 하와라 불렀다고 생각하는가? 성경 속의 선후관계를 잘 살펴보면 아담이 타락하기 전에 여자가 돕는 배필로 지어지자 아담은 그를 보고 하와라 부른 것이 아니라 여자라고 불렀다! 아담이 선악과를 먹고 타락한 후에, 하나님이 그를 찾으시자 그는 자신의 죄를 인정하기보다는 당신이 내게 만들어준 여자가 선악과를 주기에 먹었노라고 발뺌했다. 하나님과 여자에게 동시에 책임 전가한 셈이다!

그러나 아담은 범죄 했음에도 불구하고 하나님의 은혜로 수치가 가려지고 가죽옷을 입게 되었다. 아담을 위한 가죽옷이 초자연적으로 지어졌을 것이라 생각하는가? 물론 그럴 수도 있지만 성경에 등장하는 구원의 예표는 예수 그리스도를 벗어나는 법이 없다. 아마도 타락한 아담을 위해 가죽 옷이 예비 되었을 때, 에덴 어디선가 예수님처럼 아담을 대신하여 짐승이 피 흘려 죽음으로 인해 가죽옷이 예비 되었을 것이다! 하나님의 손에 의해.

에덴동산에 있는 모든 짐승들의 이름은 아담이 지어주었기에 그는 자기가 입은 가죽옷이 어떤 짐승의 가죽이었는지 잘 알았을 것이다. 이제 아담은 이 가죽옷의 은혜, 정녕 죽으리라는 자신들을 대신해 누군가 죽게 되고 자신들이 살게 되는 예수님의 구원의 모형을 보게 되었다. 마치 구약시대에 백성들이 율법에 따라 양에게 자신의 죄를 전가해 그 양을 도살했던 것처럼. 그래서 아담은 전에 자신이 선악과를 먹은 원인이 주께서 주신 여자에게 있었다

name of hope, the mother of all living by completely changing his attitude of passing the buck that he ate the tree of knowledge of good and evil because of a woman given by God from the moment. It represents his faith that they will live because of the one's sacrifice and the offsprings of a woman will live by God's command who shall surely die.

God's works undo the situation that was distorted and failed by human. But, we should not forget that there was the love of Jesus by giving sacrifice, taking responsibility with his crying for the work of salvation. You and I were sent as the messenger of love to the world to reverse and take responsibility and sacrifice for by the salvation of God.

고 하는 책임 전가의 태도에서 180도 선회해, 이제야 여자를 소망의 이름, '하와' 즉 '모든 산 자의 어미'라 부르기 시작했다. 정녕 죽으리라 하신 하나님의 명령이 다른 존재의 희생을 통해 자신들이 산 존재가 되고 그러한 여자의 자녀들이 죽은 자가 아니라 산 자가 될 것이라는 믿음의 표현이었다.

다 망쳐진 인생과 어그러진 상황도 반전시키시는 것이 하나님의 역사다. 그러나 그러한 구원의 역사에는 예수님이 대신 희생하고 책임지신 울부짖음의 사랑이 있었다는 것을 잊지 말아야 한다. 당신과 나는 하나님의 구원을 통해 세상을 반전시키고자 책임지고 희생하려고 보내진 사랑의 주인공이다.

34. 끝끝내 자기 방어와 자기 구원을 의지함

34. RELIANCE OF SELF PROTECTION AND SALVATION

GENESIS 19:19-29

19 Behold now, thy servant hath found grace in thy sight, and thou hast magnified thy mercy, which thou hast shewed unto me in saving my life; and I cannot escape to the mountain, lest some evil take me, and I die: 20 Behold now, this city is near to flee unto, and it is a little one: Oh, let me escape thither, (is it not a little one?) and my soul shall live. 21 And he said unto him, See, I have accepted thee concerning this thing also, that I will not overthrow this city, for the which thou hast spoken. 22 Haste thee, escape thither; for I cannot do anything till thou be come thither. Therefore the name of the city was called Zoar. 23 The sun was risen upon the earth when Lot entered into Zoar. 24 Then the LORD rained upon Sodom and upon Gomorrah brimstone and fire from the LORD out of heaven; 25 And he overthrew those cities,

창세기 19:19-29

19 종이 주께 은혜를 얻었고 주께서 큰 인자를 내게 베푸사 내 생명을 구원하시오나 내가 도망하여 산까지 갈 수 없나이다 두렵건대 재앙을 만나 죽을까 하나이다 20 보소서 저 성은 도망하기 가깝고 작기도 하오니 나로 그곳에 도망하게 하소서 이는 작은 성이 아니니이까 내 생명이 보존되리이다 21 그가 그에게 이르되 내가 이 일에도 네 소원을 들었은즉 너의 말하는 성을 멸하지 아니하리니 22 그리로 속히 도망하라 네가 거기 이르기까지는 내가 아무 일도 행할 수 없노라 하였더라 그러므로 그 성 이름을 소알이라 불렀더라 23 롯이 소알에 들어갈 때에 해가 돋았더라 24 여호와께서 하늘 곧 여호와에게로서 유황과 불을 비 같이 소돔과 고모라에 내리사 25 그 성들과 온 들과 성에 거하는 모든 백성과 땅에 난 것을 다 엎어 멸하셨더라 26 롯의 아내는 뒤를 돌아 본고로 소금 기둥이 되었더라 27 아브라함이 그 아침에 일찌기 일어나 여호와의 앞에 섰던 곳에 이르러 28 소돔과 고모라와 그 온 들을 향하여 눈을 들어 연기가 옹기

and all the plain, and all the inhabitants of the cities, and that which grew upon the ground. 26 But his wife looked back from behind him, and she became a pillar of salt. 27And Abraham gat up early in the morning to the place where he stood before the LORD: 28 And he looked toward Sodom and Gomorrah, and toward all the land of the plain, and beheld, and, lo, the smoke of the country went up as the smoke of a furnace. 29 And it came to pass, when God destroyed the cities of the plain, that God remembered Abraham, and sent Lot out of the midst of the overthrow, when he overthrew the cities in the which Lot dwelt.

점 연기 같이 치밀음을 보았더라 29 하나님이 들의 성들을 멸하실 때 곧 롯의 거하는 성을 엎으실 때에 아브라함을 생각하사 롯을 그 엎으시는 중에서 내어 보내셨더라

Zoar, the land Lot begged God to enter, was not the land Lord wanted to save, but instead, it turned out to be a part of Sodom and Gomorrah. God already told his plan to destroy Sodom and Gomorrah, and it was impossible to change it, even with the prayer of Abraham.

Sodom and Gomorrah were cities that were called and represented other five cities in the vicinity of the area. Being one of the five cities, God was able to delay His judgment on the city of Zoar for a little longer, however, he did not exempt the judgment itself. In fact, the other two cities, called Admah and Zeboim part of Sodom and Gomorrah, were destroyed alongside with Sodom and Gomorrah. God's response to Lot's appeal was a temporary solution, and it could not stop the judgement of the five interlinked cities of the same culture. Lord's judgment has already been promised. Lot's lingering attachment for Zoar merely acted as a delay on its destruction. Ultimately, the city of Zoar was erased off from the face of the earth according to the promise of God about Sodom and Gomorrah.

What would have happened if Lot had thrown off his attachment for Sodom and Gomorrah and his wife that had become a pillar of salt, and went back to his relative Abraham by remembering the promised land Canaan? Considering the facts that Abraham had been praying for him earnestly and even an-

멸망한 소돔과 고모라를 뒤로한 채 롯이 주께 애원함으로 들어간 소알 역시, 새로운 구원처가 되지 못하고, 멸망 받기로 정해져 있던 소돔과 고모라 일부였다! 이미 하나님께서는 아브라함에게 소돔과 고모라를 멸하기로 작정하신 일을 말씀하셨고 이는 아브라함의 중보로도 바뀔 수 없었다.

소돔과 고모라는 인근 다섯 성읍의 대표적인 도시로 그 지역 일대를 통칭하는 이름이었다. 하나님은 그 다섯 성읍 중 하나인 소알에 대한 멸망을 잠깐 지연시킬 수는 있어도 심판을 아예 면하게 할 수는 없다. 실제로 소돔과 고모라 옆의 다른 두 도시인 아드마와 스보임은 일시에 소돔과 고모라와 같이 멸망했다. 같은 문화권으로 다섯 성읍이 연결되어 있는 소돔과 고모라를 멸하시기로 확약하고 계시기 때문에 롯의 애원에 대한 응답은 일시적인 조치일 뿐 소알성에 대한 심판을 영원히 면하게 할 수 없다. 소돔과 고모라의 일부인 소알성에 대한 롯의 미련은 그저 감가상각을 일시적으로 늦춘 것에 지나지 않는다. 결국 소알성도 소돔과 고모라에 대한 하나님의 약속에 따라 사라지고 현존하지 못했다.

만약 롯이 소금기둥이 된 아내를 뒤로 한 채 소돔과 고모라에 대한 미련을 끝내 떨쳐버리고 약속의 땅 가나안을 기억하여 친족 아브라함에게 돌아갔다면 어떻게 되었을까? 롯의 구원을 중보한 아브라함이나 천사를 보낸 하나님의 자비하심에 비추어 보았을 때 롯은 언약에서 회복됨으로 인해 다시 약속과 구원의 땅 가나안에서 하나님의 계획을 함께 보았을 가능성이 높다!

풍파가 많은 상처투성이 속 세상에 대해 자기가 의지하던 스스

gel sent straight from God, there is a very high chance that Lot would have recovered back to the covenant and saw God's plan alongside with Abraham in the land of the promise and salvation, Canaan.

It is very common to see a person who will not let go of his sources of self-salvation and protection mechanism, damaged by the storms of this life. However, it is only right for christians, having received Jesus Christ as their savior, to relieve themselves of all their sources of self-preservation and self protection, because only Jesus Christ is the everlasting shield and the city. The stronghold of this world will only last for a short while because everything in this world depreciates eventually. He was dead before, but See, He is alive now.

로의 구원처와 방어기제를 끝까지 놓지 못하는 경우를 흔하게 볼 수 있다. 그러나 예수 그리스도를 구원으로 영접한 이들은 그분 외의 다른 구원처와 방어기제에 대해 스스로 무장해제해야 옳다. 왜냐하면 감가상각이 분명한 세상 속에서 이내 쓰러질 잠깐의 아성이 아닌 오직 예수 그리스도만이 영원한 방패요 성읍이 되시기 때문이다. 그분은 전에 죽임 당하셨으나 보라, 지금 살아계시다.

35. 새 부대의 균형

35. BALANCE OF A NEW SKIN

MATTHEW 9:11-18

11 And when the Pharisees saw it, they
said unto his disciples, Why eateth your
Master with publicans and sinners? 12
But when Jesus heard that, he said unto
them, They that be whole need not a
physician, but they that are sick. 13 But
go ye and learn what that meaneth, I will
have mercy, and not sacrifice: for I am not
come to call the righteous, but sinners to
repentance. 14 Then came to him the
disciples of John, saying, Why do we and
the Pharisees fast oft, but thy disciples fast
not? 15And Jesus said unto them, Can
the children of the bridechamber mourn,
as long as the bridegroom is with them?
but the days will come, when the bride-
groom shall be taken from them, and
then shall they fast. 16.No man putteth a
piece of new cloth unto an old garment,
for that which is put in to fill it up taketh
from the garment, and the rent is made

마태복음 9:11-18

11 바리새인들이 보고 그 제자들에게 이르되
어찌하여 너희 선생은 세리와 죄인들과 함께
잡수시느냐 12 예수께서 들으시고 이르시되
건강한 자에게는 의원이 쓸데 없고 병든 자
에게라야 쓸데 있느니라 13 너희는 가서 내
가 긍휼을 원하고 제사를 원치 아니하노라 하
신 뜻이 무엇인지 배우라 내가 의인을 부르러
온 것이 아니요 죄인을 부르러 왔노라 하시니
라 14 그 때에 요한의 제자들이 예수께 나아
와 가로되 우리와 바리새인들은 금식하는데
어찌하여 당신의 제자들은 금식하지 아니하
나이까 15 예수께서 저희에게 이르시되 혼인
집 손님들이 신랑과 함께 있을 동안에 슬퍼할
수 있느뇨 그러나 신랑을 빼앗길 날이 이르
리니 그 때에는 금식할 것이니라 16 생베 조
각을 낡은 옷에 붙이는 자가 없나니 이는 기
운 것이 그 옷을 당기어 해어짐이 더하게 됨
이요 17 새 포도주를 낡은 가죽 부대에 넣지
아니하나니 그렇게 하면 부대가 터져 포도주
도 쏟아지고 부대도 버리게 됨이라 새 포도
주는 새 부대에 넣어야 둘이 다 보전되느니라

worse. 17Neither do men put new wine
into old bottles: else the bottles break,
and the wine runneth out, and the bot-
tles perish: but they put new wine into
new bottles, and both are preserved. 18
While he spake these things unto them,
behold, there came a certain ruler, and
worshipped him, saying, My daughter
is even now dead: but come and lay thy
hand upon her, and she shall live.

18 예수께서 이 말씀을 하실 때에 한 직원이
와서 절하고 가로되 내 딸이 방장 죽었사오
나 오셔서 그 몸에 손을 얹으소서 그러면 살
겠나이다 하니

The clear meaning of putting new wine into new wineskins is to not to lose vitality of Christianity because of the will of men, customs and formalities of the Pharisees. But, it doesn't mean that some newly rising movements related to Jesus should have the exclusive superiority or the self-closed isolation.

Why did the disciples of John the Baptist try to argue about fasting with the disciples of Jesus who do not fast based on opinions and authority of the Pharisees? Even the disciples of great John the Baptist were confused and felt deprived as the ministry and the words of imprisoned John ceased after the appearance of Jesus. So, it makes us humble that even the disciples of the great John the Baptist can also attack Jesus with religious formality based on human thoughts. Every one of us can keep the will of Jesus in check as we are carried away by our experiences, achievements and logic. When the accumulated religious experience becomes tradition mixed with human thoughts, it can restrict the words of Jesus. Those accumulated rules, regulations and traditions stand against God's words when such behavioral patterns turn into rules and regulations, customs, and traditions and are justified beyond question.

Meanwhile, Jesus didn't claim exclusive superiority or isolation of new movements at all while addressing the need of new wineskins. That is because he was always open without preju-

'새 포도주를 새 부대에 담으라'는 말은 분명히 바리새인들의 전통이나 형식 즉 사람의 뜻에 따라 기독교가 생동력을 잃어버리는 것을 경계하는 표현이 맞다. 그러나 예수와 관련되어 새롭게 일어나는 운동들이 배타적인 우월성과 자기 고립의 폐쇄성을 갖추라는 말은 전혀 아니다.

세례 요한의 제자들이 왜 금식을 하지 않는 예수님과 제자들을 만나 금식에 대한 바리새인들의 견해를 권위로 빌려 가면서까지 논박하려 했을까? 위대한 세례 요한의 제자들조차 예수님의 등장 이후 세례 요한이 투옥되고 사역과 말씀이 정지되자, 혼란과 박탈감이 있었던 모양이다. 위대한 요한의 제자들조차 인간적인 생각으로 종교적인 형식을 들어 예수님을 공격할 수 있다는 것은 우리를 겸손하게 한다. 누구라도 자신의 경험과 업적, 그리고 형식 논리에 치우쳐 예수님의 뜻을 견제할 수 있다. 누적된 종교적 경험이 반드시 따라야 할 전통으로 신봉되어 인간의 생각을 지배하게 되면 예수님의 말씀조차도 제한할 수 있다. 이러한 행동 패턴이 모여 규례와 관습, 전통으로 굳어져 당위성이 부여되면 이것은 도리어 말씀을 대적한다.

한편 예수님은 새 부대의 필요를 언급하면서도 새로운 운동의 배타적 우월성과 폐쇄성을 주장하신 것이 전혀 아니었다. 예수님은 종교적 형식논리로 자신을 논박하는 세례 요한의 제자들과 바리새인들에게조차 항상 선입견 없이 열린 태도를 보이고 있었다.

또한 예수님은 새 부대를 말씀하기 전에 신랑의 손님들과 친구들의 슬픔이 아닌 기쁨을 언급하고 계신다. 이것을 들은 논박을

dice even to the disciples of John the Baptist and the Pharisees who argue against him with their logic of religious formality. Jesus talks not about sorrow but about joy of guests and friends of the bridegroom, before mentioning new wineskin. John's disciples, a group of majors who argued against Jesus might have been shocked when they heard this. It is because his word is a similar parable that reminds them of the words of John the Baptist at the end of his ministry. He spoke of his joy as a friend of the bridegroom as he prophesied his decrease and Jesus's increase(John 3:29). In a word, Jesus didn't close his mind to the disciples of John, but is approaching them with open heart to communicate in an effective way!

Finally, this scene also happened in front of the Pharisees who tried to test Jesus with formal heredity about food(11). Because the synagogue ruler Jairus showed up and begged Jesus to save the life of his daughter while Jesus was sharing these words. He is the leader of the Pharisees as a synagogue is their religious center! What a shock for them who belittle Jesus around religious formalities, rules and regulations to see their leader who was kneeling down and begging him(18)! Wouldn't they be afraid of the power of the word that is alive and at work? Jesus doesn't even reject the Pharisees but is approaching them trying to find a way that his words can work in the most effective way!

주도하는 무리 중 하나였던 세례 요한의 제자들은 매우 놀랐을 것이다. 왜냐하면 세례 요한의 마지막 사역 즈음의 설교 내용을 떠올리게 하는 유사한 비유의 설교였기 때문이다. 세례 요한은 자신의 폐함과 예수님의 흥함을 예언하면서 신랑의 친구로서의 자신의 기쁨을 목 놓아 이야기했었다(요3:29). 예수님은 본인을 논박하는 세례 요한의 제자들에게 마음을 닫아버리시는 것이 아니라, 그들에게 가장 최적화된 말씀으로 호환될 수 있도록 열린 마음으로 다가가고 계시다!

마지막으로 음식에 대한 형식적 유전(11)으로 예수님을 시험하려던 바리새인들 앞에도 엄청난 광경이 벌어진다. 이러한 말씀들을 하던 중에 회당장 야이로가 나타나 예수님께 딸의 생명을 구해줄 것을 애원하고 있기 때문이다. 회당은 바리새인들의 종교적 중심지이기에 회당장 야이로는 바리새인 중에서도 지도층의 사람이다! 바리새인들이 조금 전까지 자신들의 종교적 형식과 규례로 비하했던 예수님에게 그들의 지도자가 와서 무릎 꿇어 간청하고 있는 것을 보았을 때 그들이 받았을 충격은 어떠했을까(18)! 살아 역사하시는 말씀의 권위를 느껴 두려워하지 않았을까? 예수님은 심지어 이런 바리새인도 배척하시고 배타하시는 것이 아니라 그들에게 가장 최적화된 말씀의 역사를 가지고 다가가고 계신다!

날마다 새로운 말씀의 역사는 종교적으로 이데올로기화된 인간의 전통과 규례에 매일 수 없다. 그러나 시대를 따라 일어나는 새로운 운동력에 대해 우리는 열린 마음을 가지고 겸손히 역사 앞에 서야 한다. 일부에서 자신을 새롭게 일어나고 있는 사역이라고 하

The words working every day in new ways can't be limited by human customs, rules and regulations that became a religious ideology. But new movements of the times should also stand humbly before history with open hearts. Some arguments of the ministry that new movements can work with closed and exclusive superiority are also a mere heredity and a tradition of human beings to lift themselves up like human traditions.

면서 그 속에는 폐쇄적이고 배타적인 우월감을 갖고 있다면, 이 역시 인간 전통과 별다르지 않은 인생 자신을 높이기 위한 인간의 유전과 전통일 뿐이다.

36. 시기와 질투의 중죄

36. THE SERIOUS CRIME OF JEALOUSY AND ENVY

NUMBERS 11:24-29, 12:1-11

11:24 And Moses went out, and told the
people the words of the LORD, and gath-
ered the seventy men of the elders of the
people, and set them round about the tab-
ernacle. 25 And the LORD came down
in a cloud, and spake unto him, and took
of the spirit that was upon him, and gave it
unto the seventy elders: and it came to pass,
that, when the spirit rested upon them, they
prophesied, and did not cease. 26 But there
remained two of the men in the camp, the
name of the one was Eldad, and the name of
the other Medad: and the spirit rested upon
them; and they were of them that were writ-
ten, but went not out unto the tabernacle:
and they prophesied in the camp. 27 And
there ran a young man, and told Moses, and
said, Eldad and Medad do prophesy in the
camp. 28 And Joshua the son of Nun, the
servant of Moses, one of his young men,
answered and said, My lord Moses, forbid

민수기 11:-24-29, 12:1-11

11:24 모세가 나가서 여호와의 말씀을 백성에
게 고하고 백성의 장로 칠십인을 모아 장막에
둘러 세우매 25여호와께서 구름 가운데 강
림하사 모세에게 말씀하시고 그에게 임한 신
을 칠십 장로에게도 임하게 하시니 신이 임하
신 때에 그들이 예언을 하다가 다시는 아니
하였더라 26그 녹명된 자 중 엘닷이라 하는
자와 메닷이라 하는 자 두 사람이 진에 머물
고 회막에 나아가지 아니하였으나 그들에게
도 신이 임하였으므로 진에서 예언한지라 27
한 소년이 달려와서 모세에게 고하여 가로되
엘닷과 메닷이 진중에서 예언하더이다 하매
28 택한 자 중 한 사람 곧 모세를 섬기는 눈
의 아들 여호수아가 말하여 가로되 내 주 모
세여 금하소서 29 모세가 그에게 이르되 네
가 나를 위하여 시기하느냐 여호와께서 그 신
을 그 모든 백성에게 주사 다 선지자 되게 하
시기를 원하노라

12:1 모세가 구스 여자를 취하였더니 그 구
스 여자를 취하였으므로 미리암과 아론이 모

them. 29 And Moses said unto him, Envi-
est thou for my sake? would God that all the
LORD's people were prophets, and that the
LORD would put his spirit upon them!

12:1 And Miriam and Aaron spake against
Moses because of the Ethiopian woman
whom he had married: for he had married
an Ethiopian woman. 2 And they said,
Hath the LORD indeed spoken only by
Moses? hath he not spoken also by us? And
the LORD heard it. 3. (Now the man Mo-
ses was very meek, above all the men which
were upon the face of the earth.) 4 And the
LORD spake suddenly unto Moses, and
unto Aaron, and unto Miriam, Come out
ye three unto the tabernacle of the congre-
gation. And they three came out. 5 And
the LORD came down in the pillar of the
cloud, and stood in the door of the taber-
nacle, and called Aaron and Miriam: and

세를 비방하니라 2그들이 이르되 여호와께
서 모세와만 말씀하셨느냐 우리와도 말씀하
지 아니하셨느냐 하매 여호와께서 이 말을 들
으셨더라 3 이 사람 모세는 온유함이 지면의
모든 사람보다 승하더라 4 여호와께서 갑자
기 모세와 아론과 미리암에게 이르시되 너희
삼인은 회막으로 나아오라 하시니 그 삼인이
나아가매 5 여호와께서 구름 기둥 가운데로
서 강림하사 장막 문에 서시고 아론과 미리
암을 부르시는지라 그 두 사람이 나아가매 6
이르시되 내 말을 들으라 너희 중에 선지자가
있으면 나 여호와가 이상으로 나를 그에게 알
리기도 하고 꿈으로 그와 말하기도 하거니와
7 내 종 모세와는 그렇지 아니하니 그는 나의
온 집에 충성됨이라 8 그와는 내가 대면하여
명백히 말하고 은밀한 말로 아니하며 그는 또
여호와의 형상을 보겠거늘 너희가 어찌하여
내 종 모세 비방하기를 두려워 아니하느냐 9
여호와께서 그들을 향하여 진노하시고 떠나
시매 10 구름이 장막 위에서 떠나갔고 미리
암은 문둥병이 들려 눈과 같더라 아론이 미리

they both came forth. 6And he said, Hear now my words: If there be a prophet among you, I the LORD will make myself known unto him in a vision, and will speak unto him in a dream. 7 My servant Moses is not so, who is faithful in all mine house. 8 With him will I speak mouth to mouth, even apparently, and not in dark speeches; and the similitude of the LORD shall he behold: wherefore then were ye not afraid to speak against my servant Moses? 9 And the anger of the LORD was kindled against them; and he departed. 10 And the cloud departed from off the tabernacle; and, behold, Miriam became leprous, white as snow: and Aaron looked upon Miriam, and, behold, she was leprous. 11 And Aaron said unto Moses, Alas, my lord, I beseech thee, lay not the sin upon us, wherein we have done foolishly, and wherein we have sinned.

암을 본즉 문둥병이 들었는지라 11 아론이 이에 모세에게 이르되 슬프다 내 주여 우리가 우매한 일을 하여 죄를 얻었으나 청컨대 그 허물을 우리에게 돌리지 마소서

A question of impartiality over Moses was raised by Miriam and Aaron. They were Moses' family members but they made an issue of his marriage with a gentile woman. Miriam's attack against his sister in law based on her weakness broke the peace of the family. Indeed, did she do it for a great cause?

No, the Ethiopian wife of Moses was likely Zipporah. In Egypt, Arabia and Canaan areas at the time, Ethiopian is an obscene language that commonly pointed gentile women with dark skin. And it is not clear in the Bible Moses got married to another gentile woman except Zipporah from Median. It can be a mere superficial reason if Miriam raised a question about the marriage of Moses and Zipporah.

They married before the Exodus. So, the issue had to be mentioned earlier if it could be a stumbling block to Moses' leadership. It is written in the bible that many tribes were also saved by joining the Exodus of Israel. And Zipporah, the wife of Moses also allowed her sons to be circumcised and join the Israelite group. It was her obedience that could not be shown if she had no faith that the Hebrews would get out of slavery and be saved from the mighty empire of Egypt. On the basis of these situations, God permitted them to get married. And that is the clear evidence that Zipporah's sons and even her father Jethro were used for Israel.

In fact, Miriam seemed to be uncomfortable with the prophecy of seventy elders appointed just before this case rather than caring about Moses. It is because the prophet of Israel was Miriam alone except Moses. But Moses imparted not only the ability of prophecy to the elders but also allowed and encouraged them to prophesy continuously before her treason(11:29). She might think that Moses' action was ignoring and driving her exclusive duty as a prophet to the corner!

When Miriam refuted Moses, she attacked his duty as prophet saying, "Has the Lord indeed spoken only through Moses?" This means that Miriam was obsessed with the prophetic function in a way that she tried to prove the superiority of her prophetic duty!

Meanwhile, there is a great possibility for Aaron to be a passive aider rather than an active accomplice. He also failed to judge the situation with determination and to stand on God's side at the crossroads that both Miriam and Moses are his family. She wouldn't have been able to have the thought by herself to fight against Moses who showed the power of God to Israel if Aaron checked and opposed her jealousy and struggle of flesh and blood or confronted her strongly by standing on God's side. Because of indifference and agreement of Aaron enough to be a mediator, the leadership of Israel was in danger to become a mess now that Moses' love for his family put him to shame and the years during which they were led together by

미리암과 아론으로부터 모세의 신변에 대한 불편부당함이 제기되었다. 서로 가족이었던 그들은 모세의 이방 여인과의 결혼을 문제로 삼았다. 미리암이 자신의 시누이에 대해 약점을 잡고 공격한 것은 가족으로서 화평을 저버린 일이었다. 과연 미리암은 대의를 위해 그랬을까?

이디오피아란 당시 이집트와 아라비아, 가나안 주변의 피부가 검은 이방 여인을 통칭하는 비어였다. 모세의 이디오피아 아내는 아무래도 십보라를 언급하는 것이라고 볼 수 있을 것이다. 왜냐하면 미디안 출신의 십보라를 제외한 또 다른 이방 여인과 모세가 결혼한 정황이 성경에 명백하지 않기 때문이다. 만약 미리암이 모세와 십보라의 결혼을 문제시한 것이라면 이는 한낱 표면적 명분일 수밖에 없다.

십보라와의 결혼은 출애굽 전의 일이었고 만일 그것이 이스라엘을 이끄는 지도력을 갖추기에 문제시되는 내용이었다면 출애굽 전에 제기했어야 옳다. 출애굽 당시 허다한 이방 족속이 이스라엘과 동참하여 구원받은 일이 성경에 기록되어 있으며, 모세의 아내 십보라 역시 할례받는 일을 아들들에게 허용하고 이스라엘 공동체에 참여했다. 이것은 절대 제국이었던 이집트로부터 히브리인이 확실히 노예 생활에서 벗어나 구원 받는다는 믿음이 없으면 결단코 보일 수 없는 순종이었다. 여러 정황으로 볼 때 하나님은 이미 십보라와 모세가 가정을 이룬 것을 허락하셨다. 십보라의 아들들과 심지어 십보라의 아비 이드로를 이스라엘을 위해 사용하신 것이 그 명백한 증거다.

the Holy Spirit as a helper became in vain.

Envy and jealousy are regarded as a more serious crime in the bible than from the viewpoint of common sense. Because arrogance, is one of Satan's attributes. For a person who thinks of himself better than who he is, it appears to be impartial that others are at higher positions. Satan was eager for God's position because of his arrogance and human beings crucified God's firstborn Jesus on the cross because of envy and jealousy.

실제로 미리암은 모세의 신변을 염려해서라기보다 사건 직전에 세워진 칠십 장로들을 통한 대언이 부담스러웠을 것이다. 왜냐하면, 모세를 제외하고 이스라엘에 현존하는 직임으로서의 대언자는 미리암이 독보적이었기 때문이다. 그런데 미리암의 반역이 있기 직전 모세는 장로들에게 대언할 수 있는 능력을 열었을 뿐만 아니라 그들의 대언이 계속되는 일들을 독려하고 허용했다(11:29). 이러한 모세의 처사를 미리암은 본인에 한해 독점적이었던 대언 직임을 무시하고 위태롭게 하는 것으로 여겼던 모양이다.

또 미리암이 모세를 공박할 때 모세에게만 주님이 말씀하시느냐며 모세의 대언적 직임을 공격했고 이는 곧 자신의 대언 직임에 대한 우월성의 입증을 위한 접근이라는 점에서 미리암이 대언적 기능에 집착한 것을 엿볼 수 있다!

한편 아론은 적극적인 동조자였다기 보다는 소극적 방조자였을 가능성이 크다. 미리암도 모세도 혈과 육으로는 누이요, 동생이라는 기로에서 단호하게 상황을 판단하고 하나님 편에 서는 일에 실패했다. 아론이 중간에서 하나님 편에 서서 미리암의 육체적 시기와 쟁투를 견제하거나 반대하는 의사를 분명히 했다면, 미리암은 감히 혼자서 이스라엘 민족에게 하나님의 권위를 드러냈던 모세와 다툴 마음을 먹지 못했을 것이다. 충분히 중재자 역할을 할 수 있었던 아론의 방관과 동조로 이스라엘의 리더십은 혈육의 정조차 무색하게 만들었고, 성령을 통해 동역자로 같이 인도함 받은 세월동안 쌓은 권위도 무너뜨리게 될 위기에 처하게 되었다.

성경 안에서 시기와 질투는 생각하는 것보다 크나큰 중죄로 다루어진다. 시기와 질투에는 사단의 속성인 교만이 내포되어있기 때문이다. 다른 존재에 비해 자기 정체를 높게 설정했을 때 자신보다 나은 처지에 있는 사람들의 자리가 불편부당해 보이는 법이다. 사단은 교만함으로 인해 하나님의 자리를 탐했으며 인생들은 시기와 질투로 맏아들 예수님을 못 박았다.

37. 메랍의 아들들을 향한 비정

37. COLDNESS ONTO THE SONS OF MERAB

2 SAMUEL 21:1-14

1 Then there was a famine in the days of
David three years, year after year; and
David enquired of the LORD. And the
LORD answered, It is for Saul, and for
his bloody house, because he slew the
Gibeonites. 2 And the king called the
Gibeonites, and said unto them; (now
the Gibeonites were not of the children
of Israel, but of the remnant of the Amor-
ites; and the children of Israel had sworn
unto them: and Saul sought to slay them
in his zeal to the children of Israel and
Judah.) 3 Wherefore David said unto
the Gibeonites, What shall I do for you?
and wherewith shall I make the atone-
ment, that ye may bless the inheritance
of the LORD? 4And the Gibeonites said
unto him, We will have no silver nor gold
of Saul, nor of his house; neither for us
shalt thou kill any man in Israel. And he
said, What ye shall say, that will I do for

사무엘하 21:1-14

1 다윗의 시대에 년부년 삼년 기근이 있으므
로 다윗이 여호와 앞에 간구하매 여호와께서
가라사대 이는 사울과 피를 흘린 그 집을 인
함이니 저가 기브온 사람을 죽였음이니라 하
시니라 2 기브온 사람은 이스라엘 족속이 아
니요 아모리 사람 중에서 남은 자라 이스라
엘 족속들이 전에 저희에게 맹세하였거늘 사
울이 이스라엘과 유다 족속을 위하여 열심이
있으므로 저희 죽이기를 꾀하였더라 이에 왕
이 기브온 사람을 불러 물으니라 3 다윗이 저
희에게 묻되 내가 너희를 위하여 어떻게 하
랴 내가 어떻게 속죄하여야 너희가 여호와의
기업을 위하여 복을 빌겠느냐 4 기브온 사람
이 대답하되 사울과 그 집과 우리 사이의 일
은 은금에 있지 아니하오나 이스라엘 가운데
서 사람을 죽이는 일은 우리에게 있지 아니하
니이다 왕이 가로되 너희의 말하는대로 시행
하리라 5 저희가 왕께 고하되 우리를 학살하
였고 또 우리를 멸하여 이스라엘 경내에 머물
지 못하게 하려고 모해한 사람의 6 자손 일
곱을 내어 주소서 여호와의 빼신 사울의 고을

you. 5 And they answered the king, The man that consumed us, and that devised against us that we should be destroyed from remaining in any of the coasts of Israel, 6 Let seven men of his sons be delivered unto us, and we will hang them up unto the LORD in Gibeah of Saul, whom the LORD did choose. And the king said, I will give them. 7 But the king spared Mephibosheth, the son of Jonathan the son of Saul, because of the LORD's oath that was between them, between David and Jonathan the son of Saul. 8 But the king took the two sons of Rizpah the daughter of Aiah, whom she bare unto Saul, Armoni and Mephibosheth; and the five sons of Michal the daughter of Saul, whom she brought up for Adriel the son of Barzillai the Meholathite: 9 And he delivered them into the hands of the Gibeonites, and they hanged them in the hill

기브아에서 우리가 저희를 여호와 앞에서 목매어 달겠나이다 왕이 가로되 내가 내어 주리라 하니라 7 그러나 다윗과 사울의 아들 요나단 사이에 서로 여호와를 가리켜 맹세한 것이 있으므로 왕이 사울의 손자 요나단의 아들 므비보셋은 아끼고 8 이에 아야의 딸 리스바에게서 난 자 곧 사울의 두 아들 알모니와 므비보셋과 사울의 딸 메랍에게서 난 자 곧 므홀랏 사람 바실래의 아들 아드리엘의 다섯 아들을 잡고 9 저희를 기브온 사람의 손에 붙이니 기브온 사람이 저희를 산 위에서 여호와 앞에 목매어 달매 저희 일곱 사람이 함께 죽으니 죽은 때는 곡식 베는 처음날 곧 보리 베기 시작하는 때더라 10 아야의 딸 리스바가 굵은 베를 가져다가 자기를 위하여 반석 위에 펴고 곡식 베기 시작할 때부터 하늘에서 비가 시체에 쏟아지기까지 그 시체에 낮에는 공중의 새가 앉지 못하게 하고 밤에는 들짐승이 범하지 못하게 한지라 11 이에 아야의 딸 사울의 첩 리스바의 행한 일이 다윗에게 들리매 12 다윗이 가서 사울의 뼈와 그 아들 요

before the LORD: and they fell all seven
together, and were put to death in the
days of harvest, in the first days, in the be-
ginning of barley harvest. 10 And Rizpah
the daughter of Aiah took sackcloth, and
spread it for her upon the rock, from the
beginning of harvest until water dropped
upon them out of heaven, and suffered
neither the birds of the air to rest on them
by day, nor the beasts of the field by night.
11 And it was told David what Rizpah the
daughter of Aiah, the concubine of Saul,
had done. 12 And David went and took
the bones of Saul and the bones of Jona-
than his son from the men of Jabeshgile-
ad, which had stolen them from the street
of Bethshan, where the Philistines had
hanged them, when the Philistines had
slain Saul in Gilboa: 13 And he brought
up from thence the bones of Saul and the
bones of Jonathan his son; and they gath-

나단의 뼈를 길르앗 야베스 사람에게서 취하
니 이는 전에 블레셋 사람이 사울을 길보아에
서 죽여 벳산 거리에 매어 단 것을 저희가 가
만히 가져 온 것이라 13 다윗이 그곳에서 사
울의 뼈와 그 아들 요나단의 뼈를 가지고 올
라 오매 사람들이 그 달려 죽은 자들의 뼈를
거두어다가 14 사울과 그 아들 요나단의 뼈
와 함께 베냐민 땅 셀라에서 그 아비 기스의
묘에 장사하되 모두 왕의 명대로 좇아 행하
니라 그 후에야 하나님이 그 땅을 위하여 기
도를 들으시니라

ered the bones of them that were hanged.
14 And the bones of Saul and Jonathan
his son buried they in the country of Benjamin in Zelah, in the sepulchre of Kish his father: and they performed all that the king commanded. And after that God was intreated for the land.

If the sins of the family of Saul against God and the Gibeonites was the cause of the famine, shouldn't the famine have been ended after David punishes the descendants with death? But, as if there were more problems to be resolved, God made the famine end half a year later from the executions, after David had collected all the remains of the Saul family. This is because God judges those who violate his righteousness, but He also wanted David to take care of any residual feelings left towards Saul's family.

It was harsh treatment by David to not take proper care of the corpses for half a year, knowing that Merab's sons have been killed. Merab was Saul's eldest daughter who could have been married to David. Saul had promised to give his daughter Merab to whoever defeats Goliath, but when David came back from the war successful, he was jealous of the popularity David has gained and gave away Merab to Adriel, son of Barzillai. Initially, David may have had good feelings towards Merab, who could have been his wife during his younger years, however, she also acted as a reminder for him of Saul's wrongful acts against him.

If a person is continuously exposed to abuses through wrongful and inhumane treatments, the person may develop mixed emotion of hatred and anger that cause a state of conflict in one's mind that cannot be contained, and end up shutting down their emotions to bitter coldness.

So, when descendants of Saul were executed, David left the

corpses to rot away for food to the wild animals. Of course, the executions were the result of God's judgment on the family of Saul for their sin against God Himself and the Gibeonites, and wanted them to realize it and pay the price. God's purpose was not in simply displaying cruelty. God wanted to deal with David's emotions, filled with hatred and anger, emotions of brutal revenge hiding behind his cold-heartedness. David must have been confused to see the famine lingering even after the execution of Saul family. Only then, David repents having his cold heart.

Unlike the relationship of God and man, it is difficult to judge from right to wrong the problems caused between one man with another. We are all born with the original sin of Adam. So, whoever is modest and first kneels before Jesus' blood and righteousness will receive the Kingdom of God. Between the life of God's endless love and loveless Adam's world, which life would you prefer to live? Saul challenged love and righteousness of God's kingdom by not turning back from his stubbornness, and opened the doors for cold and heartless era of famine. Since the grace of God is endlessly reserved for those who stand on His side, the choice is yours, those who have the spirit to humbly prostate and repent in front of Him.

만일 사울의 가계가 기브온 사람들과 하나님 앞에 죄를 범함으로 기근의 저주가 내린 것이라면 사울의 왕가의 자손들이 다윗을 통해 죽음의 심판을 받은 뒤에는 기근이 바로 풀려야 하는 것이 맞지 않을까? 그러나 하나님은 사울의 자손들이 죽음으로써 대가를 치르고도 해결해야 할 문제가 남아있다는 듯이 반년 후, 다윗이 사울왕가의 시신들을 수습해주고 나서야 이스라엘의 기근을 해결해주셨다. 왜냐하면, 사울 왕가가 공의를 어긴 잘못도 심판하시지만, 다윗 속에 남아 있던 사울 가문을 향한 가시지 않은 앙금과 매정함도 돌이키길 원하셨기 때문이다.

다윗이 메랍의 아들들이 죽임을 당한 것을 알고도 그 시신을 거의 반년 간이나 내버려둔 것은 아무래도 매정한 처사이다. 왜냐하면 메랍은 다윗과 결혼할 수도 있었던 사울의 큰딸이었기 때문이다. 사울이 골리앗을 꺾는 자에게는 자신의 딸 메랍을 주겠노라고 공언했지만 막상 다윗이 전공(戰功)을 올리자 세간의 평을 시기한 나머지 메랍을 바르실래에게 시집보내버린 것이다. 어쩌면 다윗이 메랍을 생각할 때 청년의 시절 부부의 연을 맺을 뻔했던 여자라는 애틋함도 있을 수 있지만 한편으로는 평생을 사울에게 부당하게 견제당하게 된 악연의 고리의 시작이자 결정적 흔적이기도 하다.

사람이 부당한 처우와 비인격적인 관계 속에서 지속해서 학대를 받다 보면 미움과 분노의 감정을 반복하다가 결국 그러한 내적 갈등상태를 견디지 못하고 스스로 자신의 감정을 차단하는 비정함에 이르게 된다. 따라서 다윗은 사울 왕가에 대한 심판이 집행되어 그들의 시체가 썩어가면서 짐승의 먹이가 되는 일을 내버려

됐다. 물론 사울 왕가가 하나님과 기브온에게 저지른 잘못에 대한 심판의 결과일 수 있지만 하나님은 심판을 통해 죄를 깨닫고 그 대가를 알기 원하실 뿐 단순히 잔혹함을 나타내려는 분이 아니다. 따라서 사울에게 평생 쫓겨 다닌 다윗에게 남아있던 증오와 미움의 앙금, 그리고 잔혹한 보복의 감정 너머 비정함과 매정함으로 일관하는 마음을 다루기 원하셨다. 다윗이 사울 왕가에 심판을 집행하고도 기근의 저주가 멈추지 않는 사태를 목도하였을 때 그는 매우 당황했을 것이다. 그리고 그는 이내 자신 안에 감추어뒀던 사울과 같은 비정함을 돌아보고 회개했다.

사람 사이의 잘못과 문제에는 하나님과 인간 사이처럼 일방적인 옳고 그름이라는 것이 존재하기 어렵다. 우리는 너나할 것 없이 아담의 원죄를 지니고 태어났다. 따라서 예수님의 보혈의 공로와 공의 앞에 먼저 엎드려지는 겸손한 자가 하나님 나라를 실존적으로 누리고 나타낼 자격을 가진다. 하나님의 무한한 사랑과 아담이 속한 세상의 사랑 없음과 비정함 중에 무엇을 삶으로 받아내며 살아가야 할 것인가? 사울이 회개하지 않고 비정하게 자신을 고집하여 하나님 나라의 사랑과 공의에 도전함으로 인해 차디차고 매정한 기근의 시대가 열렸다. 그러나 다윗이 자신의 비정함을 포기하고 원수를 용서할 때 비정한 기근의 시대가 닫혔다. 하나님의 편에 서는 자에게 부어지는 은혜는 세상이 감당할 수 없을 정도로 한량없이 예비되어 있기에, 선택은 겸손히 하나님께 부복하여 회개하는 심령, 곧 당신에게 달려있다.

38. 땅에다 쓰신 것, 그 두 번째

38. WHAT HE WROTE ON THE GROUND, THE SECOND TIME

JOHN 8:2-11

2 And early in the morning he came again into the temple, and all the people came unto him; and he sat down, and taught them. 3 And the scribes and Pharisees brought unto him a woman taken in adultery; and when they had set her in the midst, 4They say unto him, Master, this woman was taken in adultery, in the very act. 5 Now Moses in the law commanded us, that such should be stoned: but what sayest thou? 6 This they said, tempting him, that they might have to accuse him. But Jesus stooped down, and with his finger wrote on the ground, as though he heard them not. 7 So when they continued asking him, he lifted up himself, and said unto them, He that is without sin among you, let him first cast a stone at her. 8 And again he stooped down, and wrote on the ground. 9 And they which heard it, being convicted by their own conscience,

요한복음 8:2-11

2 아침에 다시 성전으로 들어오시니 백성이 다 나아오는지라 앉으사 저희를 가르치시더니 3 서기관들과 바리새인들이 간음 중에 잡힌 여자를 끌고 와서 가운데 세우고 4 예수께 말하되 선생이여 이 여자가 간음하다가 현장에서 잡혔나이다 5 모세는 율법에 이러한 여자를 돌로 치라 명하였거니와 선생은 어떻게 말하겠나이까 6 저희가 이렇게 말함은 고소할 조건을 얻고자하여 예수를 시험함이러라 예수께서 몸을 굽히사 손가락으로 땅에 쓰시니 7 저희가 묻기를 마지 아니하는지라 이에 일어나 가라사대 너희 중에 죄 없는 자가 먼저 돌로 치라 하시고 8 다시 몸을 굽히사 손가락으로 땅에 쓰시니 9 저희가 이 말씀을 듣고 양심의 가책을 받아 어른으로 시작하여 젊은이까지 하나씩 하나씩 나가고 오직 예수와 그 가운데 섰는 여자만 남았더라 10 예수께서 일어나사 여자 외에 아무도 없는 것을 보시고 이르시되 여자여 너를 고소하던 그들이 어디 있느냐 너를 정죄한 자가 없느냐 11 대답하되 주여 없나이다 예수께서 가라사대 나

went out one by one, beginning at the
eldest, even unto the last: and Jesus was
left alone, and the woman standing in the
midst. 10 When Jesus had lifted up him-
self, and saw none but the woman, he said
unto her, Woman, where are those thine
accusers? hath no man condemned thee?
11 She said, No man, Lord. And Jesus said
unto her, Neither do I condemn thee: go,
and sin no more.

도 너를 정죄하지 아니하노니 가서 다시는 죄를 범치 말라 하시니라

Jesus' action of writing on the ground was an intention of love, to stop the woman's character from being used and shamed in an unfair trial(6). But the bible says that Jesus did not just write on the ground once, but bent down and wrote on the ground again after saying 'If any one of you is without sin, let him be the first to throw a stone at her(8).' In other words, he bent down and wrote on the ground twice. Then why did he write on the ground again?

Let us imagine, after saying 'Let the one without sin be first to throw a stone', Jesus had glared at the Pharisees and teachers of the law, as though he was seeing through their evil intentions. Now, the Pharisees, teachers of the law and the crowds, having received an intense glare, would have stood up against Jesus in anger and felt contempt thinking that Jesus was condemning them, instead of realizing their sins. However, Jesus avoided their eyes and bent down once more as to not judge even those who had come to find fault with him by testing him with an unfair trial. Jesus presented himself to them in a form best for them to be able to repent.

Jesus' writing on the ground, the first time, was for the forgiveness of the woman caught in adultery. The second time was not to judge those who tried to test Jesus, but give them a chance to repentant. What amazing love this is! Previously, we have looked at why Jesus' writing on the ground was more important than what he wrote. To say it in a different way, Jesus basically wrote the entire bible on the ground. This doesn't mean that he wrote all 66 books of the bible word for word, but he wrote God's intention for giving us the bible. In other words, he wrote all of God's love.

While we were nothing but lifeless corpses, as Adam had been dirt before he received life, we have received salvation through God's love written on the ground, and were made into a person who now have the loving life that overcame death. Praise His unbearable love, written on the dirt of the ground!

예수님이 땅에다 무언가를 쓰신 것은 불온한 재판에 여인의 인격이 이용당하고 수치 거리가 되는 것을 막으시기 위한 사랑의 의도였다(6). 그런데 성경은 예수님이 땅에다가 한 번 쓰신 것으로 묘사하는 것이 아니라 '너희 중에 죄 없는 자가 돌로 치라'고 말씀하신 후에 다시 한 번 땅에 쓰신 것으로 묘사한다(8). 즉 고개를 숙이시고 땅에 두 번씩이나 쓰신 것이다. 도대체 왜 또 땅에 쓰셨단 말인가?

자, 예수님이 만약 '너희 중에 죄 없는 자가 치라'며 바리새인과 서기관들의 비열한 의도를 꿰뚫어 보시는 양 사람들을 쏘아봤다고 해보자. 바리새인과 서기관 및 대중들도 역시 인격인바 예수님의 꿰뚫어보는 눈빛에 자신들의 죄를 뉘우치기보다 분노로 맞서거나 혹은 자신들을 정죄한다고 여겨 모멸감을 느꼈을 것이다. 예수님은 자신을 책잡기 위해 불온한 재판으로 시험하러 온 자들의 인격조차도 심판하지 않으시려고 시선을 땅으로 피하신 채 또 한 번 쓰시며 그들이 회개하기에 가장 좋은 모양으로 다가가셨다.

즉 첫 번째 땅에 쓰심은 간음한 여인의 용서를 위해서였다. 두 번째 땅에 쓰심은 심지어 자신을 시험하려던 자들조차도 정죄하지 않으시고 회개할 기회를 주시기 위함이었다. 이 얼마나 놀라운 사랑인가!

앞서 땅에 무엇을 쓰셨나가 중요한 것이 아니라 왜 쓰셨나가 중요할 수 있다고 했다. 이제 역설적으로 다시 말해보겠다. 예수님은 땅에다 성경 전체를 쓰셨다.

성경 66권을 다 필사하셨다는 것이 아니라 하나님께서 우리에게 성경을 주신 의도, 즉 하나님의 사랑을 다 쓰셨다는 것이다.

오늘 당신은 아담이 만들어지고 생기를 받기 전의 흙과 같이 아무런 생명이 없는 죽음의 육체에 불과했지만, 그 흙에 하나님의 사랑이 쓰인 고로 죽음을 넘어 사랑의 생명을 지닌 산 자로 구원되었다. 땅의 흙에 새기신 감당할 수 없는 사랑을 찬양하라!

39. 화합을 훼방한 죄

39. OBSTRUCTION OF A RECONCILIATION

2 SAMUEL 18:5-15

5 And the king commanded Joab and Abishai and Ittai, saying, Deal gently for my sake with the young man, even with Absalom. And all the people heard when the king gave all the captains charge concerning Absalom. 6 So the people went out into the field against Israel: and the battle was in the wood of Ephraim; 7 Where the people of Israel were slain before the servants of David, and there was there a great slaughter that day of twenty thousand men. 8 For the battle was there scattered over the face of all the country: and the wood devoured more people that day than the sword devoured. 9 And Absalom met the servants of David. And Absalom rode upon a mule, and the mule went under the thick boughs of a great oak, and his head caught hold of the oak, and he was taken up between the heaven and the earth; and the mule that was un-

사무엘하 18:5-15

5 왕이 요압과 아비새와 잇대에게 명하여 가로되 나를 위하여 소년 압살롬을 너그러이 대접하라 하니 왕이 압살롬을 위하여 모든 군장에게 명령할 때에 백성들이 다 들으니라 6 이에 백성이 이스라엘을 치러 들로 나가서 에브라임 수풀에서 싸우더니 7 거기서 이스라엘 무리가 다윗의 신복들에게 패하매 그 날 그곳에서 살륙이 커서 이만에 이르렀고 8 그 땅에서 사면으로 퍼져 싸웠으므로 그 날에 수풀에서 죽은 자가 칼에 죽은 자보다 많았더라 9 압살롬이 다윗의 신복과 마주치니라 압살롬이 노새를 탔는데 그 노새가 큰 상수리나무 번성한 가지 아래로 지날 때에 압살롬의 머리털이 그 상수리나무에 걸리매 저가 공중에 달리고 그 탔던 노새는 그 아래로 빠져나간지라 10 한 사람이 보고 요압에게 고하여 가로되 내가 보니 압살롬이 상수리나무에 달렸더이다 11 요압이 그 고한 사람에게 이르되 네가 보고 어찌하여 당장에 쳐서 땅에 떨어뜨리지 아니하였느뇨 내가 네게 은 열개와 띠 하나를 주었으리라 12 그 사람이 요압에게 대

der him went away. 10 And a certain man
saw it, and told Joab, and said, Behold, I
saw Absalom hanged in an oak. 11 And
Joab said unto the man that told him,
And, behold, thou sawest him, and why
didst thou not smite him there to the
ground? and I would have given thee ten
shekels of silver, and a girdle. 12 And the
man said unto Joab, Though I should re-
ceive a thousand shekels of silver in mine
hand, yet would I not put forth mine hand
against the king's son: for in our hearing
the king charged thee and Abishai and
Ittai, saying, Beware that none touch the
young man Absalom. 13 Otherwise I
should have wrought falsehood against
mine own life: for there is no matter hid
from the king, and thou thyself wouldest
have set thyself against me. 14 Then said
Joab, I may not tarry thus with thee. And
he took three darts in his hand, and thrust

답하되 내가 내 손에 은 천개를 받는다 할찌
라도 나는 왕의 아들에게 손을 대지 아니하겠
나이다 우리가 들었거니와 왕이 당신과 아비
새와 잇대에게 명하여 이르시기를 삼가 누구
든지 소년 압살롬을 해하지 말라 하셨나이다
13 아무 일도 왕 앞에는 숨길 수 없나니 내가
만일 거역하여 그 생명을 해하였더면 당신도
나를 대적하였으리이다 14 요압이 가로되 나
는 너와 같이 지체할 수 없다 하고 손에 작은
창 셋을 가지고 가서 상수리나무 가운데서 아
직 살아 있는 압살롬의 심장을 찌르니 15 요
압의 병기를 맡은 소년 열이 압살롬을 에워싸
고 쳐 죽이니라

them through the heart of Absalom, while
he was yet alive in the midst of the oak.
15 And ten young men that bare Joab's
armour compassed about and smote Ab-
salom, and slew him.

King David's command that people deal gently with Absalom was a proclamation of forgiveness of Absalom's treason. Is David able to forgive his son who raped his father's concubines, stole his kingdom and led people to betray him? David is a saint by nature. It was only possible because he was forgiven from his father God, the King of kings, the Lord of lords. David made Uriah, a faithful servant of God, be killed and took his lovely wife and ruined his family. But, he confessed his sin and was finally forgiven from his Father God when Nathan condemned him.

Those who experienced the grace of forgiveness also can forgive others gently. Reminding oneself of the experience of being forgiven is the secret to becoming generous. It was neither David nor Joab who had an ambiguous attitude toward Absalom's sin. If you look at the Bible closely, one of David's servants just passed by when he saw Absalom hanging on a tree. This person shows a vague attitude toward Absalom. It was right for him to bring Absalom to his father and give him a chance to confess his sin if he wanted to follow the David's command to gently deal with Absalom. It was also a heaven-sent chance for the soldier to save Absalom, an enemy of all soldiers of David, because he found him when he was alone, not in formation. Of course, he might have felt sorry that his country was facing a crisis and for his fellow soldiers who had

아들 압살롬의 반역에 대해 다윗 왕이 아버지로서 모든 백성 앞에 내린 명령은 너그러이 대하라는 용서의 선언이었다. 다윗은 어떻게 왕비들을 유린하고, 왕국을 도둑질하고 백성들을 배신하게 한 아들을 용서할 수 있었는가? 다윗의 성정이 비단결 같았기 때문이 아니다. 다윗은 만왕의 왕, 만주의 주 아버지 하나님께 용서를 받았기 때문이다. 그는 하나님의 충직한 종 우리아를 죽이고 사랑하는 아내를 빼앗아 그의 가정을 파멸에 이르게 했다. 그러나 나단으로부터 그의 죄를 책망받았을 때 다윗은 회개했고 결국 아버지 하나님의 용서를 받았다.

죄 사함 받은 은혜를 아는 사람은 다른 사람의 죄를 용서할 수 있게 된다. 하나님께 용서받았다는 사실을 상기하는 것이야말로 타인의 죄에 대해 너그러울 수 있는 비결이다. 압살롬의 죄악에 대해 애매모호한 태도를 가지는 이는 다윗도 요압도 아니다. 성경을 잘 관찰해보면 다윗의 부하 중 하나가 압살롬이 나무에 매어 달린 것을 보고도 그냥 지나쳐온다. 죄인 압살롬을 대하는 이 군인의 태도는 모호하다. 왕이 모든 백성에게 한 명령대로 압살롬을 너그러이 대하려면 그를 데려다가 그의 아비 다윗 왕에게 잘못을 빌게 할 일이었다. 그가 편대가 아닌 혼자 압살롬을 발견한 것은 다윗의 모든 군인들의 원수이자 공적, 압살롬을 살릴 수 있는 하늘이 준 절호의 기회였다. 물론 그도 다윗의 군인으로서, 압살롬이 일으킨 반역으로 인해 동료들과 나라가 쓰러져가는 것에 유감을 가졌을 것이다. 그가 감정대로 질주했더라면 압살롬을 창으로 꿰뚫어야 했을 터이다. 그러나 그는 이러지도 저러지도 않는

to fight against Absalom. He could have pierced Absalom's heart with his spear if he was emotionally heightened. But he doesn't take any action. He chooses not to go to King David to inform him the whereabouts of Absalom. Instead, he goes to Joab who was waiting for a chance to kill Absalom for having set his feet on fire and reports to him the location of Absalom. The soldier gave Joab a chance to kill Absalom.

It was neither Joab nor Absalom who made the most terrifying decision in this scene. It is the soldier who was very fast in killing the King's son by borrowing the hands of others, in this case Joab, and calling for another rebellion. The story could have ended with reconciliation, but with a wrong choice of a soldier, it brought about more death and rebellion. He brought another division to the kingdom by wasting a chance of reconciliation. Ensuing result? David and Joab, once loyal to each other, became deadly enemies forever.

다. 격한 감정을 억누른 채 다윗 왕을 찾아가 용서를 하든 죽이든 마음대로 하도록 그의 위치를 보고하는 것도 단념한다. 다만 그는 압살롬이 자신의 밭에 불을 질러 심기가 상했던 요압을 찾아가 그가 매달려 있는 위치를 알려준다. 그리고 요압이 압살롬을 죽일 기회를 내어준다.

이 장면에서 가장 섬뜩한 인물은 요압도 압살롬도 아니다. 바로 남의 손을 빌어 자신의 감정을 감추고 또 다른 반역과 살인을 이끌어내는 한 군인의, 죄악에 빠르게 반응하는 솜씨이다. 이 군인은 압살롬의 반역을 화합과 용서가 아닌 요압의 손을 빌어 원수를 죽이도록 부추김으로 이스라엘과 유대에 분열된 마음을 남긴 채 화합의 역사를 종결시켰다. 그는 또 다른 반역과 분열을 잉태시켰다. 또한, 왕의 친족이자 왕국의 장군이었던 요압이 압살롬을 내어주어 살해하게 함으로써 왕의 뜻을 거슬러 반역하게 하는 결과를 가져왔다. 이 군인은 자신을 통해 이룰 수 있었던 화합의 기회를 저버리고 교묘한 행동을 취함으로써 왕국에 또 다른 분열을 가지고 온다. 충절로 맺어진 왕과 신하였던 다윗과 요압은 이 사건으로 불구대천지 원수(不俱戴天之怨讐)가 된다.

40. 압살롬의 아름다운 딸, 다말

40. THE BEAURIFUL DAUGHTER OF ABSALOM, TAMAR

2 SAMUEL 14:27

27 And unto Absalom there were born three sons, and one daughter, whose name was Tamar: she was a woman of a fair countenance.

사무엘하 14:27

27 압살롬이 아들 셋과 딸 하나를 낳았는데 딸의 이름은 다말이라 얼굴이 아름다운 여자더라

The bible summarizes the life of Absalom's daughter only into two things. First, she was a woman of beautiful appearance. Second, her father Absalom named her 'Tamar'. She could have had a happy life with her beautiful appearance. But, her life overlapped with his sadness and grudge because he didn't forget the death of his sister "Tamar". As a result, her life was destroyed. All people would at least once in their life time think about the meaning and identity of their own name. Tamar, the daughter of Absalom might have understood the reason of her name in her adolescence. The story that her raped aunt had the same name with her. She could have asked and heard from others about the shocking story. The story that her father was living as a fugitive after killing his brother for the revenge of his sister Tamar. Daughter Tamar probably have wanted to curse her life when her father was killed as he was not able to overcome the resentment, and finally caused treason.

Who has destroyed the future of this beautiful woman? Tamar wasn't raped, hurt or casted out in real life, as her aunt has been. But her life was completely unhappy. While she was still young and beautiful, her life was totally ravaged by Absalom who projected his unforgiving heart on his daughter.

There are some christians who still dwell on their past and face the pains of the present and the future, not being able to choose the peace of internal gospel. We all may have past experiences of being violated by others and pain from them, even at the present moment. We may also have the emotion of resentment, hate, anger and the scar of being recoiled from others out of protection against further pain, shutting ourselves from the others. But, are we such worthless beings, so much as to live the remainder of our lives being bound to such inertia? No, your existence is very precious. It would be a foolish thing to do, to destroy your future by choosing not to forgive nor reconcile trapped in the past.

If you are still held up in the past or suffer from its pain, let's try to remember that you cannot find the solution just by thinking about the dark past and a sense of reality. Let's choose to forgive, with the light of the gospel when there are hatred and loneliness of isolation. When you decide to choose the gospel(the light), human's(Adam's) flesh and the darkness of the enemy may be stirred up for a fierce fight, however, you will definitely be able to get a clear answer and a recovery. Let's not ruin the beautiful future of God's kingdom in us, held back by our past. Let's choose the future of blessing that the gospel of forgiveness and reconciliation promises, not a curse.

성경은 압살롬의 딸의 생애를 압축하여 단 두 가지로 언급한다. 그녀는 용모가 매우 아름답다는 것, 그리고 아비 압살롬이 딸의 이름을 '다말'이라고 지었다는 것이다. 아마도 그녀는 매우 아름다운 용모로 사랑을 받으며 행복하게 살 수 있었을 것이다. 그러나 그 아비가 잊지 못한 누이 '다말'의 죽음에 대한 사무치는 슬픔과 원한이 자신의 삶에 오버랩 되면서 그녀의 미래는 파괴되었다. 모든 인생은 한번쯤 자신의 이름의 뜻과 정체성에 대해 생각해 볼 것이다. 압살롬의 딸 다말은 사춘기 무렵 자신의 이름의 연유에 대해 궁금증을 가지게 되었을 것이고 강간당한 고모의 이름이 곧 자신의 이름이라는 것을 깨달을 수 있었을 것이다. 그 충격적인 전말을 누군가에게 묻고 들었을 것이다. 아비가 동생 다말의 복수를 위해 형제를 죽이고 도망자 생활을 하고 있는 것을 말이다. 결국 과거 원한을 이기지 못하고 아비가 반역을 일으켜 죽임을 당하고 말았을 때 그 딸 다말은 자신의 인생을 저주하고 싶었을 터이다.

누가 이 아름다운 여인의 미래를 망쳐놓았는가? 다말은 그녀의 고모처럼 누군가에게 실제로 강간을 당하거나 상처를 입거나 버려지지 않았지만 자신이 짊어지게 된 인생의 굴레 속에서 너무나 불행했다. 압살롬이 자신이 용서하지 못한 과거를 아름답고 어린 딸에게 투영했을 때 그녀의 삶은 철저히 유린당했다.

내적 복음의 평강을 선택하지 못한 채 여전히 과거에 매여 아픈 현재와 미래를 맞는 그리스도인들이 있다. 우리가 누군가에게 치명적으로 상하고 유린당하며 아픔을 겪었던 과거와 현재가 있을 수 있다. 원망과 미움, 분노로 얼룩진 감정, 더 이상 상처받고 싶지 않아 웅크렸던 흔적, 담을 쌓았던 보호 본능도 있을 수 있다. 그러나 그러한 관성에 매여 앞으로의 삶을 살아가야할 만큼 우리는 무가치한 존재인가? 아니, 당신은 너무나 소중한 존재이다. 그렇기에 과거로 얼룩져 용서와 화해를 선택하지 못한 채 미래를 망쳐버리는 것은 매우 어리석은 일이다.

아직도 과거의 상함을 계속 묵상하고 있거나, 그 상처가 지금도 여전히 아프다면 기억하자. 아담이 가진 어둠을 묵상하는 능력과 실존적 감각만으로는 답이 없다는 것을. 상함에 대한 미움과 단절의 외로움을 오고 갈 때 복음의 빛으로 용서를 선택하자. 빛의 복음을 선택할 때, 아담의 육체와 대적의 어둠이 드러나 그 싸움이 치열할 수 있겠지만 우리는 분명히 명쾌한 해답과 회복을 얻게 될 것이다. 더 이상 과거로 인해 내 안의 하나님 나라의 아름다운 미래를 망치지 말자. 용서와 화해의 복음이 약속하는 축복의 미래를 선택하자.

41. 사람의 배신을 이기는 비결

41. THE SECRET TO OVERCOME BETRAYAL OF MEN

1 SAMEUL 23:1-14

1 Then they told David, saying, Behold,
the Philistines fight against Keilah, and
they rob the threshingfloors. 2 Therefore
David enquired of the LORD, saying,
Shall I go and smite these Philistines?
And the LORD said unto David, Go, and
smite the Philistines, and save Keilah. 3
And David's men said unto him, Behold,
we be afraid here in Judah: how much
more then if we come to Keilah against
the armies of the Philistines? 4 Then Da-
vid enquired of the LORD yet again. And
the LORD answered him and said, Arise,
go down to Keilah; for I will deliver the
Philistines into thine hand. 5 So David
and his men went to Keilah, and fought
with the Philistines, and brought away
their cattle, and smote them with a great
slaughter. So David saved the inhabitants
of Keilah. 6 And it came to pass, when
Abiathar the son of Ahimelech fled to Da-

사무엘상 23:1-14

1 혹이 다윗에게 고하여 가로되 보소서 블레
셋 사람이 그일라를 쳐서 그 타작마당을 탈취
하더이다 2 이에 다윗이 여호와께 묻자와 가
로되 내가 가서 이 블레셋 사람을 치리이까
여호와께서 다윗에게 이르시되 가서 블레셋
사람을 치고 그일라를 구원하라 하시니 3 다
윗의 사람들이 그에게 이르되 보소서 우리가
유다에 있기도 두렵거든 하물며 그일라에 가
서 블레셋 사람의 군대를 치는 일이리이까 4
다윗이 여호와께 다시 묻자온대 여호와께서
대답하여 가라사대 일어나 그일라로 내려가
라 내가 블레셋 사람을 네 손에 붙이리라 하
신지라 5 다윗과 그의 사람들이 그일라로 가
서 블레셋 사람과 싸워 그들을 크게 도륙하고
그들의 가축을 끌어오니라 다윗이 이와 같이
그일라 거민을 구원하니라 6 아히멜렉의 아
들 아비아달이 그일라 다윗에게로 도망할 때
에 손에 에봇을 가지고 내려왔었더라 7 다윗
이 그일라에 온것을 혹이 사울에게 고하매 사
울이 가로되 하나님이 그를 내 손에 붙이셨도
다 그가 문과 문빗장이 있는 성에 들어갔으니

vid to Keilah, that he came down with an
ephod in his hand. 7 And it was told Saul
that David was come to Keilah. And Saul
said, God hath delivered him into mine
hand; for he is shut in, by entering into a
town that hath gates and bars. 8And Saul
called all the people together to war, to
go down to Keilah, to besiege David and
his men. 9 And David knew that Saul
secretly practised mischief against him;
and he said to Abiathar the priest, Bring
hither the ephod. 10 Then said David,
O LORD God of Israel, thy servant hath
certainly heard that Saul seeketh to come
to Keilah, to destroy the city for my sake.
11 Will the men of Keilah deliver me up
into his hand? will Saul come down, as
thy servant hath heard? O LORD God of
Israel, I beseech thee, tell thy servant. And
the LORD said, He will come down. 12
Then said David, Will the men of Keilah

갇혔도다 8 사울이 모든 백성을 군사로 불러
모으고 그일라로 내려가서 다윗과 그의 사람
들을 에워싸려 하더니 9 다윗이 사울의 자기
를 해하려 하는 계교를 알고 제사장 아비아
달에게 이르되 에봇을 이리로 가져오라 하고
10 다윗이 가로되 이스라엘 하나님 여호와여
사울이 나의 연고로 이 성을 멸하려고 그일
라로 내려오기를 꾀한다 함을 주의 종이 분명
히 들었나이다 11 그일라 사람들이 나를 그
의 손에 붙이겠나이까 주의 종의 들은대로 사
울이 내려 오겠나이까 이스라엘의 하나님 여
호와여 원컨대 주의 종에게 일러 주옵소서 여
호와께서 가라사대 그가 내려 오리라 12 다
윗이 가로되 그일라 사람들이 나와 내 사람들
을 사울의 손에 붙이겠나이까 여호와께서 가
라사대 그들이 너를 붙이리라 13 다윗과 그의
사람 육백명 가량이 일어나 그일라를 떠나서
갈 수 있는 곳으로 갔더니 다윗이 그일라에서
피한 것을 혹이 사울에게 고하매 사울이 가기
를 그치니라 14 다윗이 황무지 요새에도 있었
고 또 십황무지 산골에도 유하였으므로 사울

deliver me and my men into the hand of
Saul? And the LORD said, They will de-
liver thee up. 13 Then David and his men,
which were about six hundred, arose and
departed out of Keilah, and went whith-
ersoever they could go. And it was told
Saul that David was escaped from Keilah;
and he forbare to go forth. 14 And David
abode in the wilderness in strong holds,
and remained in a mountain in the wil-
derness of Ziph. And Saul sought him
every day, but God delivered him not into
his hand.

이 매일 찾되 하나님이 그를 그의 손에 붙이 지 아니하시니라

David lived as a fugitive under the mad pursuit of king Saul. Why, then, did David ask the Lord if the men of Keilah will deliver him into Saul's hand, knowing that he had absolute disadvantage over Saul's army? Even if the men of Keilah had helped David fight the battle against Saul's overwhelming army David would not have been able to manage Saul. Furthermore, Saul thought it was a great opportunity for himself because the town was a bottleneck. If his forces surrounded it, he would be in a dominating position of the war.

Why is David, then, asking questions that only seem to be wasting a whole lot of time in an urgent time of war? David instinctively knew the people of Keilah will betray him because the person who reported to Saul that David was in Keilah was neither a spy of Saul nor a Philistine, but a man from Keilah who had received the grace of being saved by David himself. According to the words of the betrayer he is reporting that 'David was come to Keilah(KJV).' instead of 'David was gone to Keilah.' The betrayer was able to use this expression because he was an insider. Let's review the circumstances exactly. The people of Keilah, whom David had saved at the risk of his own life, endangered his life by informing his position to Saul before forces came to invade the city. David had experienced mad envy and purge from Saul whom he followed like a father. And warriors of the cave of Adullam distrusted the leader-

다윗은 사울의 광기어린 추격 중에 도망자의 삶을 살고 있었다. 그는 왜 사울 군대와의 절대 열세의 전력 차를 알면서도 그일라 사람들이 자신을 사울에게 넘겨줄 것인지 주님께 거듭해서 묻고 있을까? 그일라 사람들이 사울에게 자신을 넘겨주지 않고 다윗을 도와 함께 사울에 맞선다 하더라도 이스라엘 전군을 동원해 온 사울의 전력을 감당할 수 없다. 더군다나 그일라 성읍은 병목 같아서 포위하면 옥쇄하는 형국이 된다. 사울이 절호의 기회로 여길 정도로 전적으로 우위의 전력에 놓이게 되는 것이다.

다윗은 왜 이처럼 다급한 전시 상황에서 시간낭비처럼 여겨지는 질문, 그일라 사람들이 자신을 사울에게 넘겨줄 것인지에 대해 묻고 있는 것인가? 다윗은 그일라 사람들의 배신을 이미 직감했다. 왜냐하면 사울에게 다윗이 그일라에 있다는 첩보를 넘겨준 사람이 사울의 간첩도 아니요 블레셋 원수도 아니요, 다윗에게 구원의 은혜를 입은 그일라 내부자였기 때문이다. 첩보자의 밀고에 따르면 다윗이 '그일라로 갔다'고 보고되는 것이 아니라 '그일라로 왔다'로 표현되고 있다. 그일라의 내부자로서 다윗을 맞았기 때문에 '왔다'는 표현을 쓸 수 있었던 것이다. 정황을 그려보면 사울의 군대가 쳐들어오기 전, 다윗이 목숨을 걸고 구해준 그일라 사람들이 다윗을 사울에게 '먼저 밀고하여' 다윗의 목숨을 위태롭게 했다. 다윗은 지금 아버지처럼 따랐던 사울의 광기어린 시기와 숙청, 그일라를 구원하기 원하는 다윗의 리더십에 대한 아둘람 굴 용사들의 불신, 은혜를 원수로 갚는 그일라 사람들의 배신 등 사람으로부터 받은 총체적 배반 속에서 정신적 충격에 휩싸였다. 그래서

ship of David when he insisted that they save Keilah. Also, the people of Keilah re-payed good with evil, by betraying him. So, by now, David must have been mentally shocked with all these circumstances. That's why he asked God crying "Would Keilah really betray me even at the risk of my own life to save them? For real, God?" Betrayal by the people of Keilah was not something that was prophesied to happen in the future, but what had already happened, and so, it was possible that David would not have been in his right mind to come back to his senses from the betrayal.

Then why did God let David be abandoned completely by the people? The answer is simple and clear. To trust God, not people. A person who has faith in a man more than God has abundant potentials to betray someone without any intention of doing so, because the person trusts human love and human capabilities. However, the capability and love of a human can never be reliable. Sooner of later, they will show their limits. Thus, whoever trusts the shallow ability and love of mankind instead of those of the Lord's will soon be disappointed and will try to find someone else to rely on, only to find out nothing can meet his/her expectations. Those who rely on other human beings will eventually start doubting others. Meanwhile, those who rely on the faithfulness of the Lord to serve people will be able to serve faithfully even rebellious sinners.

사울의 대군이 추격해오는 절대 열세의 상황 속에도 '정녕 목숨 걸고 구원한 그일라가 절 배신한 것입니까, 그게 정말입니까?'라고 절규하듯 물었다. 그일라로부터 받은 배신은 앞으로 일어날 것이라 예언되었던 것이 아니라 이미 일어난 것이기 때문에 다윗은 그가 겪은 인간의 배신에 정신을 수습할 수 없었을지도 모른다.

그럼 하나님은 왜 다윗이 사람들에게 철저히 버려지게 하시는가? 답은 간단명료하다. 사람을 신뢰하게 하지 않고 하나님을 신뢰하게 하려 함이다. 하나님보다 사람을 신뢰하는 사람은 본인의 의도와 상관없이 언젠가 다른 사람을 배신할 가능성이 농후하다. 왜냐하면 그는 사람의 사랑과 능력을 의지하고 신뢰하기 때문이다. 그러나 사람의 능력과 사랑은 의지하고 신뢰할 만한 것이 못된다. 유한한 인생이 보여줄 수 있는 사랑과 능력은 언젠가 한계를 드러내기 마련이다. 따라서 주님이 아닌 인생의 능력과 얕은 사랑의 깊이를 기반으로 사람을 신뢰하는 사람은 이내 곧 사람에게 실망하고, 그 기대를 다른 인생에게로 돌리지만 그 기대는 충족되지 못한다. 사람을 의지하는 자는 결국엔 사람을 의구하고 의심한다. 한편 주님의 신실하심을 따라 인생을 대하는 사람은 패역한 죄인에게도 신실할 수 있다. 왜냐하면 그는 연약한 사람에게서 신뢰를 찾는 것이 아니라 하나님의 신실함에 기반을 두어 사람을 섬겼기 때문이다. 이런 자들이 어떤 상황에서도 실망하지 않을 수 있는 이유가 있다. 연약한 인생들의 죄가 세상에 넘쳐나도 하나님께서는 그분의 신실하심으로, 죄로 인해 오류투성이인 세상을 십자가의 약속으로 결국 새롭게 바꾸시는 분이기 때문이다.

This is possible because he/she is not looking for faithfulness from people, but only serve them based on the faithfulness of the Lord. They have the reason not to be disappointed in any circumstances. Because, even as this world may be inundated by the sins of mankind, our Lord is capable of transforming everything anew by the promise of the cross.

While David was being abandoned by the people, he was continuously saved by God(14). Larger betrayals originated by the sins of the people, sons, servants, Israelites awaits him in the near future. Even the king cannot go around these difficult times as long as he is surrounded by people. Betrayals of human beings are something that should be always expected, and their decision to betray is very fast, as the people of Keilah. So, would David have to trust mere humans or God in order to establish the eternal kingdom of heaven that lives inside him? God's training is always excellent.

다윗은 사람에게는 버려지지만 하나님께는 계속 구원받는다(14). 가까운 다윗의 미래에 사람들의 죄악으로 인해 아들들에게, 신하들에게, 백성들에게 버려지는 더 큰 배신이 기다리고 있다. 인생들에게 둘러 쌓여있는 한, 왕이어도 피할 수 없다. 인생들의 배신은 늘 예고되어 있고 배신을 결정함에 있어서 그일라 사람들처럼 빠르고 신속하다. 다윗에게 있는 하나님 나라가 영원히 서기 위해서 다윗은 연약한 인생들을 신뢰해야겠는가, 하나님을 신뢰해야겠는가? 하나님의 훈련은 탁월하다.

42. 창조의 역설, 흑암과 혼돈, 어둠

42. THE PARADOX OF CREATION, DARKENESS AND FORMLESSNESS, THE DARKENESS

GENESIS 1:1-8

1 In the beginning God created the heaven and the earth. 2 And the earth was without form, and void; and darkness was upon the face of the deep. And the Spirit of God moved upon the face of the waters. 3 And God said, Let there be light: and there was light. 4 And God saw the light, that it was good: and God divided the light from the darkness. 5 And God called the light Day, and the darkness he called Night. And the evening and the morning were the first day. 6 And God said, Let there be a firmament in the midst of the waters, and let it divide the waters from the waters. 7 And God made the firmament, and divided the waters which were under the firmament from the waters which were above the firmament: and it was so. 8 And God called the firmament Heaven. And the evening and the morning were the second day.

창세기 1:1-8

1 태초에 하나님이 천지를 창조하시니라 2
땅이 혼돈하고 공허하며 흑암이 깊음 위에 있
고 하나님의 신은 수면에 운행하시니라 3 하
나님이 가라사대 빛이 있으라 하시매 빛이 있
었고 4 그 빛이 하나님의 보시기에 좋았더라
하나님이 빛과 어두움을 나누사 5 빛을 낮이
라 칭하시고 어두움을 밤이라 칭하시니라 저
녁이 되며 아침이 되니 이는 첫째 날이니라 6
하나님이 가라사대 물 가운데 궁창이 있어 물
과 물로 나뉘게 하리라 하시고 7 하나님이 궁
창을 만드사 궁창 아래의 물과 궁창 위의 물
로 나뉘게 하시매 그대로 되니라 8 하나님이
궁창을 하늘이라 칭하시니라 저녁이 되며 아
침이 되니 이는 둘째 날이니라

Is darkness, night and formlessness the creation of satan? No. Satan does not have the ability to create, at all. Satan only tries to distort the history of creation of God. The darkness and night, formlessness and disorder, and time without shape are all in the Lord. In the beginning of Genesis, the first and second day of creation were like that. The Lord shines the light onto the darkness and empties out the form of everything when new creation begins. Surprisingly, the history of creation in the book of Genesis addresses darkness before light, and a day begins with the night-time ending with the day-time.

Even in human lives, we often see days that cannot be made stable, filled with emptiness and darkness, only to be controlled by formlessness and disorder. Do you think those days were created by satan with the purpose of giving you pain by controlling the darkness? It may look like it superficially. However, the Lord will often allow the dark times first before the day-time for your new spiritual journey. He changes the order of Adam into being formless and make it empty to bring the new creation. Why?

He is making it empty to fill God's great creation. He changes order of the past into disorder for God's new order. The beginning of the creation is like a person having to experience its time as a fetus. God created the skies and created a layer of water around it. Similar things happen to a fetus in the womb. First there is an empty space which is gradually filled with amniotic fluid while a fetus will position itself inside it. A fetus begins to grow after an empty space is made in the dark surrounded by water in the mother's womb. Likewise, a person receives a new life only after being reborn in the water of the Holy Spirit. It is like when Jesus was resurrected from the time of darkness after hanging on the cross. Therefore, your time in the darkness is the time of emptiness preparing for a new spiritual creation. It is the time to seek only God, preparing yourself to accept whatever He gives you.

Rejoice, if you feel empty and cannot find order in your life. If you wait for the light in the darkness, you will experience the Lord in a newer and deeper way, and morning will shine down after the dark. If you going through the time of emptiness and confusion like Job, then you are becoming a new creation being born again. You don't regret the old past when you have a better new present. As a caterpillar does not stay in its cocoon after breaking out from the dark and become a butterfly, you will fly up with Lord's love if you endure your time in the pain and wait on the Lord. Accept the encouragement of pain. The time of darkness is also in the Lord's hands. You are going through the spiritual child-bearing pain of a new creation!

흑암과 어둠, 밤과 혼돈의 역사는 사단의 창조물인가? 아니다. 사단은 아무 것도 창조할 수 없다. 다만 하나님의 창조의 역사를 왜곡시키려 할 뿐이다. 어둠과 밤, 혼돈과 무질서, 형태가 없는 시간도 모두 주님 안에 있다. 창세기의 시작과 창조의 첫째 날과 둘째 날이 그러했다. 새로운 창조가 시작되는 순간 주님은 모든 것의 형태를 비우고 질서가 흔들리는 어둠 속에서 빛을 비추신다. 놀랍게도 창세기의 창조의 역사는 빛보다 어둠을 먼저 언급하며, 하루를 밤으로부터 시작해 낮으로 끝나는 것으로 계수한다.

창조된 인생에도 혼돈과 어둠이 가득하여 형태가 없는 무질서가 지배해 스스로 안정을 찾을 수 없는 나날들이 찾아올 때가 있다. 사단이 어둠을 지배해 당신에게 고통을 주는 시간이라고 생각하는가? 물론 표면적으로 그럴 수도 있다. 그러나 당신의 새로운 영적 여정을 위해 주님은 종종 낮보다 밤의 어두운 시간을 먼저 허락하신다. 새로운 창조가 오기 위해 아담의 질서를 혼돈으로 바꾸시고 형태를 비우신다. 하나님의 크신 창조를 불어넣기 위해 우리의 형태를 비우시는 것이다.

하나님은 그분의 새로운 질서를 위해 기존의 질서를 무질서로 바꾸신다. 창조의 역사의 시작은 인생이 태아의 때를 경험하는 것과 유사하다. 땅 위에 궁창이라는 빈 공간을 두시고 궁창 위에 물을 두르신다. 임신한 모태 속에 먼저 빈 공간이 생기고 양수가 둘러지고 아이가 자리를 잡는 것과 같은 이치다. 그리고 뱃속 어둠에서 먼저 공간이 생긴 후 양수가 둘러지면서 태아가 자라기 시작한다. 마치 태아가 양수라는 어두운 물속에서 죽지 않고 태어나는 것 처럼 인생도 성령의 물을 통해 거듭나야 중생을 얻는다. 마치 예수님이 십자가로 어둠의 시간을 통과하고서 부활하신 것처럼 말이다. 따라서 당신의 어둠은 새로운 영적 창조를 위한 비움의 시간이다. 완전히 주님의 것만을 갈망하고 받아들일 준비의 시간이다. 모든 질서가 혼돈하고 공허하다면 기뻐하라. 어둠 속에서 빛을 기다리는 당신의 그 시간은 주님을 더욱 새롭게 깊이 만나는 밤을 지나 새로운 하루가 시작되는 낮으로 잉태될 것이다.

인생의 모든 것이 흔들리고 공허하게 되었을 그때 마치 욥과 같은 고통의 시간을 지나간다면 보라, 당신은 새롭게 태어나고 창조되고 있다. 이전 것이 지나고 더 나은 새것이 되었을 때는 이전 것에 미련을 두지 않는다. 마치 애벌레가 고치의 어둠 속에서 허물을 벗고 나비가 되어 다시 고치에 깃들지 않는 것처럼, 당신이 고통의 시간을 지나고 있을지라도 당신이 주님을 사랑함으로 이 시간을 기다린다면 당신은 더욱 새롭게 비상할 것이다. 고통의 격려를 받아들이라. 어둠의 시간도 주님이 주관하고 계신다. 당신에게 새로운 창조의 영적 산고가 지나가고 있다!

43. 위대한 충성의 인물

43. THE FIGURE OF GREAT LOYALTY

2 SAMUEL 11:6-25

6 And David sent to Joab, saying, Send
me Uriah the Hittite. And Joab sent Uriah
to David. 7 And when Uriah was come
unto him, David demanded of him how
Joab did, and how the people did, and
how the war prospered. 8 And David
said to Uriah, Go down to thy house, and
wash thy feet. And Uriah departed out of
the king's house, and there followed him a
mess of meat from the king. 9 But Uriah
slept at the door of the king's house with
all the servants of his lord, and went not
down to his house. 10 And when they
had told David, saying, Uriah went not
down unto his house, David said unto
Uriah, Camest thou not from thy jour-
ney? why then didst thou not go down
unto thine house? 11 And Uriah said
unto David, The ark, and Israel, and Ju-
dah, abide in tents; and my lord Joab, and
the servants of my lord, are encamped in

사무엘하 11:6-25

6 다윗이 요압에게 기별하여 헷 사람 우리아
를 내게 보내라 하매 요압이 우리아를 다윗에
게로 보내니 7 우리아가 다윗에게 이르매 다
윗이 요압의 안부와 군사의 안부와 싸움의 어
떠한 것을 묻고 8 저가 또 우리아에게 이르되
네 집으로 내려가서 발을 씻으라 하니 우리
아가 왕궁에서 나가매 왕의 식물이 뒤따라 가
니라 9 그러나 우리아는 집으로 내려가지 아
니하고 왕궁 문에서 그 주의 신복들로 더불어
잔지라 10 혹이 다윗에게 고하여 가로되 우
리아가 그 집으로 내려가지 아니하였나이다
다윗이 우리아에게 이르되 네가 길 갔다가 돌
아온 것이 아니냐 어찌하여 네 집으로 내려가
지 아니하였느냐 11 우리아가 다윗에게 고하
되 언약궤와 이스라엘과 유다가 영채 가운데
유하고 내 주 요압과 내 왕의 신복들이 바깥
들에 유진하였거늘 내가 어찌 내 집으로 가서
먹고 마시고 내 처와 같이 자리이까 내가 이
일을 행치 아니하기로 왕의 사심과 왕의 혼의
사심을 가리켜 맹세하나이다 12 다윗이 우리
아에게 이르되 오늘도 여기 있으라 내일은 내

the open fields; shall I then go into mine
house, to eat and to drink, and to lie with
my wife? as thou livest, and as thy soul
liveth, I will not do this thing. 12And Da-
vid said to Uriah, Tarry here to day also,
and to morrow I will let thee depart. So
Uriah abode in Jerusalem that day, and
the morrow. 13And when David had
called him, he did eat and drink before
him; and he made him drunk: and at
even he went out to lie on his bed with the
servants of his lord, but went not down to
his house. 14 And it came to pass in the
morning, that David wrote a letter to Joab,
and sent it by the hand of Uriah. 15 And
he wrote in the letter, saying, Set ye Uriah
in the forefront of the hottest battle, and
retire ye from him, that he may be smit-
ten, and die. 16 And it came to pass, when
Joab observed the city, that he assigned
Uriah unto a place where he knew that

가 너를 보내리라 우리아가 그 날에 예루살렘
에 유하니라 이튿날 13 다윗이 저를 불러서
저로 그 앞에서 먹고 마시고 취하게 하니 저
녁때에 저가 나가서 그 주의 신복으로 더불
어 침상에 눕고 그 집으로 내려가지 아니하니
라 14 아침이 되매 다윗이 편지를 써서 우리
아의 손에 부쳐 요압에게 보내니 15 그 편지
에 써서 이르기를 너희가 우리아를 맹렬한 싸
움에 앞세워 두고 너희는 뒤로 물러가서 저로
맞아 죽게하라 하였더라 16 요압이 그 성을
살펴 용사들의 있는줄을 아는 그곳에 우리아
를 두니 17 성 사람들이 나와서 요압으로 더
불어 싸울 때에 다윗의 신복중 몇 사람이 엎
드러지고 헷 사람 우리아도 죽으니라 18 요
압이 보내어 전쟁의 모든 일을 다윗에게 고할
쌔 19 그 사자에게 명하여 가로되 전쟁의 모
든 일을 네가 왕께 고하기를 마친 후에 20 혹
시 왕이 노하여 네게 말씀하기를 너희가 어찌
하여 성에 그처럼 가까이 가서 싸웠느냐 저희
가 성 위에서 쏠줄을 알지 못하였느냐 21 여
룹베셋의 아들 아비멜렉을 쳐죽인 자가 누구

valiant men were. 17 And the men of the
city went out, and fought with Joab: and
there fell some of the people of the serv-
ants of David; and Uriah the Hittite died
also. 18 Then Joab sent and told David all
the things concerning the war; 19 And
charged the messenger, saying, When
thou hast made an end of telling the mat-
ters of the war unto the king, 20 And if
so be that the king's wrath arise, and he
say unto thee, Wherefore approached ye
so nigh unto the city when ye did fight?
knew ye not that they would shoot from
the wall? 21 Who smote Abimelech the
son of Jerubbesheth? did not a woman
cast a piece of a millstone upon him from
the wall, that he died in Thebez? why
went ye nigh the wall? then say thou, Thy
servant Uriah the Hittite is dead also. 22
So the messenger went, and came and
shewed David all that Joab had sent him

냐 여인 하나가 성에서 맷돌 윗짝을 그 위에
던지매 저가 데벳스에서 죽지 아니하였느냐
어찌하여 성에 가까이 갔더냐 하시거든 네가
말하기를 왕의 종 헷 사람 우리아도 죽었나이
다 하라 22 사자가 가서 다윗에게 이르러 요
압의 모든 보낸 일을 고하여 23 가로되 그 사
람들이 우리보다 승하여 우리를 향하여 들로
나온고로 우리가 저희를 쳐서 성문 어귀까지
미쳤더니 24 활 쏘는 자들이 성 위에서 왕의
신복들을 향하여 쏘매 왕의 신복중 몇사람이
죽고 왕의 종 헷 사람 우리아도 죽었나이다
25 다윗이 사자에게 이르되 너는 요압에게 이
같이 말하기를 이 일로 걱정하지 말라 칼은
이 사람이나 저 사람이나 죽이느니라 그 성을
향하여 더욱 힘써 싸워 함락시키라 하여 너는
저를 담대케 하라 하니라

for. 23 And the messenger said unto Da-
vid, Surely the men prevailed against us,
and came out unto us into the field, and
we were upon them even unto the enter-
ing of the gate. 24 And the shooters shot
from off the wall upon thy servants; and
some of the king's servants be dead, and
thy servant Uriah the Hittite is dead also.
25 Then David said unto the messenger,
Thus shalt thou say unto Joab, Let not
this thing displease thee, for the sword
devoureth one as well as another: make
thy battle more strong against the city, and
overthrow it: and encourage thou him.

Would Uriah be able to give devoted service to God till the end if he had taken a hint of adultery between his lord David and his wife Bathsheba? We think that Uriah fought and sacrificed his life for Israel and without knowing anything about the adultery. But, the bible surprisingly gives us a hint that Uriah already knew what had happened when he was called the second time by David! David might be perplexed before Uriah's determination when he said with a thundering cry, "How could I go to my house to eat and drink and make love to my wife(11)?" This was because it was something David wanted, but could not be asked of Uriah. Lying with his wife for a warrior during a war is against the law. Even the king cannot ask his servant of these things and break the law. David has never received suspicion by Uriah saying, "Make love to your wife". He only attempted to lure Uriah to go into his wife at his own will, loosening the tensions from the battlefield, offering him delicacies and saying things such as "Why didn't you go home?" Therefore, David did not need to buy himself suspicion by telling Uriah to sleep with his wife at the risk of breaking the law. David's words of encouragement that Uriah take a rest at home wasn't breaking the law or anything that would buy suspicion.

Despite the fact, Uriah precisely catches David's intentions. He is questioning back David's inquiry by asking what may seem impolite "Are you asking me to lie with my wife by breaking the law while making Joab fighting with warriors at the war go ahead of you called the lord and enjoying comfort at your palace?" This is an act of insulting a superior officer during the war time. There is no servant who would try to reprimand the king for telling him to get some rest since the his duty to report is complete. There is a saying that even the walls have ears. It seems like David's affair with Uriah's wife was a secret, but many people actually noticed what was going on. There were a servant and a messenger of David who brought Uriah's wife to him. And, her servant spread the news in the palace of her pregnancy. And even, there was a servant of him who tried to blow some sense into him by telling him that the woman is Bathsheba, Eliam's daughter, Uriah's wife. Generally, a married woman is called only in relation to her husband. However, the servant addresses her in relation to both her father and her husband. Her father Eliam is one of David's outstanding warriors. So, the servant's advice of concern is shown when he says "How can you live in peace with households of two warriors by bringing her, the daughter of your warrior and the wife of your another warrior because of your lust?" His words stand siding with his faithful servant Uriah, not with David who tries to commit adultery. Also, does not the female servant who spread the news of Bathsheba's pregnancy belong to Uriah's

과연 우리아가 자신의 주 다윗과 아내 밧세바의 간통을 눈치챘었더라면 그는 끝까지 하나님께 충성할 수 있었을까? 우리는 우리아가 간통에 대해 아무것도 모른 채로 이스라엘을 위해 싸우다 희생되었다고 생각하지만, 놀랍게도 성경은 그가 다윗 앞에 두 번째 호출되었을 때 이미 간통 사실을 알고 있던 것으로 그리고 있다! "내가 어찌 내 집으로 가서 먹고 마시고 내 처와 같이 자리이까(11)."라고 일갈하는 우리아의 결연함 앞에 다윗은 적잖이 당혹스러웠을 것이다. 왜냐하면 이것은 다윗이 우리아에게 요청하고 싶어도 할 수 없는 명령이기 때문이다. 전쟁 중에 용사가 여인과 동침하는 것은 율법이 금하고 있는 행위이다. 왕이라도 율법을 어기면서까지 신하에게 요청할 수 없다. 다윗은 지금까지 한 번도 아내와 동침하라는 말로 우리아의 의심을 살만한 말을 한 적이 없다. 다만 '어찌 집으로 내려가지 않았느냐' 하며 집에서 휴식을 청할 것을 권하고 산해진미의 음식을 주어 우리아가 전시의 긴장이 풀어진 분위기에서 스스로 아내에게 들어가기를 유도할 뿐이었다. 따라서 율법을 어기면서까지 아내와 동침하라는 낯 뜨거운 말로 우리아의 의심을 살 필요가 없었다. 그저 집에서 휴식하라는 다윗의 권면은 율법을 어기거나 의심을 살만한 말이 아니었다.

그런데도 우리아는 다윗이 자신에게 원하는 것을 정확히 짚어내고 있다. 왕궁에서 안락에 빠진 다윗보다 전쟁 중에 용사들과 싸우고 있는 요압을 앞세워 '주'로 호칭하며 다소 격양되고 무례해 보이기까지 할 정도의 언사로 '당신이 지금 나에게 요청하는 것이 율법을 어기고 내 아내랑 동침하라는 것입니까?' 라고 되묻

household? There is a high chance that the rumor had spread by the king's servants and the members of Uriah's family. Wouldn't you imagine that nobody was there to give Uriah of any hint of what was going on out of compassion for him? Later, Bathsheba's grandfather Ahithophel rebels against David. The first thing he devised after his treason was to entice Absalom to violate the king's wives and concubines. This is proves that he knew his grand daughter's marriage was not a legal one, but instead something that had began out of an adultery. It was a scheme motivated from a personal grudge that David too should be taken away of his wives, as done to her daughter. Surely, Uriah must have done something about this, if even his wife's grandfather had been heart broken about this. So by now, all the families of Uriah and Bathsheba in Jerusalem were aware of the fact that there was an incident of adultery.

Despite all this, Uriah still went back to the war front knowing that the king who he had served his whole life and his loving wife had an affair. He might even, with doubts, have read the letter of the king's command to kill him on his way. Or, he could have made plea to Joab when it seemed so obvious that he was being relocated to die in the battle fronts. However, he chose to die a clean death in the war as if he was being slaughtered. His wife would have had to be stoned to death according to the law if he wanted to bring into the spotlight the incidents

고 있는 것이다. 이것은 전시 상관모독에 해당하는 모욕적 발언이다. 표면적으로 전황보고가 끝난 전령이기에 가서 쉬라는 왕의 명령 앞에서 아내와 동침하여 율법을 어기라 한다며 훈계하는 신하가 어디 있겠는가? 낮말은 새가 듣고 밤말은 쥐가 듣는다고, 다윗이 아무도 몰래 우리아의 아내 밧세바를 취한 것처럼 보이지만 주변에서 정황을 인지한 사람들이 꽤 많았다. 목욕을 하는 밧세바를 본 다윗이 그가 누군지 알아보고 데려오기 위해 보낸 다윗의 신하와 전령이 있었다. 이후 밧세바의 권속이 임신 사실을 궁에 알렸고 이는 당연히 소문이 났을 터이다. 심지어는 다윗이 밧세바에게 음욕을 품자, '엘리암의 딸이자 우리아의 아내 밧세바'이니 정신 차리라는 뉘앙스로 상황을 인지시키려 한 신하도 있었다. 통상 결혼한 여인은 남편의 권속으로만 호칭된다. 신하는 이례적인 표현으로 밧세바의 아비와 남편의 두 존재를 모두 언급한다. 밧세바의 아버지 엘리암은 다윗의 걸출한 용사들 중 하나다. 즉 '당신의 용사 엘리암의 딸이자, 당신의 또 다른 용사 우리아의 아내가 된 밧세바를 음욕을 품고 데려온다면, 두 용사의 집안과 어찌 평안하게 지내시렵니까?' 라는 충언의 우려가 읽힌다. 이는 여인을 보고 죄를 범하려는 다윗의 편에서가 아니라 충성스러운 신하, 우리아의 편에 선 표현이었다. 또한 밧세바의 임신을 알린 여종 역시 우리아의 권속이 아닌가! 다시금 말하지만, 당연히 다윗의 신하들과 우리아 집안 권속들을 중심으로 추문이 퍼져 나갔을 것이다. 그중 누구 한 명이라도 우리아의 편에서 그의 입장을 딱하게 여겨 눈치라도 주는 사람이 없었을까? 나중에 밧세바의

of the affair and prove her wife guilty. Then, his family, the warriors of Bathsheba's family, Eliam and Ahithophel would become enemies against David. Israel, the kingdom of God, would be destroyed by the war and conspiracy because of the relationship between the king's family and the servant's families as an enemy. This was why Uriah chose to die in a battle for God of Israel without having to blame others while knowing the sin between the king and his wife. Living at a time where trust among people are weakened, a figure like Uriah is missed greatly, who renders devoted service to God by laying down his own life knowing the sins and irresponsibility of others.

할아버지였던 아히도벨은 다윗에게 반역을 일으킨다. 반역을 일으키고 첫 번째로 꾸민 모략이 다윗의 처첩을 압살롬이 유린하도록 한 일이었다. 이는 손녀가 당했던 일이 합법적 결혼이 아니라 간통이었음을 인지하고 있었다는 증거이다. '남의 아내를 빼앗았으니 너도 빼앗겨 봐라.' 라는 원한이 담긴 모략이었다. 하물며 밧세바의 할아버지조차 간통의 원한을 사무쳐 하였는데, 남편인 우리아만 모른 채 있었을까? 이 정도라면 예루살렘 내에서 적어도 밧세바와 우리아 집안 인물들만큼은 집 안에 퍼진 추문을 통해 간통을 인지하고 있었던 것이 분명해 보인다.

신하로서 자신의 평생을 바쳤던 이스라엘의 왕 다윗과 사랑하는 아내 밧세바의 간통을 알고 있는 우리아는 그런데도 순순히 그들을 위해 싸우러 전쟁터로 돌아간다. 가는 도중에 의심스러워 자신을 죽이라는 명령이 담긴 전서를 읽어봤을 수도 있다. 아니면 요압이 공공연히 금기시하는 죽음의 전략으로 자신을 내몰 때 어째서 개죽음을 요구하느냐고 항변할 수도 있다. 그러나 그는 도살당하듯 깨끗이 싸우다 죽는 편을 택했다. 만약 자신이 간통을 문제 삼아 증명하면 아내 밧세바는 율법대로 돌에 맞아 죽어야 한다. 우리아의 집안, 밧세바의 집안 용사들, 엘리암과 아히도벨은 다윗과 원수가 된다. 하나님 나라, 이스라엘은 왕가와 신하 집안들 사이에 원수 맺음을 통해 전쟁과 음모로 절단이 날 것이다. 그리하여 우리아는 다윗과 아내의 간통죄를 알면서도 아무에게도 잘못을 묻지 않은 채 용사로서 해오던바 이스라엘 하나님을 위해 싸우다 죽는 편을 택한다. 마치 예수님처럼, 사람들을 믿을 수 없는 날들이 지나갈 때, 인생들의 죄악과 무책임함을 알면서도 하나님께 목숨 걸어 충성하는 그런 우리아 같은 인물이 그리운 밤이다.

44. 담을 넘은 가지

44. BRANCHES RUN OVER THE WALL

GENESIS 49:22

22 Joseph is a fruitful bough, even a fruitful bough by a well; whose branches run over the wall:

창세기 49:22

22 요셉은 무성한 가지 곧 샘 곁의 무성한 가지라 그 가지가 담을 넘었도다

Is the grapevine, a symbol of Israel, vine-type plant or a perennial tree? The answer is both. Surprisingly the grapevine is a vine and at the same time, also a tree. It can grow as a freestanding tree in the air, or grow over the wall in the form of vine. If it is cut in the middle of the branch, it will eventually sprout root, stem and bear fruits, and produce another life. Dead branches will grow back even if they are cut in the front and the back. Look at the life of Joseph prophesied by Israel. The son Joseph was really the branch over the wall as Israel said. He lost his mother at a very young age. He was abandoned by his half brothers. Simeon and Levi had murdered the Shechemites, and Judah justified the murder of his relatives saying the murder was committed by gentiles. Joseph's brothers put Joseph into the pit and finally sold him to a stranger. Since then, Joseph lived a life of slavery in the hands of gentiles. He was enticed by his master's wife, and ended up in prison for an unfair false accusation. He even helped the plight of the most powerful men of Egypt, but was treated unfairly. Of course his farther Israel thought he was dead already.

But Joseph survived. He not only survived but saved the people of Egypt and Israel from hunger and famine like a branch of grapevine that gains life from death. Sometimes, I see those who found favor from God like Joseph. They have nowhere to go and no one to turn for spiritual nourishment, but they

이스라엘을 상징하는 포도나무는 덩굴나무인가 아니면 다년생 나무인가? 답은 둘 다이다. 포도나무는 놀랍게도 나무이면서 덩굴이다. 즉 나무 형태로 곧게 자라기도 하고 담을 만나면 덩굴 형태를 강화해 유연하게 타고 넘기도 한다. 심지어 가지의 중간을 잘라서 꺾꽂이를 해도 잃었던 뿌리와 줄기, 이파리를 틔워 결국 열매를 맺고 또 다른 생명의 개체를 낸다. 앞뒤 다 잘려 죽은 막대기 같은 가지라 할지라도 다시 부활한다. 이스라엘이 예언하고 있는 그 아들 요셉의 삶을 보라. 이스라엘의 말처럼 그 아들 요셉은 과연 "담을 넘은 가지" 였다. 그는 어미를 일찍 잃었다. 그리고 이복형제들에게 집단으로 버려졌다. 세겜 족속을 도륙한 시므온과 레위, 그리고 이방인의 손을 빌려 자신들의 근친 살해를 정당화한 유다 등의 주도로 열한 형제가 그를 구렁텅이에 넣어 팔았다. 그는 이방인의 노예가 되었다. 권세자의 안주인에게 성노리개가 될 뻔하고, 억울한 누명을 썼다. 이집트 황제의 최고 권력자들의 곤경을 돕고도 그들에게는 이용만 당했다. 그의 아비는 첫 번째 곤경으로도 당연히 그가 죽었을 것으로 생각했다.

그러나 요셉은 포도나무의 가지처럼 앞뒤 지친으로부터 다 꺾이고서도 다시 살아났다. 이스라엘에서 이집트로 담을 넘어 살아난 것도 기적인데, 그는 도리어 이스라엘을 살렸을뿐더러 이집트에 속한 열국을 먹이고 살렸다. 가끔 요셉처럼 하나님의 은총을 입은 자들을 본다. 생명력을 기댈 데도 없이 꺾여 영적 아비도, 형제도 의지할 수 없이 자라났지만, 오직 말씀만을 의지하여 세상의 역경과 역풍도 도리어 말씀의 크심을 드러내기 위한 미풍으로

make the adversity and head wind of the world feel like a breeze by trusting the word of God. As Israel favored Joseph, there are people who God favors and they overcome spiritual loneliness and reach out to save churches and other nations. They are like branches of the vine that climb over the wall. Don't be frustrated. Don't be lonely. You, who found favor in the eyes of God!

만들어 버리는 사람이 있다. 야곱 이스라엘의 요셉을 향한 축복의 눈길처럼 하나님의 눈길이 머무는 사람. 영적 외로움을 넘어 영적 이스라엘, 교회를 살리고 열방까지 닿을 덩굴 가지요 포도나무 같은 사람들. 좌절하지 말지어다. 외로워하지 말지어다. 하나님의 은총을 입은 자여, 그대여!

45. 영적 시행착오로부터 배움

45. LEARNING THROUGH TRIAL AND ERROR

JOHN 13:1-26

1 Now before the feast of the passover, when
Jesus knew that his hour was come that he
should depart out of this world unto the Father,
having loved his own which were in the world,
he loved them unto the end. 2 And supper
being ended, the devil having now put into
the heart of Judas Iscariot, Simon's son, to be-
tray him; 3 Jesus knowing that the Father had
given all things into his hands, and that he was
come from God, and went to God; 4 He riseth
from supper, and laid aside his garments; and
took a towel, and girded himself. 5 After that
he poureth water into a bason, and began to
wash the disciples' feet, and to wipe them with
the towel wherewith he was girded. 6 Then
cometh he to Simon Peter: and Peter saith unto
him, Lord, dost thou wash my feet? 7 Jesus
answered and said unto him, What I do thou
knowest not now; but thou shalt know here-
after. 8 Peter saith unto him, Thou shalt never
wash my feet. Jesus answered him, If I wash

요한복음 13:1-26

1 유월절 전에 예수께서 자기가 세상을 떠나
아버지께로 돌아가실 때가 이른줄 아시고 세
상에 있는 자기 사람들을 사랑하시되 끝까지
사랑하시니라 2 마귀가 벌써 시몬의 아들 가
롯 유다의 마음에 예수를 팔려는 생각을 넣었
더니 3 저녁 먹는 중 예수는 아버지께서 모든
것을 자기 손에 맡기신 것과 또 자기가 하나
님께로부터 오셨다가 하나님께로 돌아가실
것을 아시고 4 저녁 잡수시던 자리에서 일어
나 겉옷을 벗고 수건을 가져다가 허리에 두르
시고 5 이에 대야에 물을 담아 제자들의 발을
씻기시고 그 두르신 수건으로 씻기기를 시작
하여 6 시몬 베드로에게 이르시니 가로되 주
여 주께서 내 발을 씻기시나이까 7 예수께서
대답하여 가라사대 나의 하는 것을 네가 이제
는 알지 못하나 이 후에는 알리라 8 베드로가
가로되 내 발을 절대로 씻기지 못하시리이다
예수께서 대답하시되 내가 너를 씻기지 아니
하면 네가 나와 상관이 없느니라 9 시몬 베드
로가 가로되 주여 내 발 뿐아니라 손과 머리
도 씻겨 주옵소서 10 예수께서 가라사대 이

thee not, thou hast no part with me. 9 Simon
Peter saith unto him, Lord, not my feet only,
but also my hands and my head. 10 Jesus saith
to him, He that is washed needeth not save
to wash his feet, but is clean every whit: and
ye are clean, but not all. 11For he knew who
should betray him; therefore said he, Ye are not
all clean. 12 So after he had washed their feet,
and had taken his garments, and was set down
again, he said unto them, Know ye what I have
done to you? 13 Ye call me Master and Lord:
and ye say well; for so I am. 14 If I then, your
Lord and Master, have washed your feet; ye
also ought to wash one another's feet. 15 For
I have given you an example, that ye should
do as I have done to you. 16 Verily, verily, I say
unto you, The servant is not greater than his
lord; neither he that is sent greater than he that
sent him. 17 If ye know these things, happy
are ye if ye do them. 18 I speak not of you all:
I know whom I have chosen: but that the scrip-

미 목욕한 자는 발 밖에 씻을 필요가 없느니
라 온 몸이 깨끗하니라 너희가 깨끗하나 다는
아니니라 하시니 11 이는 자기를 팔 자가 누
구인지 아심이라 그러므로 다는 깨끗지 아니
하다 하시니라 12 저희 발을 씻기신 후에 옷
을 입으시고 다시 앉아 저희에게 이르시되 내
가 너희에게 행한 것을 너희가 아느냐 13 너
희가 나를 선생이라 또는 주라 하니 너희 말
이 옳도다 내가 그러하다 14 내가 주와 또는
선생이 되어 너희 발을 씻겼으니 너희도 서
로 발을 씻기는 것이 옳으니라 15 내가 너희
에게 행한것 같이 너희도 행하게 하려하여 본
을 보였노라 16 내가 진실로 진실로 너희에
게 이르노니 종이 상전보다 크지 못하고 보냄
을 받은 자가 보낸 자보다 크지 못하니 17 너
희가 이것을 알고 행하면 복이 있으리라 18
내가 너희를 다 가리켜 말하는 것이 아니라
내가 나의 택한 자들이 누구인지 앎이라 그
러나 내 떡을 먹는 자가 내게 발꿈치를 들었
다 한 성경을 응하게 하려는 것이니라 19 지
금부터 일이 이루기 전에 미리 너희에게 이름

ture may be fulfilled, He that eateth bread with me hath lifted up his heel against me. 19 Now I tell you before it come, that, when it is come to pass, ye may believe that I am he. 20 Verily, verily, I say unto you, He that receiveth whomsoever I send receiveth me; and he that receiveth me receiveth him that sent me. 21 When Jesus had thus said, he was troubled in spirit, and testified, and said, Verily, verily, I say unto you, that one of you shall betray me. 22 Then the disciples looked one on another, doubting of whom he spake. 23 Now there was leaning on Jesus' bosom one of his disciples, whom Jesus loved. 24 Simon Peter therefore beckoned to him, that he should ask who it should be of whom he spake. 25He then lying on Jesus' breast saith unto him, Lord, who is it? 26 Jesus answered, He it is, to whom I shall give a sop, when I have dipped it. And when he had dipped the sop, he gave it to Judas Iscariot, the son of Simon.

은 일이 이룰 때에 내가 그인줄 너희로 믿게 하려 함이로라 20 내가 진실로 진실로 너희에게 이르노니 나의 보낸 자를 영접하는 자는 나를 영접하는 것이요 나를 영접하는 자는 나를 보내신 이를 영접하는 것이니라 21 예수께서 이 말씀을 하시고 심령에 민망하여 증거하여 가라사대 내가 진실로 진실로 너희에게 이르노니 너희 중 하나가 나를 팔리라 하시니 22 제자들이 서로 보며 뉘게 대하여 말씀하시는지 의심하더라 23 예수의 제자 중 하나 곧 그의 사랑하시는 자가 예수의 품에 의지하여 누웠는지라 24 시몬 베드로가 머릿짓을 하여 말하되 말씀하신 자가 누구인지 말하라 한대 25 그가 예수의 가슴에 그대로 의지하여 말하되 주여 누구오니이까 26 예수께서 대답하시되 내가 한 조각을 찍어다가 주는 자가 그니라 하시고 곧 한 조각을 찍으셔다가 가룟 시몬의 아들 유다를 주시니

Certainly, Simon Peter hadn't any awareness of the situation, the atmosphere, nor did he know his place. Before pointing to the betrayal of Judas Iscariot, Jesus personally washed the feet of his disciples. By doing so he wished to set them free from the mistakes they would make in the future. He feared they might condemn one another and feel guilty. Even though He predicted Judas as the traitor, he washed his feet in order to give him an opportunity to turn around from his betrayal. In the midst of this solemn atmosphere, Peter expressed his spiritual fervor and asked Jesus not only to wash his feet but also his whole body. In the Judaic culture where usable water was scarce, isn't it absurd to request to wash one's hands, feet and head? It is really nonsense. This took place during the last supper when the threat of betrayal presses down on the atmosphere. Under the circumstances, a fully grown man asked another man to wash his naked body. Peter's request is absolutely ridiculous as this is a moment his teacher Jesus faced death. The situation might have been quite embarrassing despite his spiritual enthusiasm. One can only imagine how embarrassed Peter was when he had to preach his own story in front of a crowd. Why did Peter, who wanted to ask Jesus of the traitor, gesture John to do so instead of him? In this moment, John records "Peter" back to "Simon." It is likely that Peter was feeling low from his huge mistake and felt out of place asking that kind of question. Despite the seriousness of the situation it was not in his nature for Peter to hold back from curiosity. So he had to make John ask the question. Surely no one can do anything about Simon's character. What is more, soon after the incident, Peter committed the infamous "denial before three crows of a rooster." This guy is truly the king of mistakes, forerunner of trial and error.

Peter made several mistakes in the situation where Jesus was about to be crucified. His teacher would be severely betrayed by Judas, a Satan-captured disciple. From the human standpoint, isn't Peter more disgusting than Judas for Jesus? Nonetheless Peter became an apostle and got his job done. How was this possible?

The secret: Despite his constant mistakes he continued to spiritually challenge himself and learn rather than give up. Somewhere in scripture there is an example of the mustang and the mule to illustrate the taming of humans. A wild horse moves too roughly to become an excellent horse. On the other hand, a stubborn mule doesn't move an inch once it crouches down. Which do you think is easier to tame, the wild horse or the stubborn mule? Surprisingly, it is not the mule, but the wild horse that is easier to train. When have you last experienced an embarrassment from trying and failing? When have you last taken on spiritual challenges? Are you simply not at-

확실히 시몬 베드로는 분위기 파악, 상황 파악, 주제 파악을 못 한다. 분명 예수님은 가룟 유다의 배신을 지목하기에 앞서, 제자들이 서로 정죄하거나 자격지심을 가질까 봐 제자들의 발을 친히 씻어주심으로 제자들이 앞으로 행할 시행착오로부터 자유함을 주시고자 하셨다. 제자의 충격적인 배신을 예감하시면서도 가룟 유다의 발까지 씻기심으로 그에게 끝까지 돌이키라는 사인(sign)을 주시려고 하셨다. 베드로는 이런 엄중한 분위기 속에서 영적 열심을 나타내면서 자신의 발만 씻어 주실 게 아니라 아예 목욕까지 시켜달라고 말한다. 용수의 제약 상 목욕이 흔치 않은 유대 문화에서 사지의 끝 부분, 손과 발, 머리를 씻겨 달라고 요구함은 얼마나 엉뚱한 열심이란 말인가? 손과 발, 머리, 즉 사지의 끝 부분들을 씻겨 달라 함은 유대 표현상 곧 전신목욕을 시켜달라는 말이다. 이 얼마나 어처구니가 없어 실소를 금하지 못할 장면이란 말인가. 이생의 마지막 만찬이라는 엄숙한 분위기 속에서, 그리고 배신을 예감하는 무거운 공기 가운데, 눈치 없이 성인 남성이 다른 성인 남성에게 온몸을 벗겨 전신 목욕을 시켜달라는 것이다. 그것도 죽음을 예감하는 스승에게 제자가 생뚱맞게 당당히 유대에 드문 전신 목욕을 시켜달라니, 정말 어처구니없는 요구다. 아무리 영적 열망에 고취되어 있었다고 하더라도 그 장면을 상상해서 그려보면 얼마나 민망한 실수인지 알 수 있을 것이다. 나중에 베드로가 이 기록을 스스로 설교해야 했더라면 쥐구멍에라도 들어가고 싶은 심정이 아니었을까?

배반자가 있다는 예수님의 말을 못내 확인하고 싶으면서도 왜

tempting at all, bound by your past failures? You may enjoy the comfort of your safe-zone; however, you shouldn't expect any training in your life. If you are brave enough to admit your mistakes and turn back from them and be willing to take on the challenges despite the humiliation you might face, then you still have a chance to be tamed by our Lord, just as Peter was.

베드로는 직접 묻지 않고 요한에게 턱짓하여 대신 물어보도록 종용했을까? 이때의 베드로를 요한은 다시 "시몬"으로 표기한다. 아마 베드로는 목욕사건의 실수로 의기소침해져 있었던 듯하다. 좀 전에 큰 실수를 했으니 베드로가 나설 상황이 못 된다. 그러나 이 엄숙한 상황에서도 베드로는 궁금한 건 못 참는 성질이라 요한을 시켜 묻게 하였던 것이다. 시몬의 성향은 정말 누구도 어쩔 수 없지 않겠는가? 그리고도 이 사건 뒤 베드로는 자중하지 못하고 실수 중에 실수인, 그 유명한 '닭이 울면 예수님을 세 번 부인하리라'는 책망을 듣는다. 정말 실수투성이, 시행착오의 홈런 타자 베드로 형님이다. 십자가 지러 가시기 직전, 가룟 유다에게 치명적인 배신을 당하시고 또 사탄에게 점령당한 제자를 보는 예수님 앞에서, 사사건건 실수하는 베드로의 돌출 행동은 인간적으로만 볼 때 시어머니보다 말리는 시누이가 미운 격이 아닐까? 그럼에도 불구하고 베드로는 사도로 세워지고 결국 직임을 감당했다. 비결이 무엇인가?

비결은 끊임없이 실수하더라도 포기하지 않았던 영적 도전과 배움에 있다. 말씀의 어디선가 야생마와 노새의 비유를 실수투성이 인간을 길들이는 예표로 사용했다. 야생마는 준마로 길들이기에는 너무 제멋대로 거칠게 움직인다. 이에 반해 얌전한 노새는 고집이 세서 한번 웅크리면 전혀 움직일 생각을 안 한다. 거친 움직임으로 제멋대로 날뛰는 야생마와 센 고집으로 움직이지 않는 얌전한 노새 중에 어느 말을 더 쉽게 길들일 수 있겠는가? 놀랍게도 조련 가능한 것은 얌전한 노새가 아니라 거친 야생마이다. 혹시 당신은 영적으로 도전해 본 적이 별로 없고 시행착오를 통한 수치의 기억이 없는가? 아니면 몇 번 넘어진 일에 매어 영적 도전의 여정을 다시 시도하지 않고 있는가? 당신 스스로 안전지대에서 편안할 수는 있을지언정 당신의 삶 가운데 훈련을 기대하지는 말아야 한다. 만약 당신에게 실수를 인정하고 돌이킬 용기가 있다면, 그리고 당신이 수치를 무릎 쓰고 다시 도전한다면 당신은 실수투성이의 베드로처럼 주님의 조련으로 훈련될 가능성이 여전히 있다.

46. 불행의 왕자, 므비보셋

46. PRINCE OF MISFORTUNE, MEPHIBOSHET

2 SAMUEL 19:24-30

24 And Mephibosheth the son of Saul
came down to meet the king, and had
neither dressed his feet, nor trimmed his
beard, nor washed his clothes, from the
day the king departed until the day he
came again in peace. 25 And it came to
pass, when he was come to Jerusalem to
meet the king, that the king said unto him,
Wherefore wentest not thou with me,
Mephibosheth? 26 And he answered,
My lord, O king, my servant deceived me:
for thy servant said, I will saddle me an
ass, that I may ride thereon, and go to the
king; because thy servant is lame. 27 And
he hath slandered thy servant unto my
lord the king; but my lord the king is as an
angel of God: do therefore what is good
in thine eyes. 28 For all of my father's
house were but dead men before my
lord the king: yet didst thou set thy serv-
ant among them that did eat at thine own

사무엘하 19:24-30

24 사울의 손자 므비보셋이 내려와서 왕을 맞
으니 저는 왕의 떠난 날부터 평안히 돌아오
는 날까지 그 발을 맵시 내지 아니하며 그 수
염을 깎지 아니하며 옷을 빨지 아니하였더라
25 예루살렘에서 와서 왕을 맞을 때에 왕이
저에게 물어 가로되 므비보셋이여 네가 어찌
하여 나와 함께 가지 아니하였더뇨 26 대답
하되 내 주 왕이여 왕의 종 나는 절뚝발이이
므로 내 나귀에 안장을 지워 타고 왕과 함께
가려 하였더니 나의 종이 나를 속이고 27 종
나를 내 주 왕께 참소하였나이다 내 주 왕께
서는 하나님의 사자와 같으시니 왕의 처분대
로 하옵소서 28 내 아비의 온 집이 내 주 왕
앞에서는 다만 죽을 사람이 되지 아니하였었
나이까 그러나 종을 왕의 상에서 음식 먹는
자 가운데 두셨사오니 내게 오히려 무슨 옳음
이 있어서 다시 왕께 부르짖을 수 있사오리이
까 29 왕이 저에게 이르되 네가 어찌하여 또
네 일을 말하느냐 내가 이르노니 너는 시바
와 밭을 나누라 30 므비보셋이 왕께 고하되
내 주 왕께서 평안히 궁에 돌아오시게 되었으

table. What right therefore have I yet to
cry any more unto the king? 29 And the
king said unto him, Why speakest thou
any more of thy matters? I have said, Thou
and Ziba divide the land. 30 And Mephi-
bosheth said unto the king, Yea, let him
take all, forasmuch as my lord the king is
come again in peace unto his own house.

니 저로 그 전부를 차지하게 하옵소서 하니라

David passes a very vague judgement on Mephibosheth, who is of the royal family, and who has been revolted against by his servant Ziba. David's decision to have the treasonous servant split and keep half of his master's property makes us wonder whether David truly acknowledged the circumstances of the lame Mephibosheth and the crafty servant Ziba as the truth, and what David's true intentions are. If David had believed the words of Mephibosheth who was tricked and betrayed by Ziba, wouldn't it be right for him to retrieve the land Mephibosheth had lost to Ziba?

But when we take a closer look, it doesn't seem likely that the reason Mephibosheth could not follow David in escaping was because he didn't have the help of his servant Ziba. Because, right now Mephibosheth has come out of Jerusalem by himself and is receiving David who is crossing the Jordan River. Of course, it could be that Mephibosheth was in a flurry because of Ziba's betrayal and his lost donkey. But if he had collected his thoughts and had tried to follow David, he had the ability to leave Jerusalem, like he had now. He had enough power to overcome his weakness of being lame, if he was willing.

Of course, because he was lame and it was difficult for him to move around, even his servant looked down on him. But despite this handicap, he received much grace from King David. Even despite the fatal handicap of being of the family of

Saul, he ate at the King's table and had quite some money and servants. Even if Ziba had always looked down on Mephibosheth, Mephibosheth was already under the king's grace, and he could have had the assistance from the royal family for anything he wanted. Even if there were some disobedient servants, he could have always ruled over them with the confidence of a prince, so that they would not look down on him. But even after receiving the full grace of the king, he has the strong traces of living trapped in his handicap, and not being able to manage his life by himself. It is very different from the judge Ehud, who had a handicap in his right hand, but saved Israel. Someone who has received amazing grace but cannot stand alone spiritually in their life can only be reliant and closed.

Though Mephibosheth was a noble prince who had received grace before at the King's table, in Ziba's eyes, he could not become a master who managed the household and the servants. Rather, he was only a dependant man the family had to feed. On the other hand, David, who ruled Israel by the grace of God but was betrayed by his son from bad family management, by putting it into competition of allegiance for himself, he proclaims forgiveness over all Judah and Israel, excluding no one. Proclaiming forgiveness over all the land is first off acknowledging his mistaken management ability and tak-

왕가의 혈통이면서, 자신의 종 시바에게 반역을 당한 므비보셋 앞에 다윗은 매우 모호한 판정을 내린다. 주인의 소유지를 반역한 종과 반씩 나누라는 다윗의 판정은 교활한 종 시바의 반역과 절름발이 주인 므비보셋의 사정을 진실로 받아들인 것인지 다윗의 진의를 의심하게 한다. 다윗이 시바에게 속임과 배신을 당한 므비보셋의 말을 진실로 받아들였다면 그의 억울함을 풀 수 있도록 종 시바로부터 빼앗긴 땅을 다 돌려주는 것이 맞지 않을까?

그러나 자세히 관찰하면 절름발이 므비보셋이 반역을 당해 도망하는 다윗을 따라가지 못한 이유가 종 시바의 도움이 없어서 그랬다는 말이 무색하게 들린다. 왜냐하면 지금 그 므비보셋은 예루살렘 바깥까지 스스로 나와 요단강을 건너는 다윗을 영접하고 있기 때문이다. 물론 므비보셋이 시바에게 배신을 당하고 나귀를 잃어 경황이 없어 다윗을 쫓지 못했을 수도 있다. 그러나 그가 정신을 차리고 다윗을 쫓고자 했으면 지금 다윗을 영접하고 있는 것처럼 얼마든지 예루살렘 바깥으로 나올 수 있는 능력이 있었다. 그가 하고자 하는 마음만 있었다면 절름발이라는 약점 정도는 스스로 극복할 능력이 있었던 것이었다.

물론 그는 절름발이였기 때문에 거동이 불편하여 종에게조차 얕보이는 수모를 당했다. 그러나 이러한 핸디캡에도 불구하고 그는 다윗 왕에게 많은 은총을 입었다. 그는 사울 왕가의 자제라는 치명적인 약점에도 불구하고 왕의 상에서 먹으며 적지 않은 재산과 종들을 거느릴 수 있었다. 아무리 평소 시바가 그 주인을 경홀히 여기는 마음이 있었더라도 므비보셋은 이미 왕의 은혜를 입고 있

ing it to heart. For David painfully took to heart that he managed the kingdom of God against the given grace and benefits from God, He had decided not to count others' mistakes. Also, if David had taken Ziba's treason into account and had made judgement on the family of Saul according to their loyalty, when David recovered his throne, all Judah and Israel would be divided into those who were loyal to him in the moment of treason and those who were not. And finally, even if the treasonous servant Ziba was punished, Mephibosheth would have no place to rely on. And even with a different servant, he would still be looked down on.

Despite the full support and grace of David, Mephibosheth did not overcome his handicap. Even if his servant betrayed him, if Mephibosheth had left Jerusalem and followed and stayed with King David with the determination of a prince, how much more glory would it have been? But even after he lost everything to Ziba, Mephibosheth stayed behind and cried out in self-pity and agony. There is a great possibility that even after Mephibosheth lost everything, he stayed there and relied on his treasonous servant, surviving from the food he provided, until David returned. Possibly, this was the reason he had to live with Ziba, even by splitting his land!

Christians have received the full grace of God. Some Christians spiritually cling on to their great handicaps, and with

었기 때문에 그가 무엇이든지 원하는 것이 있다면 왕가의 조력을 얻을 수 있었을 것이다. 혹여나 불순한 종들이 있더라도 자신을 경시하지 않도록 평소에 왕자의 자존심으로 종들을 다스리면 될 일이었다. 그러나 그는 왕의 전폭적인 은혜를 입고도 인생을 주체적으로 경영하지 못하고 자신의 핸디캡 속에 갇혀 있었던 흔적이 강하다. 오른손에 치명적인 장애가 있었지만, 이스라엘을 구원한 사사 에훗과는 매우 다른 모습이다. 약점투성이인 인생 가운데 엄청난 은혜를 입고도 자신의 삶에서 영적으로 자립하지 못하는 자는 계속 의존적이고 폐쇄적일 수밖에 없다.

므비보셋은 왕의 상 앞에서는 은총을 입은 고귀한 신분의 왕자였지만 시바 앞에서는 집안과 종들을 경영하는 주인이 되지 못했다. 오히려 사람 구실을 못해 힘들게 먹여 살려야 하는 객식구 같은 의존적인 사람에 불과했다. 한편, 하나님의 은혜를 입어 이스라엘을 통치했지만 잘못된 가계 경영으로 자기 아들에게 반역을 당한 다윗 왕은 자신에 대한 충성 경쟁을 시킴으로 사람을 구분하지 않고 온 유다와 이스라엘에 사면과 용서를 선포한다. 다윗이 온 나라에 용서와 사면을 선포하는 것은 일차적으로 자기의 잘못된 경영 능력을 통감하고 인정하는 행위이다. 하나님의 나라를 경영하기 위해 주어진 은총과 은택을 저버린 채 다윗 스스로 나라를 경영했던 책임을 통감함으로써 다른 이들의 잘잘못을 따지지 않기로 한 것이다. 또한, 다윗이 시바의 반역을 문제 삼아 이미 기울어버린 사울 왕가의 사람들을 충성의 여부로 구분해 처단했다면, 온 유대와 이스라엘은 다시 왕권을 회복한 다윗 왕 앞에서, 반역

their own hands destroy the ability to manage their lives. But some Christians, though they may have great handicaps physically or spiritually, rather show that God's grace overcomes their handicaps and manages their lives. When darkness is deep, grace grows deeper. The depth and the magnitude of your weakness are not important before God's grace. The problem is in whether you will manage your life with the fact that you have already received grace and are still receiving grace, or whether you will destroy your life with your weakness. Are you the left-handed Ehud? Or are you the lame Mephibosheth? You can become a judge that saves a whole nation, or you can live as the family of fallen royalty. Never become Mephibosheth, creating your own misfortune! God's grace is great enough to cover all the weaknesses of the world twice over. Your life depends on how to manage of with your weakness or the grace that can cover all your numerous things in the parting of ways.

의 순간에도 그에게 충성했던 자들과 그렇지 못한 자들로 나뉘어 분열되었을 것이다. 그리고 결정적으로 주인을 저버린 종 시바를 처벌해봐야 므비보셋은 의존할 곳이 없어진다. 다른 종을 붙여도 얕보이는 것은 마찬가지였을 것이다.

므비보셋은 다윗 왕의 전폭적인 지지와 은혜를 받고도 자신의 핸디캡을 극복하지 못했다. 종의 반역에도 왕자의 결연함으로 그가 할 수 있는 한 예루살렘을 떠나 다윗 왕을 좇아 동고동락했더라면 그에게 얼마나 더 큰 영광이 되었을까? 그러나 그는 여전히 시바에게 모든 것을 빼앗기고도 그곳에 남아 자신을 향한 연민과 번민으로 울부짖었다. 아마도 므비보셋은 다윗이 귀환할 때까지 모든 것을 빼앗기고도 그 곳에 남아 반역한 종에게 모든 것을 의존한 채 그가 주는 양식으로 연명했을 가능성이 크다. 어쩌면 이것이 땅을 나누어서라도 그가 시바와 같이 살아야 할 이유였다!

그리스도인은 하나님의 전폭적인 은혜를 입은 자들이다. 어떤 그리스도인들은 영적으로 치명적인 핸디캡을 끌어안은 채 인생에 대한 경영 능력을 스스로 함몰시키며 살아간다. 그러나 어떤 그리스도인들은 물리적으로도 영적으로도 치명적인 핸디캡을 가졌지만 도리어 하나님의 큰 은혜가 장애를 뛰어넘어 자신의 삶을 경영하고 계신다는 것을 드러낸다. 어둠이 짙을수록 은혜는 더 깊다. 하나님의 은혜 앞에 당신의 약점의 깊이와 크기는 중요치 않다. 문제는 당신이 이미 은혜를 입었고 지금도 은혜를 입고 있다는 진리로 인생을 경영할 것인가 아니면 당신의 약점으로 인생을 함몰시킬 것인가에 있다. 당신은 왼손잡이 에훗인가? 아니면 절름발이 므비보셋인가? 당신은 한 민족을 구원하는 사사가 될 수도 있고, 몰락한 왕가의 일족으로 살 수도 있다. 절대 불행을 자조하는 므비보셋이 되지 마라! 하나님의 은혜는 세상의 모든 약점을 덮고도 남을 만큼 크다. 당신의 인생을 약점으로 경영할 것이냐 아니면 허다한 약점을 덮는 은혜로 경영할 것인가의 갈림길 앞에서 어떤 것을 선택하는지에 따라 당신의 인생은 결정된다.

47. 쓸개탄 포도주와 신포도주

47. THE SOUR WINE MINGLED WITH GALL AND THE SOUR WINE

MATTHEW 27:34, 48

34 They gave him vinegar to drink mingled with gall: and when he had tasted thereof, he would not drink.

48 And straightway one of them ran, and took a spunge, and filled it with vinegar, and put it on a reed, and gave him to drink.

마태복음 27:34, 48

34 쓸개탄 포도주를 예수께 주어 마시게 하려 하였더니 예수께서 맛보시고 마시고자 아니 하시더라

48 그 중에 한 사람이 곧 달려가서 해융을 가지고 신 포도주를 머금게 하여 갈대에 꿰어 마시우거늘

Despite the pain of the cross, Jesus stubbornly refused to drink sour wine mingled with gall. Because the sour wine mingled with gall was a kind of anesthetic at that time. Christ Jesus experienced deep and dark tunnels until he died completely on the cross. However, until the Holy Spirit revived him, he didn't mitigate or replace the cost of the cross he paid for the sins of man in any other way. Once again he was told to drink another sour wine just before he died, and he didn't deny it this time. In the book of John, it says, after he said "I am thirsty." he received the sour wine that they gave to him. Why did he receive this sour wine while he denied the sour wine mingled with gall?

Because it was rotten wine, not a kind of anesthetics. After the soldiers heard that Jesus was thirsty, they gave to him sour wine which was already rotten and overly fermented to harass him until the end of his death. We need to think deeply about the attitude of Jesus when we have the suffering of Jesus for the sins of the world. Christ Jesus didn't deny the rotten wine to pay the cost of sins and darkness of the world even in a desperate situation. He didn't evade the cross to pay the cost of sins instead of man. Also he didn't compromise on any other anesthetics or lenitive when He faced the cross to pay for the sins of the world and fight the force of darkness until the Holy Spirit revived him.

예수님은 십자가의 고통 속에서도 쓸개 탄 포도주를 완강히 거부하셨다. 왜냐하면, 쓸개 탄 포도주는 그 당시 고통을 잊게 해주는 일종의 마취제였기 때문이다. 예수님은 십자가의 완전한 죽음에 이르기까지 깊은 어둠 가운데 고통의 터널을 경험하시지만, 성령님이 자신을 부활시키기까지 다른 어떤 방법으로도 인류가 져야 할 십자가의 대가를 완화하거나 대체하지 않으셨다. 예수님은 돌아가시기 직전 또 한 번 다른 신포도주를 권유받으시는데 이때에는 거부 의사를 완강히 밝히지 않으셨다. 요한복음에는 '목마르다'고 말씀하시고 '군병들이 준 이 신포도주를 받으셨다'고 기록되어 있다. 왜 쓸개 탄 포도주와는 달리 이 신포도주는 받으셨는가?

신 포도주는 마취제가 아니라 썩은 포도주였기 때문이다. 군병들은 예수님이 '목마르다'고 말씀하시는 것을 들은 뒤 죽음의 문턱의 마지막 순간까지 그분을 희롱할 목적으로 신포도주 즉, 발효가 지나쳐 썩어버린 포도주를 예수님께 먹였다. 우리가 세상을 살아가면서 세상 죄 탓에 주님의 남은 고난을 받을 때 예수님의 이 태도들을 깊이 상고해볼 필요가 있다. 예수님은 하나님이 주시는 세상의 어둠과 죄의 대가를 치르시며 우리의 죄를 대속하심을 피하지 않으셨다. 바로 절체절명의 순간까지도, 그리고 썩은 포도주까지 마다치 않으심으로 말이다. 한편 죄를 위해 십자가에 달리시고, 어둠의 세력과의 싸움 앞에서 예수님은 성령이 자기를 다시 살리기까지 다른 어떤 마취제나 완화제, 대체재를 통해서도 타협하지 않으셨다.

Sometimes we are suffering from our weakness because we cannot break the force of sins inside of us. Or, because of the darkness of the world and sins, we go through hard times whether willing or not. In that time, please don't try to save yourself in different ways or evade or defend yourself until the Holy Spirit comes to help through the blood of Jesus. Remember Christ Jesus could decide not to be crucified on the cross by calling the legion of the holy angels. But he didn't choose that way because it wasn't the plan of God which was to pay the cost for sins of the world. For a meaningful progress in a life when we are in suffering, we have to experience a revival by following the law of the Holy Spirit as a way of life that comes from the heaven. Compromising on things other than the way of the Holy Spirit may give you a guarantee of temporary comfort, but it will be meaningless for you to experience the spiritual life and growth. As Paul's exhortation, you shall bear sufferings for the life of Christ Jesus without compromising to achieve spiritual revival.

우리는 때로는 연약하여 자신의 죄의 영향력을 끊지 못하고 그로 인해 고통스러워한다. 또는 세상의 어둠과 죄 탓에 원하건 원하지 않건 고난을 겪을 때가 있다. 그때 보혈의 능력에 힘입어 성령님이 친히 오셔서 우리에게 응답하시기까지 절대로 다른 방법으로 자신을 구원하려하거나, 고난을 회피하거나 방어하려하지 마라. 예수님은 거룩한 천사의 군단들을 이용해서 십자가에 아예 오르지 않으실 수도 있었다는 점을 기억하라. 그러나 그것은 하나님께서 계획하신 세상 죄를 지는 방법이 아니었기 때문에 선택하지 않으셨다. 고난 중에 있을 때 생명의 유의미한 진전이 있으려면 하늘로부터 주어지는 생명의 방법, 성령의 법을 따라 부활을 경험해야 한다. 생명의 법, 성령의 법 외의 타협은 일시적인 편안함을 보장할 수 있을지도 모르지만, 당신의 영적 성장과 생명을 낳고 경험하는 데는 아무런 의미가 없다. 바울의 권면처럼 그리스도의 생명을 위한 남은 고난을 묵묵히 감당하여 타협 없이 영적 부활을 이루라!

48. 의인의 실패?

48. THE FAILURE OF THE RIGHTEOUS?

GENESIS 9:23-27

23 And Shem and Japheth took a garment, and laid it upon both their shoulders, and went backward, and covered the nakedness of their father; and their faces were backward, and they saw not
their father's nakedness. 24 And Noah
awoke from his wine, and knew what his younger son had done unto him. 25And
he said, Cursed be Canaan; a servant of servants shall he be unto his brethren. 26
And he said, Blessed be the LORD God of Shem; and Canaan shall be his servant.
27 God shall enlarge Japheth, and he shall dwell in the tents of Shem; and Canaan shall be his servant.

창세기 9:23-27

23 셈과 야벳이 옷을 취하여 자기들의 어깨에 메고 뒷걸음쳐 들어가서 아비의 하체에 덮었으며 그들이 얼굴을 돌이키고 그 아비의 하체
를 보지 아니하였더라 24 노아가 술이 깨어
그 작은 아들이 자기에게 행한 일을 알고 25
이에 가로되 가나안은 저주를 받아 그 형제의
종들의 종이 되기를 원하노라 26 또 가로되
셈의 하나님 여호와를 찬송하리로다 가나안
은 셈의 종이 되고 27 하나님이 야벳을 창대
케 하사 셈의 장막에 거하게 하시고 가나안은 그의 종이 되게 하시기를 원하노라 하였더라

What is the reason for the history of Noah to be ended as the history of the dark failure as he cursed his descendents? Noah obeyed God as long as 100 years by building the ark after being given the vision of salvation and the judgement of human beings. In which was should we comprehend the terrible failure that such a righteous man as Noah himself cursed his grandchild Canaan as he broke ties with his son Ham? Is it right to conclude from this that the righteous man may also fail?

Certainly, this curse on Canaan is neither a failure, nor the curse actually a curse. This is because a way to salvation was opened up Canaan later.

There was a descendant of Noah who was a little special among others whose name was Japheth. He, also, has taken the same course of action and served his father to cover his fault with Shem, but he was evaluated inferior to his brother. Although, according to Noah, they both would become great, however, God will become Shem's God and Japheth can only come to God by residing in the house of Shem . As ancient times took very seriously the forms of religion and spirits, this was a fatal situation for Japheth because he had to rely on another person, his brother, for the rights to communicate with

God, according to the prophecy of Noah.

Then why was Japheth being put under the authority of Shem to meet God? That is because of the salvation project of the Canaan descendents. The descendants of Canaan would have been cursed forever if Shem and Japheth were to come to God independent of one another, according to their own previous actions. However, at the sacrifice of Japheth, Noah's prophecy allowed Canaan to meet God, even at the state of his curse as long as he was dwelling under the tent of Shem. Indeed, there were people, Hittites, in Canaan who came to God of Israel by dwelling the tents of Israel, the Shem's descendants. So, although what Noah said may seem like a curse, there had been people who were saved.

We may have questioned God about his ways, thinking that God had cursed Canaan by shifting responsibilities of Ham to Canaan. The enemy wanted the relationship between Ham and his descendents and Noah to be broken up and make them rebel against God. And it may have even seemed like God was cursing Canaan. However, contrary to what it may have looked like, God had actually opened up the way for Canaan to be saved. God has done the same to Jesus, while it seemed like he was being cursed on the cross, it was actually a victory over our sins and death that would revive him back to life.

노아를 통해 인류가 보존되고 역사가 이어질 수 있었음에도 불구하고 그의 삶이 후손을 저주하는 암울한 실패의 역사로 기술되며 끝나는 이유는 무엇인가? 노아는 인류 구원과 심판의 비전을 받고 무려 백 년 동안이나 방주를 지으며 믿음으로 순종했다. 이런 의인 노아의 인생이 아들 함과 어긋나 스스로 손자 가나안을 저주하는 참혹한 실패의 역사로 마무리되는 것을 어떻게 받아들여야 하는가? 의인도 결국은 실패할 수밖에 없다고 보아야 하는 것인가?

단언하건데 이 가나안에 대한 저주는 실패가 아니요, 단순한 저주만을 의미하는 것은 아니다. 왜냐하면 나중에 저주받은 가나안에게 구원받을 수 있는 길이 열리게 되기 때문이다.

노아의 후손 중에 의외의 평가를 받는 인물이 하나있는데 그는 바로 야벳이다. 야벳은 셈과 함께 동일한 행동과 섬김으로 아비의 허물을 덮었는데 셈보다 못한 평가를 얻는다. 노아의 후손에 대한 예언에서 셈과 야벳 둘 다 창대하게 될 것이지만 놀랍게도 하나님은 셈의 하나님이 되어 야벳은 셈의 장막에 거해야만 셈의 하나님을 만날 수 있다. 당시는 고대의 영적이면서 종교적인 양태가 존재했던 사회였기 때문에 야벳에 대한 예언으로 신과 함께 교통할 수 있는 권리가 셈, 즉 타인에 의존해야 한다는 것은 야벳에게 치명적이었을 것이다.

그렇다면 왜 야벳을 셈에 예속함으로써만 하나님을 만나게 하는 것일까. 바로 가나안 후손의 구원 프로젝트 때문이다. 만약 행위의 결과로써 셈은 셈대로 야벳은 야벳대로 독립적으로 하나님

The history of the righteous man Noah wasn't a failure even in sins and the curse. How painful it would have been when he cursed Canaan. But we now know that all nations were saved and will be saved through the great commission, including Ham's descendents, the Canaan and the Cush.

There is no failure to those who are called the righteous who has faith and is obedient. Standing firm in times of difficulty is the history of the righteous. The righteous will get up on the eighth after falling seven times. The kingdom of God never fails. If you decide to write the history of kingdom of God, you may fall down a few times, but you will never fail ultimately. Arise, you righteous who believe in Christ, you who are obedient to the kingdom of God. For the victory has been promised!

을 만난다면 가나안은 영원히 저주를 받게 될 것이다. 그러나 야벳을 희생하게 함으로써 스스로 하나님을 만날 수 없는 가나안이라 할지라도 형제 셈의 장막에 거함으로 하나님을 만나도록 할 수 있다. 후에 실제로 가나안 족속 중 헷 족속 등이 셈 계통의 이스라엘의 장막에 거하면서 이스라엘의 하나님을 만나는 자들이 생겨났다. 영원한 저주인 것 같으나 그로부터 구원받는 자들이 있었던 것이다. 우리는 함의 잘못을 가나안에게 전가하여 저주하시는 하나님의 방법을 이해하지 못하고 의문을 제기했다. 원수는 함과 그 후손이 하나님을 대적하게 하기 위해 노아와의 사이가 틀어지길 바랐지만, 하나님은 겉으로는 저주하시면서 도리어 그 이면에 가나안을 구원해 놓을 길을 열어 놓으신 것이다. 하나님은 아들 예수님조차 십자가로 저주하시는 것처럼 보였지만 도리어 죄와 사망으로부터 승리하게 하셨다. 의인 노아의 사적은 죄와 저주가운데서도 결코 실패하지 않았다. 가나안을 저주하던 노아의 심정도 편치만은 않았겠지만, 우리는 알고 있다. 지상명령을 통해 함의 후손이었던 가나안과 구스는 물론이며 다른 모든 민족이 구원받으리라는 것을.

믿음으로 순종하여 의인이라 일컫는 자들에게 실패란 없다. 일곱 번 넘어져도 여덟 번째 다시 일어나는 것이 의인의 사적이다. 하나님의 나라는 결코 폐할 수 없으므로 그 나라의 왕 예수를 믿어 하나님 나라의 역사를 쓰는 당신이라면 넘어짐은 있을지라도 실패는 절대 있을 수 없다. 이미 약속된 승리를 위해 일어서라. 예수를 믿는 의인이여, 하나님 나라를 믿어 순종하는 자들이여.

바이블
쿠킹 미팅

49. 희생의 리더십

49. LEADERSHIP OF SACRIFICE

EXODUS 4:5-9

5 That they may believe that the LORD
God of their fathers, the God of Abraham,
the God of Isaac, and the God of Jacob, hath
appeared unto thee. 6And the LORD said
furthermore unto him, Put now thine hand
into thy bosom. And he put his hand into his
bosom: and when he took it out, behold, his
hand was leprous as snow. 7 And he said, Put
thine hand into thy bosom again. And he put
his hand into his bosom again; and plucked
it out of his bosom, and, behold, it was
turned again as his other flesh. 8 And it shall
come to pass, if they will not believe thee, nei-
ther hearken to the voice of the first sign, that
they will believe the voice of the latter sign.
9 And it shall come to pass, if they will not
believe also these two signs, neither hearken
unto thy voice, that thou shalt take of the wa-
ter of the river, and pour it upon the dry land:
and the water which thou takest out of the
river shall become blood upon the dry land.

출애굽기 4:5-9

5 또 가라사대 이는 그들로 그 조상의 하나님
곧 아브라함의 하나님, 이삭의 하나님, 야곱의
하나님 여호와가 네게 나타난 줄을 믿게 함
이니라 하시고 6 여호와께서 또 가라사대 네
손을 품에 넣으라 하시매 손을 품에 넣었다가
내어보니 그 손에 문둥병이 발하여 눈 같이
흰지라 7 가라사대 네 손을 다시 품에 넣으라
하시매 그가 다시 손을 품에 넣었다가 내어
보니 손이 여상하더라 8 여호와께서 가라사
대 그들이 너를 믿지 아니하며 그 처음 이적
의 표징을 받지 아니하여도 둘째 이적의 표징
은 믿으리라 9 그들이 이 두 이적을 믿지 아
니하며 네 말을 듣지 아니하거든 너는 하수를
조금 취하여다가 육지에 부으라 네가 취한 하
수가 육지에서 피가 되리라

One cannot imagine being infected by leprosy. It rots flesh, sets gangrene and makes running sores on the body. Even if leprosy is healed by luck, no one will want to experience it ever again. Of course, complete healing is extremely rare and even when healed, it leaves horrible scars on the skin.

Moses had to put his hand in his bosom and show to Israelites his leprous rotten hand with running sores every time the Israelites became insensitive to the word of God and went against God's direction. For Moses, he probably never wanted to repeat that experience and the memory of rotten smell and running sores on the bosom would have traumatized him. For ordinary people, it's not easy to stand rotten smell of discarded fish or meat in the house somewhere. For Moses, putting his hand in his bosom himself to experience leprosy with the smell of rotting flesh would certainly have been a dreadful experience to bear.

Leprosy symbolizes spiritual insensitivity and God used Moses to show their spiritual numbness. The Israelites at that time had ears but did not hear God's word, saw great signs but did not believe, and lost their faith. The generation of Exodus was the generation of leprosy. In contrast, Pharaoh was trying to abandon the Israelites like the food he would throw out when he smelled the odor when the river turned blood. Of course Pharaoh's backup plan was to force the Israelites to serve him

자신의 몸에 나병이 번진다는 것은 상상 이상으로 끔찍한 일이다. 고대에나 지금이나 썩어서 진물이 나며 살이 허물어지는 나병은 운이 좋아 나음을 입더라도 두 번 다시 걸리고 싶지 않은 경험일 것이다. 물론 완치되는 경우도 극히 드문데다가 나아도 피부에 끔찍한 흉터가 그대로 남는다.

모세는 백성들이 하나님의 말씀에 둔감해져 청종하지 않고 하나님께서 보여주신 비전의 방향에 거역할 때마다 스스로 자신의 손을 가슴팍에 찔러 넣어 가슴속에서 죽음의 진물과 진액을 묻힌 채 썩어 문드러져가는 자신의 손을 들어 올려야 했다. 썩은 냄새와 진물들이 가슴팍에 남아있을 때의 기억은 모세에게 트라우마로 남아 결단코 반복하고 싶지 않았을 것이다. 사람은 집안 어딘가에 방치해둔 생선이나 고기가 썩어서 나는 냄새조차 견디지 못한다. 하물며 스스로 자원하여 가슴팍에 손을 넣음으로써 자신의 살이 썩는 냄새를 맡는다는 것은 얼마나 고통스러운 표징이었겠는가.

나병의 표징으로 대표할 수 있듯이 출애굽 세대는 귀가 있어도 하나님의 말씀을 듣지 못하고, 반복적으로 표징을 보아도 믿음을 지속하지 못하는 영적 무감각, 나병과 같은 세대였던 것이다. 하나님은 이러한 나병의 표징을 통해서 모세가 이스라엘 백성의 영적 둔감함을 짊어지길 원했다. 이와 대조적으로 바로의 리더십은 자신을 그토록 섬기던 이스라엘 백성들로 비롯된 강물이 변하여 피가 되는 재앙 중에 그 냄새가 역겨운 나머지 음식을 토하듯 그 백성들을 버리려 했다. 물론 백성을 통한 재앙이 사그라지면 다시 자신을 섬기게 하고자 변덕을 부려 그들을 지배하려고 했다.

when all the disasters were over.

Which leadership do you look up to? Anyone willing to vote for the leadership of Pharaoh who utilizes a person when his service is needed, and keep him at a distance when he is no longer wanted? The leadership of God displayed through Moses is the kind of leadership we need since it is the leadership of sacrifice that carries the weakness of people.

당신은 어떤 리더십을 동경하고 있는가. 달면 삼키고 쓰면 뱉으려 하는 바로의 행태가 매력적이라고 할 사람이 과연 있겠는가. 모세처럼 그 백성의 약함을 짊어지는 희생의 리더십이 주님과 교회된 성도들에게 필요할 것이다.

50. 버려짐의 화

50. ANGER BY BEING FORSAKEN

GENESIS 19:8, 31-38

19:8 Behold now, I have two daughters which have not known man; let me, I pray you, bring them out unto you, and do ye to them as is good in your eyes: only unto these men do nothing; for therefore came they under the shadow of my roof.

31 And the firstborn said unto the younger, Our father is old, and there is not a man in the earth to come in unto us after the manner of all the earth: 32 Come, let us make our father drink wine, and we will lie with him, that we may preserve seed of our father. 33 And they made their father drink wine that night: and the firstborn went in, and lay with her father; and he perceived not when she lay down, nor when she arose. 34 And it came to pass on the morrow, that the firstborn said unto the younger, Behold, I lay yesternight with my father: let us

창세기 19:8, 31-38

19:8 내게 남자를 가까이 아니한 두 딸이 있노라 청컨대 내가 그들을 너희에게로 이끌어 내리니 너희 눈에 좋은대로 그들에게 행하고 이 사람들은 내 집에 들어왔은즉 이 사람들에게는 아무 짓도 하지말라

31 큰 딸이 작은 딸에게 이르되 우리 아버지는 늙으셨고 이 땅에는 세상의 도리를 좇아 우리의 배필 될 사람이 없으니 32 우리가 우리 아버지에게 술을 마시우고 동침하여 우리 아버지로 말미암아 인종을 전하자 하고 33 그 밤에 그들이 아비에게 술을 마시우고 큰 딸이 들어가서 그 아비와 동침하니라 그러나 그 아비는 그 딸의 눕고 일어나는 것을 깨닫지 못하였더라 34 이튿날에 큰 딸이 작은 딸에게 이르되 어제밤에는 내가 우리 아버지와 동침하였으니 오늘밤에도 우리가 아버지에게 술을 마시우고 네가 들어가 동침하고 우리가 아버지로 말미암아 인종을 전하자 하고 35 이 밤에도 그들이 아비에게 술을 마시우고 작은 딸이 일어나 아비와 동침하니라 그러나 아비

make him drink wine this night also; and
go thou in, and lie with him, that we may
preserve seed of our father. 35 And they
made their father drink wine that night
also: and the younger arose, and lay with
him; and he perceived not when she lay
down, nor when she arose. 36 Thus were
both the daughters of Lot with child by
their father. 37 And the first born bare a
son, and called his name Moab: the same
is the father of the Moabites unto this day.
38 And the younger, she also bare a son,
and called his name Benammi: the same
is the father of the children of Ammon
unto this day.

는 그 딸의 눕고 일어나는 것을 깨닫지 못하
였더라 36 롯의 두 딸이 아비로 말미암아 잉
태하고 37 큰 딸은 아들을 낳아 이름을 모압
이라 하였으니 오늘날 모압 족속의 조상이요
38 작은 딸도 아들을 낳아 이름을 벤암미라
하였으니 오늘날 암몬 족속의 조상이었더라

Why did Lot's daughters have to make such an extreme decision as to commit incest with their father? Even though evidences are there in the form of denial in some regions at the time, assuming that everyone would deny them is an exaggerated interpretation and a self degradation.

On the other hand, what the two girls were most afraid of was the fact that they were forsaken by their own father, who was the leader of their clan. In the past, when the angels were sent to Sodom and Gomorrah, the two daughters had come close to being violated by the people of Gomorrah, forsaken by their father and husbands.

Lot had foolishly tried to solve the matter by himself because he did not believe the angels sent by God could save his family from the wickedness of Sodom and Gomorrah. The fact that Lot had sons-in-law reveals the fact that his daughters had been married already. However, despite this fact, Lot tried to use his daughters as a tool for negotiation and had made up a lie that his daughters have not known a man(8).

The lives of those two were barely saved, but the behavior of their father and their husbands unwillingness to stop their father must have come as a big shock that cannot be erased. Being thrown out by the head of the tribe in ancient times meant losing everything, as it meant losing a family who provided protection. Therefore, the daughters felt that stronger ties were

왜 롯의 딸들은 굳이 아버지와 함께 침상에 눕는 근친상간이라는 극단적인 선택을 했을까? 물론 롯의 딸들이 표면적인 이유로 온 세상의 도리나 관례를 들어 자신들이 거부될 것을 언급하고 있지만, 몇몇 지역을 예로 들어 롯의 딸들이 거절당할 모양이 있었다 하더라도 온 세상이 그들을 거절한다는 개념은 아무래도 확대하여 해석된 자기 비하요 자기 거절감인 듯하다.

실상 롯의 딸들의 그 이면에는 족장인 아버지에게 버려졌던 것이 가장 두려운 사실이 아닐까? 소돔과 고모라에 천사가 보내졌을 때 그녀들은 아버지와 남편에게 버려져 소돔과 고모라의 주민으로부터 능욕을 당할 뻔했다.

하나님께로부터 온 천사들이 소돔과 고모라의 패악으로부터 롯의 가정을 구원할 수 있었음에도 롯은 하나님의 구원을 믿지 못하고 스스로의 어리석은 방법으로 문제를 봉합하고자 했다. 롯에게 사위가 있었다는 사실은 이미 딸들이 결혼을 했음을 나타냄에도 불구하고 롯은 남자를 알지 못하는 딸들이 있다는 거짓말까지 둘러대며 딸들을 협상과 쾌락의 도구로 내어주고 평안을 사려했던 것이다(8).

롯의 딸들이 목숨을 겨우 부지할 수 있었지만, 그들에게 이런 아비의 행동과 그를 말리지 않은 남편의 모습은 커다란 충격으로 각인되었을 게 분명하다. 고대에 족장으로부터 버려짐은 자신을 보호할 수 있는 가족을 잃는다는 점에서 모든 것을 잃음을 의미한다. 따라서 그녀들은 딸인 자신들조차 언제든지 버릴 수 있는 아비와의 더 견고한 유대가 필요했다! 물론 그 방법이 편법이었음에

needed with their father who has proven himself as someone who can disown his daughters at his will! Although it may be an expedient, the two daughters decided to give birth to sons from their father because in the ancient patriarchal times it was believed that sons were of much greater value than daughters. The tragedy of tribes of Ammon and Moab were formed by incest to begin with!

Much of the pains of this world come from being forsaken. Lot forsook the promise of God and his daughters. And he was forsook by Sodom and Gomorrah the land that he had trusted. If we can see so much forsaking and being forsaken in one person's life, how much more can we expect from the history of human kind?

Our Lord Jesus doesn't forsake us, though the world may forsake us over and over again. This is the reason that anyone with the scars of being forsaken come to Jesus. Those who suffer because they have forsaken and hurt someone else should also come and receive comfort and recovery from Jesus, who were forsaken on the cross for mankind.

도 롯의 딸들은 아버지의 아들을 낳기로 했다. 왜냐하면, 딸은 버려도 아들은 버릴 수 없는 것이 고대 족장 사회의 생리라 여겼기 때문이다! 근친상간으로 형성된 암몬과 모압 족속의 근원적인 비극은 이렇게 시작되었다!

세상에는 버려짐으로 인한 큰 고통과 화가 있다. 롯은 하나님의 약속을 버렸고 딸들을 버렸다. 그리고 롯 자신도 그가 믿던 소돔과 고모라에 버려졌다. 한 인물의 일대기에도 이렇게 서로를 버리고 버려지는 일로 인한 고통과 화가 따르는데 인류 역사의 경우 얼마나 많은 버리는 일과 버려지는 일이 있어 왔을까.

하지만 세상이 다 서로 버려도 우리 주 예수님 한 분만은 절대 우릴 버리지 않으신다. 이는 버림당한 아픔이 있거나 혹은 버려질까 두려워하는 자들이 다 예수께 나와야 할 이유이다. 누군가를 버림으로 고통받으며 슬퍼하는 자들은 반드시 십자가로 인해 온 인류에게 버려지신 예수께로 나와 위안과 회복을 얻어야 한다.

51. 베드로와 사단

51. PETER AND SATAN

MATTHEW 16:21-24

16 From that time forth began Jesus to
shew unto his disciples, how that he must
go unto Jerusalem, and suffer many things
of the elders and chief priests and scribes,
and be killed, and be raised again the third
day. 22 Then Peter took him, and began
to rebuke him, saying, Be it far from thee,
Lord: this shall not be unto thee. 23 But
he turned, and said unto Peter, Get thee
behind me, Satan: thou art an offence unto
me: for thou savourest not the things that
be of God, but those that be of men. 24
Then said Jesus unto his disciples, If any
man will come after me, let him deny him-
self, and take up his cross, and follow me.

마태복음 16:21-24

21 이때로부터 예수 그리스도께서 자기가 예
루살렘에 올라가 장로들과 대제사장들과 서
기관들에게 많은 고난을 받고 죽임을 당하고
제 삼일에 살아나야 할것을 제자들에게 비로
소 가르치시니 22 베드로가 예수를 붙들고 간
하여 가로되 주여 그리 마옵소서 이 일이 결
코 주에게 미치지 아니하리이다 23 예수께서
돌이키시며 베드로에게 이르시되 사단아 내
뒤로 물러 가라 너는 나를 넘어지게 하는 자
로다 네가 하나님의 일을 생각지 아니하고 도
리어 사람의 일을 생각하는도다 하시고 24 이
에 예수께서 제자들에게 이르시되 아무든지
나를 따라 오려거든 자기를 부인하고 자기 십
자가를 지고 나를 좇을 것이니라

“사단아 내 뒤로 물러가라”라는 예수님의 말씀은 베드로가 듣기에는 베드로 자신을 직접 사단이라 칭하시는 충격적인 말씀으로 들렸을 것이다. 물론 베드로의 영안이 열려 배후에 사단이 존재하는 모습을 봤을 수도 있겠지만 그러한 미혹을 스스로 분별했다면 예수님이 가시려 했던 십자가의 길을 대적하는 일은 하지 않았을 터이다.

우리가 의에 속한 그리스도의 제자라면 십자가를 지고 자기를 부인해야만 한다. 사단의 세계에 동조화되거나 사단처럼 전락하는 일은 오히려 반대로 십자가를 부인하고 자기를 위해 사는 것이다. 십자가를 부인하는 일은 사단의 세계를 묵인하거나 사단의 세계에 동조화되는 일이 될 수 있다. 왜냐하면, 십자가는 사단을 패배시키는 예수님의 유일한 방법이었기 때문이다. 사단은 자기 야망을 위해 세상을 희생시키는 존재다. 반대로 자기희생과 자기 부인의 십자가로만 사단의 세계를 패퇴시킬 수 있는데 만일 십자가를 부인한다면 사단을 세상 속에서 내어쫓는 유일한 방법을 버리는 일이 될 수 있다.

때로는 십자가의 방법을 우회하려는 비겁한 우리에게 예수님이 “사단아!”라고 부른다면 우리는 과연 그 말씀을 어찌 감당하려는가?

When Jesus said "Get behind me, Satan!" to Peter, he must have been shocked because Jesus expressed him as Satan. Of course he could have seen the appearance of Satan behind him if his spiritual eyes were open. But if he had discerned the deception himself, he wouldn't have held against Jesus in taking the way of the Cross.

If we are disciples of Christ belonging to His righteousness, we must take up our Cross and deny ourselves. If we harmonize into Satan's world or fall like him, we would be denying the Cross and living for ourselves. Denying the Cross can be an act of approving the world of Satan or harmonizing to it.

This is because the Cross is the one and only way Jesus defeated Satan. Satan sacrifices the world for his own ambition. Inversely, the only way we can defeat Satan's world is through self-sacrifice and self-denial on the Cross. So if we deny the Cross, it would be abandoning the way of casting Satan out of this world.

Sometimes when we cowardly try to bypass the way of the Cross Jesus may call us, "Oh Satan!". Would we be able to carry out His World in a situation like that?

52. 말씀으로 확증받은 요셉

52. JOSEPH WHO WAS CONFIRMED BY WORDS

MATTHEW 1:19-25

19 Then Joseph her husband, being a just
man, and not willing to make her a pub-
lick example, was minded to put her away
privily. 20 But while he thought on these
things, behold, the angel of the LORD
appeared unto him in a dream, saying, Jo-
seph, thou son of David, fear not to take
unto thee Mary thy wife: for that which is
conceived in her is of the Holy Ghost. 21
And she shall bring forth a son, and thou
shalt call his name JESUS: for he shall save
his people from their sins. 22 Now all this
was done, that it might be fulfilled which
was spoken of the Lord by the prophet,
saying, 23 Behold, a virgin shall be with
child, and shall bring forth a son, and they
shall call his name Emmanuel, which be-
ing interpreted is, God with us. 24 Then
Joseph being raised from sleep did as the
angel of the Lord had bidden him, and
took unto him his wife: 25 And knew her

마태복음 1:19-25

19 그 남편 요셉은 의로운 사람이라 저를 드러
내지 아니하고 가만히 끊고자하여 20 이 일을 생
각할 때에 주의 사자가 현몽하여 가로되 다윗의
자손 요셉아 네 아내 마리아 데려오기를 무서
워 말라 저에게 잉태된 자는 성령으로 된 것이
라 21 아들을 낳으리니 이름을 예수라 하라 이
는 그가 자기 백성을 저희 죄에서 구원할 자이
심이라 하니라 22 이 모든 일의 된 것은 주께서
선지자로 하신 말씀을 이루려 하심이니 가라사
대 23 보라 처녀가 잉태하여 아들을 낳을 것이
요 그 이름은 임마누엘이라 하리라 하셨으니 이
를 번역한즉 하나님이 우리와 함께 계시다 함이
라 24 요셉이 잠을 깨어 일어나서 주의 사자의
분부대로 행하여 그 아내를 데려 왔으나 25 아
들을 낳기까지 동침치 아니하더니 낳으매 이름
을 예수라 하니라

not till she had brought forth her firstborn
son: and he called his name JESUS.

Mary experienced a great miracle of seeing Gabriel, the chief of angels, when she was told of the Annunciation. But, Joseph just dreamed about a nameless angel. The miracle that Joseph had experienced was very small compared with Mary's one. What was the purpose of God who showed a very different level of miracles to them who had to dedicate their whole life to the same vision? Did He love Mary much more than Joseph?

No. The angel in Joseph's dream finished his message with God's Words. "All this took place to fulfill what the Lord had said through the prophet: The virgin will conceive and give birth to a son, and they will call him Immanuel(which means 'God with us', 22-23)"

God made him, who probably knew God's Word well as a man of Zerubbabel's family, be sure of Messiah's birth through the virgin with His Word. In a word, God confirmed him

Of course, experience and existence are important in our faith. It is also right to be led by being touched by the Holy Spirit. However, The Spirit was sent to confirm God's eternal Words. We should avoid unbalanced faith that only searches for and follows spiritual experiences and being emotionally moved by focusing too much on them.

Unshakable faith should be based on God's eternal Words, a foundation, instead of an experiential stimulation. We should go back to God's everlasting Words and think about which way Jesus Christ showed rather than focusing on our inner feeling and a phenomenon accompanied by spiritual experiences and circumstances when we feel that we lost the way.

마리아는 수태고지를 받으며 실제로 가브리엘이라는 천사장을 현실에서 직접 보는 큰 이적을 경험한다. 그러나 요셉은 이름 없는 천사가 등장하는 하룻밤 꿈을 꾸었을 뿐이다. 마리아가 경험한 큰 기적에 비하면 아주 작은 이적이다. 동일한 비전으로 인생 전체를 걸어야 할 두 사람에게 비전을 보이는 이적의 강도가 현저히 차이 나게 하심은 무슨 의도였을까? 요셉보다 마리아를 현저히 사랑하심인가?

그렇지 않다. 요셉의 꿈에 현몽한 천사는 말씀으로 메시지를 마친다.

"이 모든 일의 된 것은 주께서 선지자로 하신 말씀을 이루려 하심이니 가라사대 보라 처녀가 잉태하여 아들을 낳을 것이요 그 이름은 임마누엘이라 하리라 하셨으니 이를 번역한즉 하나님이 우리와 함께 계시다 함이라(22-23)"

스룹바벨 집안의 성인 남성으로서 말씀을 잘 알고 있었을 요셉에게 주님은 말씀으로 메시아가 동정녀를 통해 나게 되심을 확신케 한다. 즉 시의적절한 이적보다 영원한 말씀으로 요셉에게 확증하고 계시다.

신앙에 있어 물론 체험과 실존이 중요하다. 성령의 감동함으로도 우리를 인도해야 하는 것이 맞다. 그러나 주님은 영원한 말씀을 확증하기 위해 성령을 보내셨다. 신앙적 감동과 체험을 중시한 나머지 신앙적 체험에 수반되는 감정적 감동만 추구하고 좇는, 균형을 잃은 신앙이 되어서는 안 된다.

요동이 없는 신앙은 체험에서 수반되는 경험적인 자극보다 반석이신 말씀에 영원한 약속을 두어야 한다. 길을 잃었다고 느낄 때, 내면적 감동과 상황이나 영적 경험에 수반되는 현상에 집착하기보다 예수 그리스도가 어떤 길을 이미 보이셨는지를 영원한 약속의 말씀으로 돌아가 생각해야 한다.

53. 마게도니아 사람과 루디아

53. *THE MACEDONIAN AND LYDIA*

ACTS 16:6-15, 40

6 Now when they had gone throughout
Phrygia and the region of Galatia, and
were forbidden of the Holy Ghost to
preach the word in Asia, 7 After they were
come to Mysia, they assayed to go into
Bithynia: but the Spirit suffered them not.
8 And they passing by Mysia came down
to Troas. 9 And a vision appeared to Paul
in the night; There stood a man of Mac-
edonia, and prayed him, saying, Come
over into Macedonia, and help us. 10 And
after he had seen the vision, immediately
we endeavoured to go into Macedonia,
assuredly gathering that the Lord had
called us for to preach the gospel unto
them. 11 Therefore loosing from Troas,
we came with a straight course to Samo-
thracia, and the next day to Neapolis; 12
And from thence to Philippi, which is the
chief city of that part of Macedonia, and a
colony: and we were in that city abiding

사도행전 16:6-15, 40

6 성령이 아시아에서 말씀을 전하지 못하게
하시거늘 브루기아와 갈라디아 땅으로 다녀
가 7 무시아 앞에 이르러 비두니아로 가고자
애쓰되 예수의 영이 허락지 아니하시는지라
8 무시아를 지나 드로아로 내려갔는데 9 밤에
환상이 바울에게 보이니 마게도냐 사람 하나
가 서서 그에게 청하여 가로되 마게도냐로 건
너와서 우리를 도우라 하거늘 10 바울이 이 환
상을 본 후에 우리가 곧 마게도냐로 떠나기를
힘쓰니 이는 하나님이 저 사람들에게 복음을
전하라고 우리를 부르신 줄로 인정함이러라
11 드로아에서 배로 떠나 사모드라게로 직행
하여 이튿날 네압볼리로 가고 12 거기서 빌립
보에 이르니 이는 마게도냐 지경 첫성이요 또
로마의 식민지라 이 성에서 수일을 유하다가
13 안식일에 우리가 기도처가 있는가 하여 문
밖 강 가에 나가 거기 앉아서 모인 여자들에
게 말하더니 14 두아디라성의 자주 장사로서
하나님을 공경하는 루디아라 하는 한 여자가
들었는데 주께서 그 마음을 열어 바울의 말
을 청종하게 하신지라 15 저와 그 집이 다 세

certain days. 13 And on the sabbath we
went out of the city by a river side, where
prayer was wont to be made; and we sat
down, and spake unto the women which
resorted thither. 14 And a certain woman
named Lydia, a seller of purple, of the
city of Thyatira, which worshipped God,
heard us: whose heart the Lord opened,
that she attended unto the things which
were spoken of Paul. 15 And when she
was baptized, and her household, she
besought us, saying, If ye have judged
me to be faithful to the Lord, come into
my house, and abide there. And she constrained us.

40 And they went out of the prison, and entered into the house of Lydia: and when they had seen the brethren, they comforted them, and departed.

례를 받고 우리에게 청하여 가로되 만일 나를 주 믿는 자로 알거든 내 집에 들어와 유하라 하고 강권하여 있게 하니라

40 두 사람이 옥에서 나가 루디아의 집에 들어가서 형제들을 만나보고 위로하고 가니라

As Paul saw a vision of a man of Macedonia, he stopped his mission in the center of Asia and came to Philippi, the first city of Macedonia of Europe.

Surely, the person that Paul had seen in the vision was the Macedonian, a European man(9). But he couldn't find the person though he searched all over the city. Instead of him, Paul found Lydia, a lady of Asia Minor, as a bridgehead for the Gospel when he went to the riverside. Could Paul be sure of the vision of the Macedonian and continue his mission though he met only Lydia who accepted the Gospel?

Could he think that he got the right vision and came there to meet only one woman among a small number of people of prayer at the riverside, even not in a Jewish synagogue, for spreading the Gospel to Europe, leaving the center of Asia Minor?.

Surprisingly, the first person that Paul met for a bridgehead to Europe was Lydia from Thyatira of Asia Minor, not a Macedonian man unlike the vision in which he asked Paul to come over to Macedonia and help them.

Nevertheless, Paul didn't stop sharing the Gospel due to the vision. Finally, the Gospel that he shared with her didn't stop only to her but also spread to brothers(40) and used as the bridgehead for spreading the Gospel to Europe. His zeal that he didn't give up due to small number of women at the riverside though there was no synagogue and men who didn't open their hearts and listen the Gospel started the beginning for sharing the Gospel in Europe.

Of course, pioneering this earth for God's will can be gradual. Like knocking to open a door, it can be steady and gradual as limited human beings accept His will on the earth. Nevertheless, there can be no giving up in any situation as it is completing the promised will of heaven.

The Lord wants you and me to become the one who waits for the time on the earth and hold on to the will of heaven till the end.

바울은 꿈에서 마게도니아 인의 환상을 본 후, 아시아 중심부에서 사역하는 일을 중단하고 유럽 마게도니아의 첫 번째 성, 빌립보로 들어간다.

분명 바울이 비전으로 본 사람은 마게도니아 인, 'man'으로 표기되는 남자(9)이며, 서구 유럽인이었다. 바울이 온 도시를 뒤졌지만, 마게도니아 인은 커녕 어떤 남자도 만날 수 없었다. 그런데도 그는 포기하지 않고 강가에 나가 결국 '루디아'라는 소아시아 여성을 복음의 교두보로 얻는다. 그가 처음 비전으로 받은 마게도니아 남성이 아닌 고작 소아시아 여자였던 루디아만이 복음에 반응하는 모습에 바울은 어떻게 마게도니아 인의 환상이 정말 주님께로부터 온 것이라고 계속해서 확신하며 포기하지 않고 사역할 수 있었을까? 유대 회당도 아닌 강가에서 기도하던 적은 무리 중에 여자 하나를 컨택하기 위해 소아시아 중심을 버려두고 유럽의 복음화를 위해 넘어온 것이며 이것이 감히 비전을 제대로 받아 매치한 것이라고 생각할 수 있었을까?

마게도니아인이 건너와 우리를 도우라고 요청하는 꿈을 통해 비전을 보고 유럽대륙으로 넘어갔을진대 바울이 유럽 복음화의 최초 교두보로 얻은 인물은 의외로 유럽의 마게도니아 사람도 아닌 두아디라 소아시아 사람에, 남자도 아닌 여자 루디아였다.

그런데도 바울은 마게도니아 인의 환상을 해석하기 위해 복음의 행전을 멈추지 않았다. 결국, 루디아라는 한 여자를 만났고 그녀에게 전한 복음은 마게도니아 빌립보의 루디아 집안의 여자만이 아니라 형제(40)들에게 전해졌으며, 결국 유럽을 복음화하는 교두보로 사용된다. 바울의 복음에 반응하는 남자가 없어도, 회당이 없어도, 고작 강가에 몇몇 여인들을 보고도 빌립보의 온 도시를 뒤지며 포기하지 않은 열심으로 유럽 복음화의 서막을 열었다.

물론 주님의 뜻을 이 땅에 개척하는 일이 점진적일 수 있다. 이 땅의 제한된 인격이 그분의 뜻을 받아들이는 일이기에 그것은 마치 방 문을 열기위해 두드리는 노크처럼 순차적이고 점진적일 수 있으나, 결국 하늘의 약속된 뜻을 관철하는 일이기에 어떠한 제약에도 포기란 있을 수 없다.

땅을 기다리며 끝까지 받아내되, 하늘의 뜻을 끝까지 포기하지 않고 붙들어 관철하는 그리스도인이 당신과 나이길 주님은 원하신다.

54. 연합을 위해 바울 스스로를 낮춤

54. PAUL, BEING HUMBLE HIMSELF FOR UNITY

1 CORINTHIANS 1:10-24

10 Now I beseech you, brethren, by the
name of our Lord Jesus Christ, that ye all
speak the same thing, and that there be no
divisions among you; but that ye be per-
fectly joined together in the same mind
and in the same judgment. 11 For it hath
been declared unto me of you, my breth-
ren, by them which are of the house of
Chloe, that there are contentions among
you. 12 Now this I say, that every one
of you saith, I am of Paul; and I of Apol-
los; and I of Cephas; and I of Christ. 13 Is
Christ divided? was Paul crucified for you?
or were ye baptized in the name of Paul? 14
I thank God that I baptized none of you,
but Crispus and Gaius; 15 Lest any should
say that I had baptized in mine own name.
16 And I baptized also the household of
Stephanas: besides, I know not whether I
baptized any other. 17. For Christ sent me
not to baptize, but to preach the gospel:

고린도전서 1:10-24

10 형제들아 내가 우리 주 예수 그리스도의 이
름으로 너희를 권하노니 다 같은 말을 하고
너희 가운데 분쟁이 없이 같은 마음과 같은
뜻으로 온전히 합하라 11 내 형제들아 글로에
의 집 편으로서 너희에게 대한 말이 내게 들
리니 곧 너희 가운데 분쟁이 있다는 것이라 12
이는 다름아니라 너희가 각각 이르되 나는 바
울에게, 나는 아볼로에게, 나는 게바에게, 나
는 그리스도에게 속한 자라 하는 것이니 13 그
리스도께서 어찌 나뉘었느뇨 바울이 너희를
위하여 십자가에 못 박혔으며 바울의 이름으
로 너희가 세례를 받았느뇨 14 그리스보와 가
이오 외에는 너희 중 아무에게도 내가 세례
를 주지 아니한 것을 감사하노니 15 이는 아무
도 나의 이름으로 세례를 받았다 말하지 못하
게 하려 함이라 16 내가 또한 스데바나 집 사
람에게 세례를 주었고 그 외에는 다른 아무
에게 세례를 주었는지 알지 못하노라 17 그리
스도께서 나를 보내심은 세례를 주게 하려 하
심이 아니요 오직 복음을 전케 하려 하심이
니 말의 지혜로 하지 아니함은 그리스도의 십

not with wisdom of words, lest the cross of
Christ should be made of none effect. 18
For the preaching of the cross is to them
that perish foolishness; but unto us which
are saved it is the power of God. 19 For
it is written, I will destroy the wisdom of
the wise, and will bring to nothing the un-
derstanding of the prudent. 20 Where is
the wise? where is the scribe? where is the
disputer of this world? hath not God made
foolish the wisdom of this world? 21 For af-
ter that in the wisdom of God the world by
wisdom knew not God, it pleased God by
the foolishness of preaching to save them
that believe. 22 For the Jews require a sign,
and the Greeks seek after wisdom: 23 But
we preach Christ crucified, unto the Jews a
stumblingblock, and unto the Greeks fool-
ishness; 24 But unto them which are called,
both Jews and Greeks, Christ the power of
God, and the wisdom of God.

자가가 헛되지 않게 하려 함이라 18 십자가의
도가 멸망하는 자들에게는 미련한 것이요 구
원을 얻는 우리에게는 하나님의 능력이라 19
기록된바 내가 지혜 있는 자들의 지혜를 멸하
고 총명한 자들의 총명을 폐하리라 하였으니
20 지혜 있는 자가 어디 있느뇨 선비가 어디
있느뇨 이 세대에 변사가 어디 있느뇨 하나님
께서 이 세상의 지혜를 미련케 하신 것이 아
니뇨 21 하나님의 지혜에 있어서는 이 세상이
자기 지혜로 하나님을 알지 못하는고로 하나
님께서 전도의 미련한 것으로 믿는 자들을 구
원하시기를 기뻐하셨도다 22 유대인은 표적을
구하고 헬라인은 지혜를 찾으나 23 우리는 십
자가에 못 박힌 그리스도를 전하니 유대인에
게는 거리끼는 것이요 이방인에게는 미련한
것이로되 24 오직 부르심을 입은 자들에게는
유대인이나 헬라인이나 그리스도는 하나님의
능력이요 하나님의 지혜니라

Although Paul dedicated himself to planting the Corinthian church, he just lowers himself before the church in which members divided themselves by names of famous apostles and teachers.

He thanks God that he baptized none of them except two people and makes sure that they were not saved in his name, but the name of Jesus. Doing so, he seems to decide to lower his name, not others as it became the reason for disunity of the church(13-14).

There is only one way, Jesus Christ, to restore the church in which people go against the authority and become disunited by using the names of powerful apostles and teachers far from their purpose though he greatly worked for the church.

He never tries to prove his greatness in comparison with others. Rather, he lowers himself. All including Peter and Apollos are dedicated to God with the stigma of the Cross and are major members who worked for God's Kingdom. So it is just trampling down others if he shows off his superiority by comparing himself with them to keep his name. In a word, it is a team-kill.

Rather, being humble himself before Jesus Christ and the church can unite others in the name of Christ and stop disunity. When he throws up his powerful name and identity like throwing away an old hat, people who tried to find their identities and make divisions by using the names of famous people who devoted for the church lost their power.

In a word, they can't have a reason to raise their voice as even Paul doesn't claim his power but for the Savior, Jesus.

Paul belongs to Jesus and so do Peter and Apollos. So, what is the use for talking others' name? Paul is humble before Jesus and so are the two. What about nameless you and I? The key of unity among brothers is not approving one's identity, position, greatness or view, but being humble himself before Jesus.

바울은 여러 유력한 사도들과 교사들의 이름으로 파당을 짓던 고린도교회 앞에서 개척에 유력하게 기여했던 바울 자신의 이름을 도리어 친다.

바울 스스로가 세례를 주지 않은 것을 다행으로 여기며 고린도 교회가 바울의 이름으로 구원받지 않고 예수의 이름으로 구원받았음을 분명히 함으로써 분열의 명분으로 작용하던 유력한 자들의 이름을 치는 대신 자신의 이름, 즉 자신을 쳐서 낮추기로 작정한 듯 보인다(13–14).

아무리 바울이 고린도 교회를 개척한 유력한 공로가 있어도, 본인들의 의도와 관계없이 언급된 유력한 사도들과 교사들의 이름을 빙자해 권위에 도전하며 분열하고 있는 고린도 교회를 화목케 할 방법은 예수 그리스도밖에 없다.

바울은 고린도교회에 대해 사도들보다, 어느 교사들보다 더욱 자신이 유력함을 증명하려는 어떤 시도도 하지 않는다. 도리어 자신을 깎아내린다. 베드로, 아볼로 등 모두가 하나님께 헌신된 십자가의 흔적이 있는 자들이고 하나님의 나라를 이룬 구성원인 바에야 설령 그들보다 고린도 교회에 바울의 공로가 비교적 우위에 있음을 증명한다 해도 이는 하나님의 나라에 주요 구성원을 자신의 명성을 지키고자 잠식한 것에 지나지 않는다. 그것은 요즘 말로 팀 킬이다.

바울이 예수그리스도와 교회 앞에 자신을 낮추는 일은 도리어 오직 그리스도로 통일되게 하여 분열을 그치게 할 수 있다. 고린도 교회의 개척자 바울도 자신의 유력한 이름과 정체를 주장하지 않고 헌신짝처럼 낮추고 던지는 판국에 바울보다 고린도 교회 개척에 기여도가 부분적인 다른 유력한 이름에 기대어 자기 정체를 관철하려던 분파들의 시도는 힘을 잃는다.

다시 말해, 자신들을 개척해 낸 바울도 자신의 유력함을 주장하지 않고 구세주 예수님을 주장하는 바에야, 본인들에게 유력함이 없어 다른 사도들의 유력함을 이용하려던 고린도 분파들은 더구나 주장할 것이 없어진다.

바울도 예수께 속하였고, 게바도 그러하며, 아볼로도 그렇다. 하물며 무명씨는 말해 무엇하랴. 바울도 예수께 낮추었고, 게바도 그러하며, 아볼로도 그러하다. 무명의 나와 당신은 무엇인가? 형제 연합의 키는 자신의 정체나 입지에 대한 관철로 되지 아니하며 유력한 사람의 영향력이나 주의 주장이 아니라 예수님 앞에 자신을 낮추는 겸손함이다.

55. 조력자의 회복을 위해

55. FOR THE RECOVERY OF THE HELPER

GENESIS 17:26-18:16

26 In the selfsame day was Abraham cir-
cumcised, and Ishmael his son. 27 And all
the men of his house, born in the house,
and bought with money of the stranger,
were circumcised with him.

18:1 And the LORD appeared unto him
in the plains of Mamre: and he sat in the
tent door in the heat of the day; 2 And
he lift up his eyes and looked, and, lo,
three men stood by him: and when he
saw them, he ran to meet them from the
tent door, and bowed himself toward the
ground, 3 And said, My LORD, if now
I have found favour in thy sight, pass not
away, I pray thee, from thy servant: 4 Let
a little water, I pray you, be fetched, and
wash your feet, and rest yourselves under
the tree: 5 And I will fetch a morsel of
bread, and comfort ye your hearts; after
that ye shall pass on: for therefore are ye

창세기 17:26-18:16

26 당일에 아브라함과 그 아들 이스마엘이 할
례를 받았고 27 그 집의 모든 남자 곧 집에서
생장한 자와 돈으로 이방 사람에게서 사온 자
가 다 그와 함께 할례를 받았더라

18:1 여호와께서 마므레 상수리 수풀 근처에
서 아브라함에게 나타나시니라 오정 즈음에
그가 장막 문에 앉았다가 2 눈을 들어 본즉 사
람 셋이 맞은편에 섰는지라 그가 그들을 보자
곧 장막 문에서 달려나가 영접하며 몸을 땅에
굽혀 3 가로되 내 주여 내가 주께 은혜를 입
었사오면 원컨대 종을 떠나 지나가지 마옵시
고 4 물을 조금 가져오게 하사 당신들의 발을
씻으시고 나무 아래서 쉬소서 5 내가 떡을 조
금 가져오리니 당신들의 마음을 쾌활케 하신
후에 지나가소서 당신들이 종에게 오셨음이
니이다 그들이 가로되 네 말대로 그리하라 6
아브라함이 급히 장막에 들어가 사라에게 이
르러 이르되 속히 고운 가루 세 스아를 가져
다가 반죽하여 떡을 만들라 하고 7 아브라함
이 또 짐승 떼에 달려가서 기름지고 좋은 송

come to your servant. And they said, So do, as thou hast said. 6 And Abraham hastened into the tent unto Sarah, and said, Make ready quickly three measures of fine meal, knead it, and make cakes upon the hearth. 7 And Abraham ran unto the herd, and fetcht a calf tender and good, and gave it unto a young man; and he hasted to dress it. 8 And he took butter, and milk, and the calf which he had dressed, and set it before them; and he stood by them under the tree, and they did eat. 9 And they said unto him, Where is Sarah thy wife? And he said, Behold, in the tent. 10 And he said, I will certainly return unto thee according to the time of life; and, lo, Sarah thy wife shall have a son. And Sarah heard it in the tent door, which was behind him. 11 Now Abraham and Sarah were old and well stricken in age; and it ceased to be with Sarah after the manner of women. 12

아지를 취하여 하인에게 주니 그가 급히 요리한지라 8 아브라함이 뻐터와 우유와 하인이 요리한 송아지를 가져다가 그들의 앞에 진설하고 나무 아래 모셔 서매 그들이 먹으니라 9 그들이 아브라함에게 이르되 네 아내 사라가 어디 있느냐 대답하되 장막에 있나이다 10 그가 가라사대 기한이 이를 때에 내가 정녕 네게로 돌아오리니 네 아내 사라에게 아들이 있으리라 하시니 사라가 그 뒤 장막 문에서 들었더라 11 아브라함과 사라가 나이 많아 늙었고 사라의 경수는 끊어졌는지라 12 사라가 속으로 웃고 이르되 내가 노쇠하였고 내 주인도 늙었으니 내게 어찌 낙이 있으리요 13 여호와께서 아브라함에게 이르시되 사라가 왜 웃으며 이르기를 내가 늙었거늘 어떻게 아들을 낳으리요 하느냐 14 여호와께 능치 못한 일이 있겠느냐 기한이 이를 때에 내가 네게로 돌아오리니 사라에게 아들이 있으리라 15 사라가 두려워서 승인치 아니하여 가로되 내가 웃지 아니하였나이다 가라사대 아니라 네가 웃었느니라 16 그 사람들이 거기서 일어나서

Therefore Sarah laughed within herself,
saying, After I am waxed old shall I have
pleasure, my lord being old also? 13 And
the LORD said unto Abraham, Where-
fore did Sarah laugh, saying, Shall I of a
surety bear a child, which am old? 14 Is
any thing too hard for the LORD? At the
time appointed I will return unto thee, ac-
cording to the time of life, and Sarah shall
have a son. 15 Then Sarah denied, saying,
I laughed not; for she was afraid. And he
said, Nay; but thou didst laugh. 16 And
the men rose up from thence, and looked
toward Sodom: and Abraham went with
them to bring them on the way.

소돔으로 향하고 아브라함은 그들을 전송하러 함께 나가니라

Abraham told the angels from God that he would serve them bread but he actually gave them milk and calf without any bread. Why so? This was because Sarah had a dent in her heart. Abraham asked Sarah to bake some bread to serve the messengers from God with welcoming hospitality, however she ignored his words.

Just before, Abraham had circumcised Ishmael. It was quite possible for Sarah to question and feel uncomfortable about the authority of God and her husband.

Circumcision was the sign of the covenant for the family of Abraham who became the people of God according to His command. The circumcision of Ishmael would have been a fatal incident for Sarah because she didn't have the son who was to be promised. It looked as if Ishmael was becoming the first-born and even God was recognizing him.

Of course, the son that was promised was not born yet, but God gives great and good blessings that He is able to bless Ishmael, Abraham's son by blood. In the middle of this context, Sarah misunderstood and was filled with complaint that she ignored the request from her husband to bake bread for the messengers from God.

The messengers of God who had enough power to sweep away Sodom and Gomorrah and judge the world, only noticed a laugh of a ticked off women. They made her laugh. They

아브라함은 하나님에게서 온 천사들에게 떡을 가져다 대접하겠다고 약속했는데, 왜 고기와 우유는 대접하면서 떡은 내어놓지 않는가?

이는 사라의 마음이 틀어졌기 때문이다. 아브라함이 하나님에게서 온 사자들에게 극진한 대접을 하기 위해 아내, 사라에게 떡을 구워 달라고 요청했음에도 사라는 듣지 않고 남편의 말을 무시한다.

아브라함이 바로 전에 이스마엘에게 할례를 준 일은 사라로 하여금 남편 아브라함과 하나님의 권위를 의심하고 불편하게 했을 가능성이 농후하다.

'할례'라는 것이 하나님의 명령으로 아브라함의 가족이 하나님의 백성이 된다는 언약의 표식이라면, 서장자 이스마엘이 하나님의 명령에 따라 아브라함을 통해 할례받은 일은 아직 약속된 자녀가 없는 사라에게 치명적인 사건으로 다가왔다. 집안에서의 이스마엘의 입지는 물론 하나님조차 그를 인정하는 것으로 보이지 않는가.

물론 약속의 자녀는 아직 태어나지 않았지만, 하나님은 베푸시는 축복이 크시며 선하신 분이어서 육체의 자녀 이스마엘도 축복하실 수 있다.

이런 전후 맥락 가운데 오해가 쌓인 사라는 불편, 부당함을 품고 하나님의 사자를 대접하기 위해 떡을 만들라는 남편의 요청에 응하지 않는다.

소돔과 고모라를 멸하고 세상을 심판할 만한 권능을 가진 하

were really making an effort to change the firm mind of Abraham's helper.

The Church is a community of faith. It is hard to find individual dogmatic faith fulfill the covenant of faith. God always fulfilled His covenant through people who cooperated and assisted each other as a family, team, community and a Church. Don't try to build faith by yourself, but build it by encouraging, fighting and cooperating together.

나님의 사자들이 고작 삐치고 마음이 틀어진 아녀자가 이내 웃게 될 것을 예고한다. 개그를 한다. 아브라함의 조력자의 굳은 마음을 돌이키기 위해 퍽 애쓰고 있다.

교회는 믿음의 공동체이다. 혼자서 믿음의 언약을 성취하는 독단적인 믿음은 흔치 않다. 항상 함께 협력하고 조력하는 누군가를 통해, 또 가정과 팀과 공동체와 교회를 통해 함께 하나님의 언약과 역사를 성취한다. 믿음을 혼자 세우지 말고, 함께 격려하고, 함께 분투하여 조력하며 함께 세우라.

56. 천국 유턴

56. U-TURN TO HEAVEN

1 THESSALONIANS 1

1 Paul, and Silvanus, and Timotheus, unto the church of the Thessalonians which is in God the Father and in the Lord Jesus Christ: Grace be unto you, and peace, from God our Father, and the Lord Jesus Christ. 2 We give thanks to God always for you all, making mention of you in our prayers; 3 Remembering without ceasing your work of faith, and labour of love, and patience of hope in our Lord Jesus Christ, in the sight of God and our Father; 4 Knowing, brethren beloved, your election of God. 5 For our gospel came not unto you in word only, but also in power, and in the Holy Ghost, and in much assurance; as ye know what manner of men we were among you for your sake. 6 And ye became followers of us, and of the Lord, having received the word in much affliction, with joy of the Holy Ghost. 7 So that ye were ensamples to all that believe

데살로니가전서 1

1 바울과 실루아노와 디모데는 하나님 아버지와 주 예수 그리스도 안에 있는 데살로니가인의 교회에 편지하노니 은혜와 평강이 너희에게 있을찌어다 2 우리가 너희 무리를 인하여 항상 하나님께 감사하고 기도할 때에 너희를 말함은 3 너희의 믿음의 역사와 사랑의 수고와 우리 주 예수 그리스도에 대한 소망의 인내를 우리 하나님 아버지 앞에서 쉬지 않고 기억함이니 4 하나님의 사랑하심을 받은 형제들아 너희를 택하심을 아노라 5 이는 우리 복음이 말로만 너희에게 이른 것이 아니라 오직 능력과 성령과 큰 확신으로 된 것이니 우리가 너희 가운데서 너희를 위하여 어떠한 사람이 된 것은 너희 아는 바와 같으니라 6 또 너희는 많은 환난 가운데서 성령의 기쁨으로 도를 받아 우리와 주를 본받은 자가 되었으니 7 그러므로 너희가 마게도냐와 아가야 모든 믿는 자의 본이 되었는지라 8 주의 말씀이 너희에게로부터 마게도냐와 아가야에만 들릴 뿐아니라 하나님을 향하는 너희 믿음의 소문이 각처에 퍼진고로 우리는 아무 말도

in Macedonia and Achaia. 8 For from you
sounded out the word of the Lord not
only in Macedonia and Achaia, but also
in every place your faith to God-ward is
spread abroad; so that we need not to
speak any thing. 9 For they themselves
shew of us what manner of entering in
we had unto you, and how ye turned to
God from idols to serve the living and
true God; 10 And to wait for his Son from
heaven, whom he raised from the dead,
even Jesus, which delivered us from the
wrath to come.

할것이 없노라 9 저희가 우리에 대하여 스스
로 고하기를 우리가 어떻게 너희 가운데 들어
간 것과 너희가 어떻게 우상을 버리고 하나님
께로 돌아와서 사시고 참되신 하나님을 섬기
며 10 또 죽은 자들 가운데서 다시 살리신 그
의 아들이 하늘로부터 강림하심을 기다린다
고 말하니 이는 장래 노하심에서 우리를 건지
시는 예수시니라

The Church of Thessalonians learned faith of the Gospel, suffering, resurrection and the Second Coming. Do you think they had firm faith only by doctrinal aspects? They learned about the Kingdom of God earnestly in just three weeks and changed their lives completely. Through certainty of the Holy Spirit, they believed in the Gospel, proclaimed the Word and shared testimony . Their faith echoed throughout Europe while suffering for it. Even after only three weeks of receiving the teachings, they turned their lives completely to the Kingdom of God with faith of earnestly hoping for the Second Coming Lord.

Maturation of faith does not accord to the length of time. The faith of a u-turn to Heaven in following the message, "Repent, for the Kingdom of Heaven is near" starts from the urgent call of deciding to risk our lives for it.

데살로니가 교회가 복음, 고난, 부활, 소망, 재림의 믿음을 배웠던 것이 다만 교리적 측면에서의 확고함이라 보이는가?

그들은 단 3주(행17:2) 동안 하나님의 나라에 대해 본격적으로 배우고, 그들의 삶을 완전히 바꾸었다.

성령의 확신으로 복음을 믿고 고난을 치르면서도 말씀을 선포하고 간증하여 그들의 믿음이 온 유럽에 울려 퍼졌다. 심지어 그들은 고작 3주 동안 가르침을 받고 주의 오심을 간절히 소망하는 믿음으로 자신의 삶을 완전히 하나님 나라로 돌이켜 유턴했다.

믿음의 성숙은 시간의 길이에 있지 않다. '회개하라 천국이 가까이 왔다' 라는 천국 유턴의 믿음은 삶을 거는 결단의 촉구로부터 시작된다.

57. 분별력을 잃은 여정

57. JOURNEY WITHOUT DISCERNMENT

MARK 15:47-16:8

15:47 And Mary Magdalene and Mary the mother of Joses beheld where he was laid.

16:1 And when the sabbath was past, Mary Magdalene, and Mary the mother of James, and Salome, had bought sweet spices, that they might come and anoint him. 2 And very early in the morning the first day of the week, they came unto the sepulchre at the rising of the sun. 3 And they said among themselves, Who shall roll us away the stone from the door of the sepulchre? 4 And when they looked, they saw that the stone was rolled away: for it was very great. 5 And entering into the sepulchre, they saw a young man sitting on the right side, clothed in a long white garment; and they were affrighted. 6 And he saith unto them, Be not affrighted: Ye seek Jesus of Nazareth, which was crucified: he is risen; he is not here: behold the place where they laid him. 7 But go

마가복음 15:47-16:8

15:47 때에 막달라 마리아와 요세의 어머니 마리아가 예수 둔 곳을 보더라

16:1 안식일이 지나매 막달라 마리아와 야고보의 어머니 마리아와 또 살로메가 가서 예수께 바르기 위하여 향품을 사다 두었다가2 안식 후 첫날 매우 일찌기 해 돋은 때에 그 무덤으로 가며 3 서로 말하되 누가 우리를 위하여 무덤 문에서 돌을 굴려 주리요 하더니 4 눈을 들어본즉 돌이 벌써 굴려졌으니 그 돌이 심히 크더라 5 무덤에 들어가서 흰 옷을 입은 한 청년이 우편에 앉은 것을 보고 놀라매 6 청년이 이르되 놀라지 말라 너희가 십자가에 못 박히신 나사렛 예수를 찾는구나 그가 살아나셨고 여기 계시지 아니하니라 보라 그를 두었던 곳이니라 7 가서 그의 제자들과 베드로에게 이르기를 예수께서 너희보다 먼저 갈릴리로 가시나니 전에 너희에게 말씀하신대로 너희가 거기서 뵈오리라 하라 하는지라 8 여자들이 심히 놀라 떨며 나와 무덤에서 도망하고 무서워하여 아무에게 아무 말도 하지 못하더라

your way, tell his disciples and Peter that he
goeth before you into Galilee: there shall
ye see him, as he said unto you. 8 And they
went out quickly, and fled from the sepul-
chre; for they trembled and were amazed:
neither said they any thing to any man; for
they were afraid.

The women prepared spices for the body of Jesus while diligently keeping the Sabbath. The spices were fragrant oil for the funeral body and the women would have spent a lifetime of their money to purchase them. However, the purchased material turned out to be of no use. This was because their passion was without the discernment of Jesus' Words of resurrection. With eager enthusiasm for God, the women kept the Sabbath. Out of compassion for the dead, they followed the footsteps of Roman soldiers and found where Jesus was buried. However, they all ran away with panic from the tomb, conflicting with the Lord's intention to raise them as witnesses of His resurrection. The women intended to keep their mouths shut even after hearing the kind explanation from the glorious angel about Jesus' resurrection. Even though there was no threat or persecution by Roman soldiers, they chose to close their mouths instead of being a witness. Discernment in the Word and the Spirit is the most important basic foundation for the certainty of the spiritual journey towards the Kingdom of God.

Devotion to this world and ourself yields nothing but emptiness. Also, subjective religious spiritual devotion without discernment only leaves confusion and an urge for compensation. However, discernment that is attested by the Word, Holy Spirit and community bears great works of God. Devotion armed with discernment is the path of faith ensured by God

여인들은 부지런히 안식일을 지키면서, 하루 이틀 안에 귀중한 향품을 준비하였다. 향품은 여인들이 생각하기에 장사지낸 이를 위한 향기로운 기름인 바 냄새가 날 시신을 위한 배려였고, 일생 일대의 재정을 모아 갖췄을 물품이었다. 그러나 그것은 아무런 쓸모가 없게 되었다. 주가 말씀하신 부활을 분별하지 않은 열심이었기 때문이다.

여인들은 하나님을 향한 열심으로 안식일을 지키면서, 죽은 이를 향한 연민과 안타까움으로 로마 군병들을 쫓아 예수님의 무덤을 찾아냈지만, 부활의 증인으로 세우기 원했던 주님의 의도 앞에서는 모두 당황하여 도망치듯 무덤을 나왔다.

천사를 통해 부활을 향한 영광의 친절한 설명을 듣고도 여인들은 두려워 입을 닫고자 했다. 그녀들은 로마 군병의 위협을 듣거나 핍박받은 것이 전혀 아닌데도 영광스러운 천사를 통해 부활의 메시지를 듣고도 증인이 되기는커녕 도리어 입을 닫고자 했다.

하나님 나라를 향한 영적 여정의 확실성은 말씀과 성령을 통한 분별력이 가장 중요한 기초가 된다.

세상과 자신을 향한 헌신은 허무감을 낳는다. 또한, 분별력 없는 영적, 종교적 헌신은 주관적 헌신이어서 당혹감과 보상심리만을 남긴다. 자기 상황과 주관이 아닌 말씀과 성령, 공동체를 통해 검증받은 분별력은 하나님의 역사를 낳는다. 분별력을 갖춘 헌신은 하나님이 보장하는 믿음의 행로로, 세상 앞에 제자들을 담대함으로 서게 한다.

that enables His disciples to stand firm in this world.

58. 실수와 실패를 역전시키시는 하나님

58. GOD, THE REVERSER OF FAILURES AND MISTAKES

GENESIS 20

1 And Abraham journeyed from thence
toward the south country, and dwelled
between Kadesh and Shur, and sojourned
in Gerar. 2 And Abraham said of Sarah his
wife, She is my sister: and Abimelech king
of Gerar sent, and took Sarah. 3 But God
came to Abimelech in a dream by night,
and said to him, Behold, thou art but a dead
man, for the woman which thou hast taken;
for she is a man's wife. 4 But Abimelech had
not come near her: and he said, LORD, wilt
thou slay also a righteous nation? 5 Said
he not unto me, She is my sister? and she,
even she herself said, He is my brother: in
the integrity of my heart and innocency of
my hands have I done this. 6 And God said
unto him in a dream, Yea, I know that thou
didst this in the integrity of thy heart; for I
also withheld thee from sinning against me:
therefore suffered I thee not to touch her. 7
Now therefore restore the man his wife; for

창세기 20

1 아브라함이 거기서 남방으로 이사하여 가
데스와 술 사이 그랄에 우거하며 2 그 아내 사
라를 자기 누이라 하였으므로 그랄 왕 아비멜
렉이 보내어 사라를 취하였더니 3 그 밤에 하
나님이 아비멜렉에게 현몽하시고 그에게 이
르시되 네가 취한 이 여인을 인하여 네가 죽
으리니 그가 남의 아내임이니라 4 아비멜렉
이 그 여인을 가까이 아니한고로 그가 대답
하되 주여 주께서 의로운 백성도 멸하시나이
5 그가 나더러 이는 내 누이라고 하지 아니하
였나이까 그 여인도 그는 내 오라비라 하였사
오니 나는 온전한 마음과 깨끗한 손으로 이렇
게 하였나이다 6 하나님이 꿈에 또 그에게 이
르시되 네가 온전한 마음으로 이렇게 한 줄
을 나도 알았으므로 너를 막아 내게 범죄하지
않게 하였나니 여인에게 가까이 못하게 함이
이 까닭이니라 7 이제 그 사람의 아내를 돌려
보내라 그는 선지자라 그가 너를 위하여 기도
하리니 네가 살려니와 네가 돌려 보내지 않으
면 너와 네게 속한 자가 다 정녕 죽을줄 알찌
니라 8 아비멜렉이 그 아침에 일찌기 일어나

he is a prophet, and he shall pray for thee, and thou shalt live: and if thou restore her not, know thou that thou shalt surely die, thou, and all that are thine. 8 Therefore Abimelech rose early in the morning, and called all his servants, and told all these things in their ears: and the men were sore afraid. 9 Then Abimelech called Abraham, and said unto him, What hast thou done unto us? and what have I offended thee, that thou hast brought on me and on my kingdom a great sin? thou hast done deeds unto me that ought not to be done. 10 And Abimelech said unto Abraham, What sawest thou, that thou hast done this thing? 11 And Abraham said, Because I thought, Surely the fear of God is not in this place; and they will slay me for my wife's sake. 12 And yet indeed she is my sister; she is the daughter of my father, but not the daughter of my mother; and she became my wife. 13

모든 신복을 불러 그 일을 다 말하여 들리매 그 사람들이 심히 두려워하였더라 9 아비멜렉이 아브라함을 불러서 그에게 이르되 네가 어찌하여 우리에게 이리 하느냐 내가 무슨 죄를 네게 범하였관대 네가 나와 내 나라로 큰 죄에 빠질뻔하게 하였느냐 네가 합당치 않은 일을 내게 행하였도다 하고 10 아비멜렉이 또 아브라함에게 이르되 네가 무슨 의견으로 이렇게 하였느냐 11 아브라함이 가로되 이곳에서는 하나님을 두려워함이 없으니 내 아내를 인하여 사람이 나를 죽일까 생각하였음이요 12 또 그는 실로 나의 이복누이로서 내 처가 되었음이니라 13 하나님이 나로 내 아비 집을 떠나 두루 다니게 하실 때에 내가 아내에게 말하기를 이후로 우리의 가는 곳마다 그대는 나를 그대의 오라비라 하라 이것이 그대가 내게 베풀 은혜라 하였었노라14 아비멜렉이 양과 소와 노비를 취하여 아브라함에게 주고 그 아내 사라도 그에게 돌려보내고 15 아브라함에게 이르되 내 땅이 네 앞에 있으니 너 보기에 좋은대로 거하라 하고 16 사라에게 이르되

And it came to pass, when God caused me
to wander from my father's house, that I said
unto her, This is thy kindness which thou
shalt shew unto me; at every place whither
we shall come, say of me, He is my brother.
14 And Abimelech took sheep, and oxen,
and menservants, and womenservants, and
gave them unto Abraham, and restored him
Sarah his wife. 15 And Abimelech said, Be-
hold, my land is before thee: dwell where it
pleaseth thee. 16 And unto Sarah he said,
Behold, I have given thy brother a thousand
pieces of silver: behold, he is to thee a cov-
ering of the eyes, unto all that are with thee,
and with all other: thus she was reproved.
17 So Abraham prayed unto God: and
God healed Abimelech, and his wife, and
his maidservants; and they bare children.
18 For the LORD had fast closed up all the
wombs of the house of Abimelech, because
of Sarah Abraham's wife.

내가 은 천개를 네 오라비에게 주어서 그것으
로 너와 함께한 여러 사람 앞에서 네 수치를
풀게 하였노니 네 일이 다 선히 해결되었느니
라 17 아브라함이 하나님께 기도하매 하나님
이 아비멜렉과 그 아내와 여종을 치료하사 생
산케 하셨으니 18 여호와께서 이왕에 아브라
함의 아내 사라의 연고로 아비멜렉의 집 모든
태를 닫히셨음이더라

It is very clear, that Abraham's conducts which bought off safety by telling Abimelech, king of Gerar, that Sarah was his sister was an act of critical failure and a great mistake. How could Sarah trust her husband after having been given away to another man so easily for his own safety? So then, even at God's promise to give Isaac as son, no one would know who the real father of the soon born baby Isaac was if Abimelech had slept with Sarah. However, even at Abraham's such critical mistake God goes to Abimelech and restores Abraham's failure, overcoming it toward the path of His promise. When Abraham prayed for Abimelech as a prophet, all his female servants were healed and were able to conceive life. This signifies that God continues to keep his covenant with Abraham that through him all nations will receive blessing, even at his failure. Was it not possible that the wombs of the foreign King closed and opened again by the prayer of Abraham?

God's blessing towards all-nations is beyond our imagination. Even though the Church may fail at times, God still wants to continue his covenant to bless all nations through it.

A Wild stone can be described as a living stone. Similarly, the dead just like a dirt and a stone can be raised from the dead and become alive! God's churches cannot be established by humans but by the Holy Spirit. Do not rely on the power of flesh who was once dead but, voluntarily, dedicate yourself

그랄왕 아비멜렉에게 사라를 누이라고 말해 아내를 내어주면서 안전을 산 아브라함의 행태는 치명적인 잘못과 실수가 아닐 수 없다. 가정적으로도 자신의 안전을 위해 무기력하게 아내를 다른 남자에게 줘버리는 남편을 아내인 사라의 입장에서 어찌 믿을만하다 하겠는가. 이제 사라가 털끝이라도 아비멜렉과 동침한 정황이 있다면 하나님의 언약이 있다 한들 내년에 태어나리라는 이삭(18장)이 누구의 아기인지 알지 못하게 된다. 그렇다면 하나님이 약속한 아브라함의 씨로 말미암아 열방의 언약을 세우기로 한 일을 아브라함 스스로가 믿을 수 있었을까? 하지만 하나님은 아브라함의 이러한 치명적 실수에도 불구하고, 친히 아비멜렉을 찾아가 아브라함의 실패를 보완하시며 더불어 언약의 길로 역전시키신다.

아브라함이 아비멜렉을 위해 선지자로서 기도할 때, 아브라함의 예언과 기도대로 이방 왕 아비멜렉 가계의 생명의 태가 다시 열리기 때문이다. 이것은 아브라함의 실패에도 불구하고 아브라함을 통해 이방과 열방에 복의 근원이 되리라는 하나님의 언약이 계속 지켜짐을 의미한다. 이방 왕의 생명의 태가 닫히고 열리는 일이 실패한 아브라함의 기도로 가능하지 않았는가!

열국을 향한 하나님의 축복은 상상 이상으로 크다. 교회가 때론 실패해도 하나님은 기필코 교회를 통해 열방을 향한 축복의 언약을 진행하길 원하신다.

to God under the influence of Holy Spirit so that you will be firmly established as a church in the Kingdom of God, not as a worldly system or organization.

59. 사울이 바울이 되어

59. SAUL BECOMES PAUL

ACTS 13:1-16

1 Now there were in the church that was
at Antioch certain prophets and teach-
ers; as Barnabas, and Simeon that was
called Niger, and Lucius of Cyrene, and
Manaen, which had been brought up with
Herod the tetrarch, and Saul. 2 As they
ministered to the Lord, and fasted, the
Holy Ghost said, Separate me Barnabas
and Saul for the work whereunto I have
called them. 3 And when they had fasted
and prayed, and laid their hands on them,
they sent them away. 4 So they, being sent
forth by the Holy Ghost, departed unto
Seleucia; and from thence they sailed to
Cyprus. 5 And when they were at Salamis,
they preached the word of God in the
synagogues of the Jews: and they had also
John to their minister. 6 And when they
had gone through the isle unto Paphos,
they found a certain sorcerer, a false
prophet, a Jew, whose name was Barjesus:

사도행전 13:1-16

1 안디옥 교회에 선지자들과 교사들이 있으니
곧 바나바와 니게르라 하는 시므온과 구레네
사람 루기오와 분봉왕 헤롯의 젖동생 마나엔
과 및 사울이라 2 주를 섬겨 금식할 때에 성
령이 가라사대 내가 불러 시키는 일을 위하
여 바나바와 사울을 따로 세우라 하시니 3 이
에 금식하며 기도하고 두 사람에게 안수하여
보내니라 4 두 사람이 성령의 보내심을 받아
실루기아에 내려가 거기서 배 타고 구브로에
가서 5 살라미에 이르러 하나님의 말씀을 유
대인의 여러 회당에서 전할쌔 요한을 수종자
로 두었더라 6 온 섬 가운데로 지나서 바보
에 이르러 바예수라 하는 유대인 거짓 선지자
박수를 만나니 7 그가 총독 서기오 바울과 함
께 있으니 서기오 바울은 지혜 있는 사람이라
바나바와 사울을 불러 하나님 말씀을 듣고자
하더라 8 이 박수 엘루마는 (이 이름을 번역
하면 박수라) 저희를 대적하여 총독으로 믿
지 못하게 힘쓰니 9 바울이라고 하는 사울이
성령이 충만하여 그를 주목하고 10 가로되 모
든 궤계와 악행이 가득한 자요 마귀의 자식이

7 Which was with the deputy of the coun-
try, Sergius Paulus, a prudent man; who
called for Barnabas and Saul, and desired
to hear the word of God. 8 But Elymas the
sorcerer (for so is his name by interpreta-
tion) withstood them, seeking to turn
away the deputy from the faith. 9 Then
Saul, (who also is called Paul,) filled with
the Holy Ghost, set his eyes on him. 10
And said, O full of all subtilty and all mis-
chief, thou child of the devil, thou enemy
of all righteousness, wilt thou not cease
to pervert the right ways of the Lord? 11
And now, behold, the hand of the Lord
is upon thee, and thou shalt be blind, not
seeing the sun for a season. And immedi-
ately there fell on him a mist and a dark-
ness; and he went about seeking some to
lead him by the hand. 12 Then the deputy,
when he saw what was done, believed, be-
ing astonished at the doctrine of the Lord.

요 모든 의의 원수여 주의 바른 길을 굽게 하기
를 그치지 아니하겠느냐 11 보라 이제 주의 손
이 네 위에 있으니 네가 소경이 되어 얼마 동안
해를 보지 못하리라 하니 즉시 안개와 어두움이
그를 덮어 인도할 사람을 두루 구하는지라12 이
에 총독이 그렇게 된 것을 보고 믿으며 주의 가
르치심을 기이히 여기니라 13 바울과 및 동행하
는 사람들이 바보에서 배 타고 밤빌리아에 있는
버가에 이르니 요한은 저희에게서 떠나 예루살
렘으로 돌아가고 14 저희는 버가로부터 지나 비
시디아 안디옥에 이르러 안식일에 회당에 들어
가 앉으니라 15 율법과 선지자의 글을 읽은 후
에 회당장들이 사람을 보내어 물어 가로되 형제
들아 만일 백성을 권할 말이 있거든 말하라 하니
16 바울이 일어나 손짓하며 말하되 이스라엘 사
람들과 및 하나님을 경외하는 사람들아 들으라

13 Now when Paul and his company
loosed from Paphos, they came to Perga
in Pamphylia: and John departing from
them returned to Jerusalem. 14 But when
they departed from Perga, they came to
Antioch in Pisidia, and went into the syn-
agogue on the sabbath day, and sat down.
15 And after the reading of the law and
the prophets the rulers of the synagogue
sent unto them, saying, Ye men and breth-
ren, if ye have any word of exhortation for
the people, say on. 16 Then Paul stood up,
and beckoning with his hand said, Men of
Israel, and ye that fear God, give audience.

Saul, who leaves Antioch to begin his first mission trip, soon changes his name to Paul. He changes from a Hebrew name to a gentile name. Why is it that he changed his name not right after having met Jesus, but rather, just as he sets out for his first mission trip?

Saul first started to preach the gospel to the Jews around the Judaic Diaspora's synagogues. However, the Jews denied and fervently opposed the gospel of Jesus Christ, trapped within the Law. On the other hand, the gentiles welcomed the gospel and received it. The same happened during the first mission trip. A Jew named Bar-Jesus made the proud Jewish representation of signs into magic, holding it against Jesus Christ. On the other hand, Proconsul Sergius Paulus himself invites Saul and his companions to hear the gospel. If you look at the passage carefully, you will be able to find that it wasn't Saul who sought to visit Sergius, but rather, Sergius invited them first. Right after this meeting, Saul changes his name to Paul, like that of Sergius Paul. Paul urgently wanted Jews, that were his own kind, to turn back (Romans 10:1) from the same mistake he had made in the past of rejecting the gospel and persecuting those who believed because of the blindness in the Law. However, Paul submitted right away to God's will and sovereignty of focusing in making disciples of the gentiles, even

안디옥을 떠나 첫 번째 전도여행을 시작한 사울은 곧 바울로 이름을 바꾼다. 히브리식 이름에서 헬라식 이방언어의 이름으로 개명한 것이다. 예수님을 만난 직후가 아니라 미션의 본궤도에 진입할 때 이름을 바꾸는 이유는 무엇인가?

사울은 유대 디아스포라의 회당 주변 유대인들을 찾아 우선으로 복음을 선포했다. 그러나 유대 동족인 그들은 율법 속에서 격렬히 예수그리스도의 복음을 반대하였고, 도리어 이방인들이 복음을 환영하고 받아들인다.

전도 여행의 첫 사역도 마찬가지였다. 유대인 바예수는 도리어 유대인의 자부심인 표적을 마술화 하여 예수 그리스도를 대적한다.

오히려 이방 로마 총독인 서기오 바울은 사울 일행을 스스로 청하여 복음을 듣는다. 본문을 자세히 보라. 사울 일행이 찾아간게 아니라 총독 서기오 바울이 복음을 듣고자 사울 일행을 초대한다.

사울은 이 만남 직후 자신의 이름을 서기오 바울과 같이 바울로 개명한다. 바울은 과거 율법에 눈이 멀어 복음을 핍박했던 자신의 잘못을 똑같이 저지르며 복음을 배척하는 동족 유대인들이 간절히 돌아오기를 원했지만(롬10:1), 지금 당장 이방인들을 더욱 제자 삼으시는 하나님의 뜻과 주권이 다 이해되지 않아도 자신을 스스로 즉시 순복시킨 셈이다(롬11:25).

전도여행의 첫 회심자 서기오 바울과 같이 동명의 이방 헬라인의 이름으로 스스로 개명함으로써 이방인들과의 간극을 줄이고 스스로의 이름과 정체를 이방인의 이름으로 바꾸었다.

though he could not understand everything at the time. Saul changed his name to the first convert, Sergius Paul in his mission trip. By this he narrowed the gap between the gentiles and himself, and assimilated his identity to them.

Some of us try stubbornly to hold on to their own thoughts, denying the will of God not openly and directly, but in a sneakily compromising way. Look at the great apostle Paul, despite his strong passion and urgent longing towards his own people, if God's will was toward the gentiles he changed his identity and obeyed right away.

Obedience to God supersedes understanding, compromises, or past conventions and cleanly follows God's mind with trust. It is not clandestinely mixing personal will and thoughts into His intentions. Only those who obey earnestly to His thoughts bring forth the great Kingdom of God.

자신의 생각과 크신 하나님의 생각을 노골적으로 거절하는 것이 아니라 교묘히 타협하다가 결국 자신의 생각을 결국 관철하는 이들이 있다. 위대한 바울을 보라! 그는 율법에 매인 히브리 동족에 대한 열심이 특심이었고, 그들이 돌아오기를 간절히 원했지만, 하나님의 뜻이 지금 이방인에게 있다면 그 즉시 자기 정체를 바꿔 순종했다.

순종은 이해를 뛰어넘어 타협하거나 협상하지 않고 하나님의 생각을 신뢰함으로 관성없이 깨끗하게 순복하는 것이다. 교묘히 자기 육체의 생각을 섞는 것이 아니라 그분 뜻에 깨끗이 순종한 사람들이 위대한 하나님 나라의 역사를 가져온다.

60. 우물보다 소중한 약속

60. A MORE PRECIOUS PROMISE THAN A WELL

GENESIS 26:12-25

12 Then Isaac sowed in that land, and re-
ceived in the same year an hundredfold:
and the LORD blessed him. 13 And the
man waxed great, and went forward, and
grew until he became very great: 14 For
he had possession of flocks, and posses-
sion of herds, and great store of servants:
and the Philistines envied him. 15 For all
the wells which his father's servants had
digged in the days of Abraham his father,
the Philistines had stopped them, and
filled them with earth. 16 And Abimel-
ech said unto Isaac, Go from us; for thou
art much mightier than we. 17 And Isaac
departed thence, and pitched his tent in
the valley of Gerar, and dwelt there. 18
And Isaac digged again the wells of wa-
ter, which they had digged in the days of
Abraham his father; for the Philistines
had stopped them after the death of
Abraham: and he called their names after

창세기 26:12-25

12 이삭이 그 땅에서 농사하여 그 해에 백배
나 얻었고 여호와께서 복을 주시므로 13 그
사람이 창대하고 왕성하여 마침내 거부가 되
어 14 양과 소가 떼를 이루고 노복이 심히 많
으므로 블레셋 사람이 그를 시기하여 15 그
아비 아브라함 때에 그 아비의 종들이 판 모
든 우물을 막고 흙으로 메웠더라 16 아비멜렉
이 이삭에게 이르되 네가 우리보다 크게 강성
한즉 우리를 떠나가라 17 이삭이 그곳을 떠나
그랄 골짜기에 장막을 치고 거기 우거하며 18
그 아비 아브라함 때에 팠던 우물들을 다시
팠으니 이는 아브라함 죽은 후에 블레셋 사람
이 그 우물들을 메웠음이라 이삭이 그 우물들
의 이름을 그 아비의 부르던 이름으로 불렀더
라 19 이삭의 종들이 골짜기에 파서 샘 근원
을 얻었더니 20 그랄 목자들이 이삭의 목자
와 다투어 가로되 이 물은 우리의 것이라 하
매 이삭이 그 다툼을 인하여 그 우물 이름을
에섹이라 하였으며 21 또 다른 우물을 팠더니
그들이 또 다투는고로 그 이름을 싯나라 하
였으며 22 이삭이 거기서 옮겨 다른 우물을

the names by which his father had called
them. 19 And Isaac's servants digged
in the valley, and found there a well of
springing water. 20 And the herdmen of
Gerar did strive with Isaac's herdmen,
saying, The water is ours: and he called
the name of the well Esek; because they
strove with him. 21 And they digged an-
other well, and strove for that also: and
he called the name of it Sitnah. 22 And
he removed from thence, and digged an-
other well; and for that they strove not:
and he called the name of it Rehoboth;
and he said, For now the LORD hath
made room for us, and we shall be fruit-
ful in the land. 23 And he went up from
thence to Beersheba. 24 And the LORD
appeared unto him the same night, and
said, I am the God of Abraham thy father:
fear not, for I am with thee, and will bless
thee, and multiply thy seed for my servant

팠더니 그들이 다투지 아니하였으므로 그 이
름을 르호봇이라 하여 가로되 이제는 여호와
께서 우리의 장소를 넓게 하셨으니 이 땅에
서 우리가 번성하리로다 하였더라 23 이삭이
거기서부터 브엘세바로 올라갔더니 24 그 밤
에 여호와께서 그에게 나타나 가라사대 나는
네 아비 아브라함의 하나님이니 두려워 말라
내 종 아브라함을 위하여 내가 너와 함께 있
어 네게 복을 주어 네 자손으로 번성케 하리
라 하신지라 25 이삭이 그곳에 단을 쌓아 여
호와의 이름을 부르고 거기 장막을 쳤더니 그
종들이 거기서도 우물을 팠더라

Abraham's sake. 25 And he builded an al-
tar there, and called upon the name of the
LORD, and pitched his tent there: and
there Isaac's servants digged a well.

이삭이 세 번에 걸쳐 우물을 파고 블레셋 사람들에게 빼앗기기를 반복하다가 이제서야 평화롭게 얻은 르호봇 우물을 떠나는 이유는 무엇인가? 고대 광야에서 우물을 얻는다는 것은 부족 생존에 가장 절실한 필수조건이다. 세 번에 걸쳐 우물을 파서 이제야 겨우 다툼없이 얻게 된 르호봇 우물조차 떠나다니 이러한 이삭의 어처구니 없어 보이는 포기에 가족과 종들은 이해할 수 있었을까?

광야 생활에서 족장의 책임감으로 블레셋 사람들과 충돌이 그치고 더는 빼앗길 염려가 없어진 우물을 떠난다는 것은 있을 수 없는 무책임한 행동이 아닌가?

그렇지 않다. 족장으로서 가족을 살려야 하는 책임감도 물론 중요하지만, 그보다 선행돼야 할 약속이 있었다. 바로 하나님과의 약속이다. 그저 생존을 존속하고자 아브라함 때부터 갈대아 우르와 하란을 떠난 것이 아니다. 물리적 풍족함으로 치자면 이삭의 조상의 고향이 가나안 광야보다 훨씬 낫다.

아브라함과 이삭에게 가장 중요했던 하나님과의 약속, 가나안 땅에 머물러 이곳으로부터 모든 민족의 복의 근원으로서 약속을 진행하리라는 그분의 명령이 중요했기 때문이다.

블레셋 땅에서 당분간의 생존을 위한 르호봇을 얻는 것보다 척박한 가나안 땅으로 올라가 하나님의 약속을 기다리고 준행하는 일이 더 중요하다.

Why Did Isaac leave a well of Rehoboth that he finally got peacefully after losing the wells to the Philistines that he had dug three times? Getting a well is the most essential need for a tribe to live in an ancient wilderness. In this sense, was it possible for his family and servants to understand his decision of giving up the well?

Isn't it an irresponsible act in terms of his responsibility as a tribe's leader even though there was no need to worry about quarreling with the Philistines for a well?

No. Although his responsibility to feed his people was also important, there was a more important promise for him. That was the promise with God. The journey of leaving places like Ur of the Chaldeans and Haran from the time of Abraham wasn't all about survival. Considering physical abundance, a hometown of Isaac's ancestors is much better than the wilderness of Canaan.

The promise with God that He would fulfill his promise of making them as a blessing of all nations through the land of Canaan was important for Abraham and Isaac.

Going the barren land of Canaan and waiting for God's promise are more important than getting the well for survival for a while in the land of the Philistines.